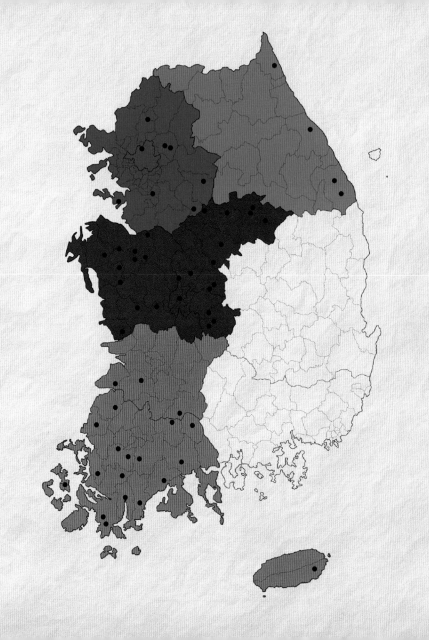

우 리
옛 집

우리 옛 집 — 강원·경기·서울·전라·제주·충청
ⓒ 목심회, 2015

초판 1쇄 펴낸날 2015년 8월 31일
초판 2쇄 펴낸날 2016년 1월 25일

지은이 목심회
펴낸이 이상희
펴낸곳 도서출판 집

출판등록 2013년 5월 7일 2013-000132
주소 서울 마포구 동교로 47-15 402호
전화 02-6052-7013
팩스 02-6499-3049
이메일 zippub@naver.com
홈페이지 www.zippub.kr

ISBN 979-11-952334-5-8 4610
　　　　979-11-952334-4-1 04610(세트)

· 이 도서의 국립중앙도서관 출판예정도서목록(CIP)은 서지정보유통지원시스템
홈페이지(http://seoji.nl.go.kr)와 국가자료공동목록시스템(http://www.nl.go.kr/kolisnet)에서
이용하실 수 있습니다. (CIP제어번호 : CIP2015022116)

우·리·옛·집

강원·경기·서울·전라·제주·충청

목심회 지음

집

책이 나오기까지

나무로 만들어진 한국건축을 연구하는 사람들이 모여 1992년 1월 청양 장곡사에서 개심사에 이르는 첫 한국건축 답사를 시작했다. 이때 나무의 마음으로 나무를 사랑한다는 의미의 '목심(木心)'이라는 모임의 이름도 정했다. 2002년 연말정기모임에서 답사하면서 조사한 도면과 자료를 정리해 책으로 발간하자는 데 의견을 모으고 5개년 계획을 세웠다. 첫 책의 대상지는 "우리 옛집"으로 하기로 했다.

당시 옛집에 관한 자료는 한국문화재보호재단(현 한국문화재재단)에서 펴낸《문화재대관 – 중요민속자료 편》이 있었다. 이 책은 전경 사진 위주로 편집되어 있어 옛집을 제대로 들여다보는 데 한계가 있지만 아쉬운 대로 유용했다. 하지만 책을 구하기가 어려웠다. 지금처럼 인터넷이 발달하지 못해 답사에 도움이 될 만한 자료를 찾는 것이 쉽지 않았다. 옛집을 첫 대상지로 삼은 이유다. 목심회의 구성원들은 대부분 문화재 보수나 실측설계 전문가들이어서 비교적 자료를 쉽게 구할 수 있었다. 자료를 찾기 어려운 분들에게 조금이나마 도움을 드리겠단 생각으로 답사지의 건물을 실측하고 도면을 작성하고 자료를 정리해 나갔다. 회원들 모두 생업이 있어 답사는 예상한 일정대로 진행되지 못했다.

20여 명의 모든 회원이 집필에 참여해야 한다는 원칙을 따르다 보니 이런 작업에 익숙지 않은 회원들은 원고 작성, 사진 편집, 도면 그리기, 부분 스케치 등 매 작업마다 난관에 부딪쳤다. 시간이 지나면서 문화재로 새로 지정되거나 문화재 명칭이 바뀐 집들도 생겼다. 책을 편집하면서 답사 당시 제대로 촬영하지 못한 집들은 부랴부랴 다시 다녀오고 자료를 보충했다. 처음에 계획한 만큼 옛집의 모든 것을 담지 못해 아쉬움이 남는다. 그러나 지금껏 시도되지 않은 전국의 우리 옛집 172동을 모았다는 데 큰 의미가 있다.

이 책이 나오기까지 처음부터 끝까지 진두지휘하고 각 집의 스케치를 해 주신 이도순, 원고와 사진·도면·삽화 등을 감수한 김왕직, 간사를 맡아 배치평면도 그리랴 원고가 늦어지는 회원들을 독려하고 미흡한 자료는 보충할 것을 요구하는 등 편집 전반을 책임지다시피한 유근록, 20대에 한국건축을 접해 희끗해진 머리가 된 지금까지 오랜 세월 열과 성의로 함께한 회원 여러분께 고마운 마음을 전한다.

이 책이 한국건축에 관심 많은 일반 대중과 한국건축에 입문하고자 하는 학생들, 한옥을 짓고 싶어 하는 사람들에게 조금이나마 보탬이 되었으면 하는 바람이다.

2015년 7월
목심회를 대표해 이영식 쓰다

발간에 부쳐

조선시대에 지어진 집들은 대개 '중요민속문화재'로 지정해 보존한다. 살림집이면서도 민속적 가치보다는 단위 건물의 가치나 역사적 가치를 인정받아 '보물' 또는 '사적'으로 지정된 것들도 있다. 이 책은 중요민속문화재와 보물 중에서 살림집으로 분류되는 172동을 대상으로 했다. 중요민속문화재 182동 중 살림집과 직접 관련이 없는 누각과 종교건물 등은 제외했다. 따라서 문화재지정 종류와 관계 없이 살림집에 해당되는 것은 모두 망라했다고 볼 수 있다. 강원 6동, 경기 8동, 경상 84동, 서울 1동, 전라 36동, 제주 5동, 충청 32동이다. 살림집은 다른 건축에 비해 지역적 특색이 강하며 다양한 생활민속과 의례, 역사와 문화가 함축되어 있는 소중한 문화자산이다. 현재 국가지정 목조건축문화재는 357건인데 이 중에서 살림집이 과반을 차지한다는 것은 다른 나라들과 비교해 볼 때 한국만이 갖고 있는 특수성이다.

우리나라에서 살림집의 비중이 이렇게 높은 것은 아직 유교에 의한 종법이 살아 있고 종손들이 지금도 살림을 하고 있기 때문일 것이다. 그러나 근 미래에 마지막 종손이 사라지는 순간 살림집의 보존은 심각한 문제에 봉착할 것이다. 일찍 개발이 이루어졌던 나라들의 경우, 살림집이 거의 남아 있지 않을 뿐만 아니라 남아 있어도 생활은 이루어지지 않고 박제된 모습으로 방치되거나 관리의 어려움으로 민속마을과 같은 곳에 이축해 보존하는 것이 현실이다. 이러한 상황을 반추해 본다면 우리는 그나마 다행이라고 할수 있지만 반대로 지금 대비하고 보존 대책을 강구하지 않으면 우리의 살림집들도 급속히 사라질 것이다. 생활이 살아 있을 때 살림집에 대한 조사와 연구가 구체적으로 진행되어야 할 것이며 국가적 지원이 필요하다. 현재 종가에 대한 지원 차원에서 한옥 숙박체험가옥으로 유도하고 있지만 과도한 체험시설로의 전환은 종가의 진정성 훼손과 건축 및 경관의 손상을 초래하게 되므로 신중한 검토가 필요하다.

우리 모임에서 전통건축 답사를 시작한 것은 1992년 1월이다. 20년이 지나는 동안 70차례 정도의 답사가 있었고 갔던 곳을 다시 가는 경우도 빈번했다. 20년을 다니는 동안에 많은 집들이 변화하고 있음을 목격할 수 있었다. 없던 건물이 복원되고 사라지기도 했으며, 화장실과 부속시설, 체험시설이 신축되는가 하면 내부는 생활편의시설의 도입으로 바뀌기도 했다. 가장 많이 바뀐 것은 지붕 서까래와 기와이다. 얇고 굽은 자연목 서까래가 직선으로 잘 가공된 굵은 서까래로 바뀌고 수제 기와가 매끈한 공장 생산 기와로 바뀌었다. 또한 비어 있는 집이 늘어나고 문을 굳게 닫아 들어가 볼 수 없는 집들도 많아졌다. 마지막 종손이 돌아가시고 자식들이 귀향하면서 상업적으로 개발해 진정성을 훼손한 집도 있었으며, 마구잡이 개발로 고졸한 맛이 없어진 경우도 부지기수이다. 안타까움에 그동안의 답사 기록을 책으로 내겠다는 용기를 냈다.

그러나 172동에 이르는 옛집을 모두 망라하려니 역사적 변천을 다 담아내기에는 역부족임을 느꼈다. 옛집을 다룬 책들은 여럿 있으나 모두를 망라해 묶어 놓은 책은 없었다는 것이 그간의 아쉬움이었다. 지역적 특색을 한눈에 보려면 망라해서 보는 방법이 가장 좋은데 그럴 수 없었다. 그래서 이번에는 모두를 망라해서 한 권으로 묶는 것을 목표로 삼았다.

집필자들의 구성은 대개 전통건축 전문가들이지만 분야는 다양하고 중년의 실무 경력자들이 대부분을 차지한다. 분야별로는 문화재기술자들이 많았고 학계, 연구 및 전문직 공무원, 현대건축 설계와 시공 등으로 다양하다. 따라서 대중서이면서도 전문가들의 견해가 반영된 책을 만들고자 했다. 결과를 놓고 보면 욕심이 앞선 측면도 있고 다양한 사람이 집필하다보니 다양성은 있으나 통일감이 없고 집필진에 따른 편차도 있었다. 그러나 내용 소개 보다는 전문가들에 의한 관점의 전달에 초점을 맞췄으며 건축가로서 우리 건축 공간과 기술적인 특징을 작지만 단편이라도 그림과 사진을 통해 입체적으로 전달하려고 노력했다. 마지막으로 어려운 출판계의 현실 속에서도 선뜻 출판을 허락해 준 도서출판 집의 이상희 대표에게 감사의 마음을 전한다.

2015년 7월 함박골에서
집필진을 대표해 김왕직 쓰다

차례

충청

부록

강원

고성 어명기가옥

高城 魚命驥家屋

소재지	강원도 고성군 죽왕면 봉수대길 131-7
건축 시기	15세기 초창, 1750년대 소실 후 재건
지정 사항	중요민속문화재 제131호
소유자	어강령
구조 형식	본채: 5량가, 팔작 기와지붕

지붕 평면도

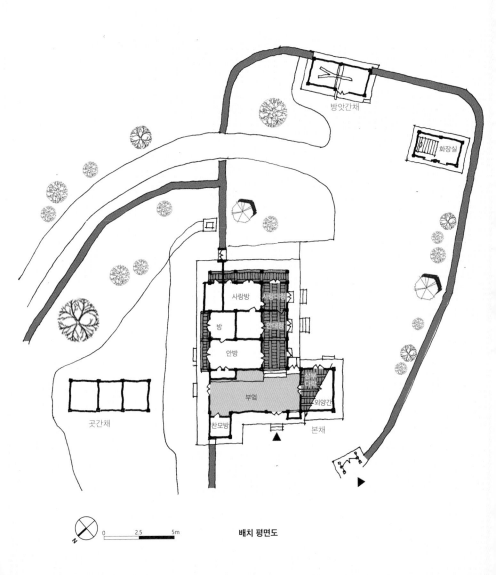

방앗간채

화장실

사랑방　사랑대청

방　　　안대청

안방

부엌　　　참봉방

찬모방　　　외양간

곳간채

본채

배치 평면도

N　0　2.5　5m

사진 1
전면에 마루를 두고 마루 뒤에 2열로 방을 둔 세 겹 겹집이다.

사진 2
목재가 풍부한 지역이어서 부재의 규격이 넉넉하고 곡선 부재를 자유롭게 사용했다.

사진 3
눈이 많은 지역이어서 외양간을 별동으로 두지 않고 부엌 앞으로 1칸을 돌출시켜 외양간을 두었다. 외양간 상부는 다락으로 구성하고 수장 공간으로 사용한다.

사진 4
사랑 공간 남동쪽의 툇마루

사진 5
툇간의 천장은 고미가래로 하고 툇보의 보아지는 섬세하게 초각했다.

사진 6
마루의 귀틀은 기둥의 2/3 정도에서 마감하는 게 일반적인데 이 집에서는 기둥 끝까지 내밀어 마감했다. 목재 수급이 원활했기 때문으로 보인다.

어명기가옥은 동해안 해안도로에서 서쪽 내륙으로 약 2킬로미터 정도 들어간 언덕 위에 남서향으로 자리하고 있다. 뒤는 소나무 숲으로 둘러싸여 있고 앞으로 마을이 한눈에 보인다.

세벌대의 화강암 장대석 기단 위에 전면 3칸 마루를 두고 마루 뒤에 겹집 형태의 방을 2열로 둔 세 겹 겹집이다. 한 건물에 안방과 사랑방을 같이 두었으며 왼쪽에 안방, 오른쪽에 사랑방이 있다. 안방 옆에는 3칸 부엌이 있고 부엌 앞으로 1칸을 돌출시켜 하부는 외양간, 상부는 다락방으로 만들어 수장 공간으로 사용하고 있다. 부엌 왼쪽에는 1칸의 찬모방이 있고 후원으로 나가는 문이 있다.

3칸의 전면마루 중 왼쪽 2칸은 안채, 오른쪽 1칸은 사랑채에서 사용토록 벽을 만들고 창호를 설치했다. 사랑방 뒤에는 작은방이 있었으나 지금은 화장실로 사용한다.

본채 뒤로는 담장을 둘렀다. 담장 안에는 작은 화계가 있고 화계 위 왼쪽에 2칸의 곳간과 1칸의 방이 있는 곳간채가 있다. 담장 밖 부엌 왼쪽 마당에 2칸 디딜방앗간이 있었으나 지금은 건물 오른쪽 공터로 옮겨 다시 지었고 화장실도 2칸으로 새로 만들었다.

추운지방의 여느 가옥들처럼 외양간을 안채에 붙여 짓고 곡식을 보관할 수 있게 붙박이 뒤주를 설치했다. 방들은 모두 평천장으로 하고 그 위에 곡식 등을 보관하는 '더그매'라는 수납 공간을 만들어 동절기에 필요한 곡식을 보관했다.

전면에 3칸의 온전한 마루를 둔 것과 겹집에 툇간을 길게 설치한 것은 다른 지역 가옥에서는 보기 드문 예이다.

사진 1
부엌에서 본 대청. 대청을 통해 드나들고 사랑방과 안방은 대청을 지나야 들어갈 수 있다.

사진 2
안방 문의 머름은 통머름을 사용했다.

사진 3, 그림 2
대개 중도리 하부에 기둥을 세우고 벽을 두르는데 어명기가옥은 중도리 자리보다 뒤에 기둥을 세우고 도리를 올려 대들보를 받았다. 대들보 위에는 동자주를 세웠다. 방 상부에 더그매를 마련하기 위해 가구법을 바꾼 것이다.

사진 4
부엌 상부 가구 상세

사진 5
외양간 상부의 다락방은 부엌 쪽으로도 문이 나 있어 부엌에서도 사용이 가능하다. 오른쪽에 붙박이 뒤주가 보인다.

그림 1
어명기가옥 구조 투상도

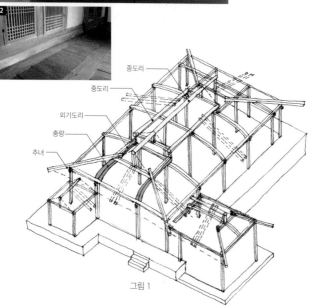

종도리

중도리

외기도리

충량

추녀

그림 1

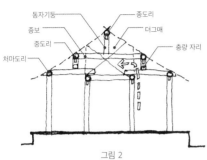

동자기둥
종보
중도리
처마도리
종도리
더그매
충량 자리

그림 2

사진 6, 7, 8
협문은 판재를
각재로 결구한 보기
드문 사례이다. 문의
상·하인방과 둔테를
한몸으로 만들고 둔테에
접하는 울거미 판재를
두꺼운 목재로 사용해
견고하게 했다.

강릉 선교장

江陵 船橋莊

소재지	강원도 강릉시 운정길 63
건축 시기	안채: 1748년
	열화당: 1815년
	동별당: 1920년
지정 사항	중요민속문화재 제5호
소유자	이강륭
구조 형식	안채: 5량가+3량가, 팔작 기와지붕
	열화당: 5량가, 팔작 기와지붕
	활래정: 3량가, 팔작 기와지붕
	동별당: 3량가, 팔작 기와지붕
	서별당: 1고주 5량가, 팔작 기와지붕
	연지당: 3량가, 맞배 기와지붕
	중사랑채: 5량가, 팔작 기와지붕

곳간채

지붕 평면도

정자

서별당

열화당

안채

동별당

중사랑채

연지당

행랑채

문간채

별채

활래정

지붕 평면도

N

0 2.5 5m

효령대군의 11대손인 무경 이내번(茂卿 李乃蕃, 1693~1781)이 지은 후 10대에 걸쳐 증축된 선교장은 주변의 아름다운 자연과 조화를 이루는 강릉의 대표적인 옛집이다. 1748년에 안채부터 짓기 시작해 동별당, 서별당, 연지당, 열화당, 중사랑채, 행랑채, 사당 등이 지어졌다. 초입에는 연지를 조성하고 그 안에 활래정을 조성했다.

안채는 대청을 중심으로 앞쪽에 날개를 덧붙여 'ㄷ'자 형을 이룬다. 대청은 중심이 아니라 한 쪽 날개에 치우쳐 자리하고, 대청 양옆에는 온돌방이 있다. 온돌방 뒤에는 고방이 있다. 건넌방 오른쪽에는 아궁이 상부에 다락을 둔 부엌이 있다. 안방 앞에 부엌과 온돌방, 창고가 있으며 그 옆에 찬방이 있다.

큰사랑채인 열화당의 왼쪽 2칸은 대청이고 오른쪽에는 방과 누마루가 있다. 건물 전면에는 동판 지붕을 씌운 러시아식 차양이 있는데 조선 말기 러시아 공사의 선물이라고 한다. 집 앞의 연못에 있는 정자 활래정은 선교장에서 가장 아름다운 공간으로 마치

한 폭의 수채화를 보는 듯하다. 꺾인 'ㄱ'자 형 평면으로 온돌방 2칸과 누마루로 구성되어 있다. 누마루는 연못 속에 장초석을 두고 위에 네 기둥을 세웠다. 누마루의 하부는 방의 기단보다 높게 설치하고 그 아래로 방의 난방을 위한 아궁이를 들여 불을 지필 수 있도록 했다. 누마루 전체에는 쪽마루를 설치하고 낮고 조각같은 난간을 두었다.

안채 동쪽에는 주인이 기거했던 'ㄱ'자 형이며 동별당이 있고, 서쪽에는 서재와 서고로 사용하는 'ㅡ'자 형의 서별당이 있다. 서별당 서쪽에는 큰사랑채인 열화당으로 통하는 통로이자 곳간인 'ㄴ'자 형의 연지당이 있다. 세 건물 모두 다듬은 화강석 기단을 사용했다. 연지당과 서별당은 민도리집, 동별당은 직절익공집이다.

열화당과 마당을 공유하는 중사랑채는 가운데에 대청을 두고 대청 양 옆에는 각각 2칸 온돌방이 있다. 이 방들은 손님방으로 사용했다.

사진
선교장 전경

사진 1
선교장의 굴뚝은 주로
기와편과 전돌로
만들었다. 굴뚝 이외에도
여러 곳에서 전벽돌을
사용한 것을 볼 수 있다.

사진 2
안채의 기단은 전면만
두벌대이고 나머지 부분은
외벌대이다.

사진 3
연지당에서 본 중사랑채

사진 4
연지당에서 본 안채 왼쪽
날개채

사진 5
열화당의 대청 상부 구조
상세

사진 6
열화당 차양 상부 구조
상세

사진 7
열화당 앞에는 조선
말기 러시아 공사가
선물했다는 차양이 있다.
차양의 지붕은 동판으로
만들었다.

사진 8
서별당에서 본 열화당
중문

사진 9
연지당 앞 안채 중문

사진 10
활래정

사진 11
활래정은 3량가
직절익공집이다. 도리와
창방뺄목 사이에 소로를
두었고 마구리는 직절해
사용했다.

사진 12, 13, 14
활래정에 사용한 여러
모양의 난간들

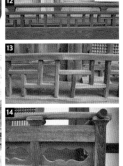

강릉 오죽헌

江陵 烏竹軒

소재지	강원도 강릉시 율곡로 3139번길 24
건축 시기	15세기 후반
지정 사항	보물 제165호
소유자	강릉시
구조 형식	5량가, 팔작 기와지붕

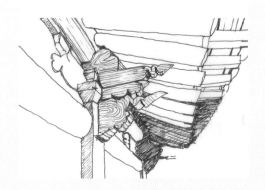

지붕 평면도

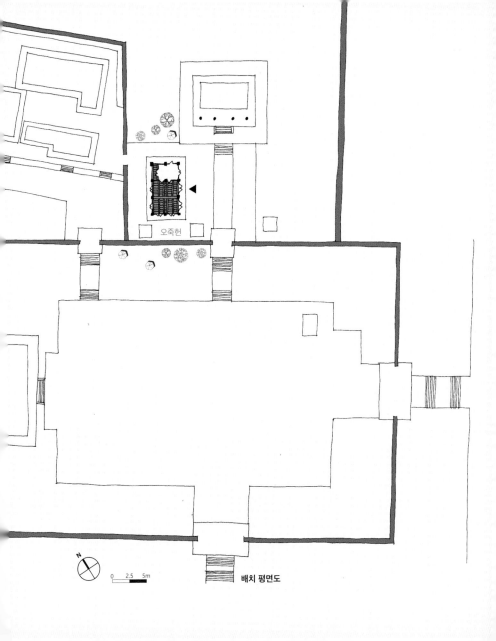

오죽헌

배치 평면도

0 2.5 5m

오죽헌은 정면 3칸, 측면 2칸의 팔작집으로 왼쪽 2칸은 대청, 오른쪽 1칸은 온돌방이다. 몽룡실로 불리는 온돌방은 율곡 이이(栗谷 李珥, 1537~1584)가 태어난 곳이다. 몽룡실의 뒤에는 툇마루를 두어 드나들 수 있게 했다. 화강석 장대석 외벌대 기단 위에 덤벙주초를 올렸다. 기단 전면의 왼쪽 모서리 장대석은 석주 모양으로 둥글게 가공했다. 기둥 상부는 출목이 없는 이익공으로 하고 주두와 재주두를 두었다. 전면 좌·우측 우주 첨차의 형태는 같으나 평주의 첨차는 각기 다른 형상으로 되어 있다. 배면 오른쪽 귀포의 익공은 이익공에 하나의 부재를 추가했는데 이는 높이 조절을 위한 수법으로 추정된다. 대들보 위에 포동자주를 두고 그 위에 종보, 종보 위에 판대공을 두었다. 대청 상부 판대공에는 파련 문양을 그려 넣었다. 가구는 삼분변작에 가까운 비율로 중도리의 위치를 잡았다. 대청의 대들보와 온돌방의 대들보는 크기가 작으며 대청의 충량은 끝이 굽은 형태이고 온돌방의 충량은 직선 형태이다.

대청 전면의 창호는 사분합들문으로 위·아래에 궁판을 둔 세살문이고, 대청의 배면과 좌측면은 골판문이다. 대청은 중간에 기둥

사진 1
진입부에서 본 오죽헌

없이 대들보를 통으로 건너질렀고 대청과 온돌방 경계와 외부 측면은 중간에 기둥을 두었다. 대청의 정간은 연등천장이고, 협간은 중도리와 왕지도리에 우물천장인 눈썹반자를 두었으며 왕지도리와 중도리가 교차하는 곳에 사각형의 달동자를 앞·뒤로 두 개 달았다.

몽룡실의 창호는 세살문이고 천장은 고미받이를 둔 고미반자이다. 중앙의 고미반자는 몽룡실 뒤편의 툇마루 상부를 지나 배면의 창방에 고정했다.

사진 2
바깥채. 오죽헌에 현재 남아 있는 안채와 바깥채는 1996년에 복원한 것이다.

사진 3
추사 김정희의 글씨를 새겨 놓은 바깥채의 툇마루 기둥 주련

사진 4
안채

사진 1
오죽헌 전경

사진 2
석주처럼 둥글게 기공한
왼쪽 모서리 장대석 기단
부분

사진 3
오죽헌 대청 상부 가구
상세

그림 1   그림 2

사진 4, 5, 그림 1, 2
중도리와 왕지도리
교차점에 달동자를 설치한
오죽헌 대청의 상부 구조.

사진 6
평주 익공

사진 7
우주익공 상세

사진 8
방에서 뻗어나온
고미받이가 배면의
창방에서 결구되어 있다.

사진 9
머름동자는 대개
제비초리맞춤하는데
오죽헌에서는
장부맞춤했다.

삼척 대이리 굴피집

三陟 大耳里

소재지	강원도 삼척시 신기면 환선로 864-2
건축 시기	19세기 추정
지정 사항	중요민속문화재 제223호
소유자	이종순
구조 형식	5량가, 팔작 굴피지붕

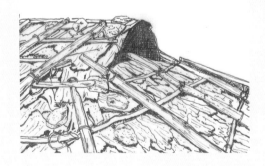

지붕 평면도

안방
부엌
도장방
마루
봉당
사랑방
외양간

N

0 2.5 5m

배치 평면도

건립 연대는 정확히 알 수 없으나 19세기에 지어진 것으로 추정하고 있다. 삼척 대이리 너와집과 평면 형태는 비슷하나 사랑방과 안방에 봉창을 두지 않은 것이 다르다.

약간 남쪽으로 치우쳐 동향으로 자리하며 동쪽 중앙에 주출입문을 두고 양 측면에도 부출입문을 두었는데, 현재는 남쪽 부출입구를 주출입구로 사용하고 있다. 정면 3칸, 측면 2칸의 양통집으로 장방형 평면이다. 가운데 마루를 중심으로 양 옆에 사랑방과 안방을 두었고, 안방 앞에는 부엌을, 사랑방 앞에는 외양간을 배치했다. 이 모든 공간의 중심은 마루이다. 모든 동선은 마루를 중심으로 모이고 나누어진다. 안방과 사랑방 사이에는 도장방이 있다. 사랑방, 도장방, 안방 등 외기와 만나는 벽체는 심벽에 고미반자로 했으며, 부엌, 외양간은 판벽으로 했다.

굴피로 지붕을 이고 용마루 양 끝은 작은 합각을 만들고 채광 및 환기를 고려해 막지 않았다. 5량 구조로 기둥은 보통의 민가보다 두껍다. 기둥과 도리에는 방형 부재를 사용했다.

부엌 앞 판장벽에는 살강을 설치했다. 살강 뒤에 부뚜막을 놓았다. 두 개의 아궁이가 있고 아궁이 왼쪽에 불티 저장 시설인 화티

사진 1
굴피집 정면

사진 2
봉당 위 지붕 구조 상세

사진 3
합각부분은 까치구멍집의 까치구멍처럼 통풍과 환기, 채광을 고려해 막음을 하지 않았다.

사진 4
지붕은 서까래 위에 산자목을 30~40센티미터 간격으로 가로로 놓고 그 위에 굴피를 물고기의 비늘처럼 처마부분에서 용마루 방향으로 서로 포개며 이어 올린다. 굴피가 바람에 날리는 것을 방지하기 위해 큰 돌을 올려 놓거나 너시래를 얹어 눌러 놓는다.

그림 1

사진 5
안방은 가운데 문설주를
두고 양쪽에 각각 한 짝의
여닫이문을 달았다.

사진 6
고미반자는 가운데
고미보를 보내고 양쪽으로
고미가래를 놓은 후
흙으로 발라 마감했다.

그림 1
추녀 끝을 기둥이 서
있는 도리에 걸치지 않고
동자주 없이 중도리와
종보가 만나는 곳에
걸었다.

그림 2
마루와 부엌 사이의
두둥불

그림 3
안방 모서리에는 대대로
사용하던 고콜이 있다.
고콜은 겨울에 관솔을
지펴 방을 밝히고 난방을
하는 장치이다.

를 설치했다. 화티와 마루 사이는 널판을 끼워 막고 그 사이에 내부 조명 시설인 두둥불을 두었다. 사랑방은 외부에서 직접 출입이 가능하며 마루쪽으로도 문이 나 있다. 남벽 귀퉁이에 고콜이 있고 북쪽벽 상부에는 시렁을 설치해 수장 공간으로 사용하고 있다. 곡식을 저장하는 도장방은 안방과 마루에서 출입이 가능하다. 안방 역시 사랑방처럼 고콜이 있고 북쪽 벽면 상부에 두 개의 원형 통나무 시렁이 있다. 봉당으로 통하는 정면 중앙 외에 양쪽에 부출입구를 둔 것이 특징이다. 가운데 문설주를 두고 좌·우 대칭으로 한 짝의 여닫이문이 설치되어 있다.

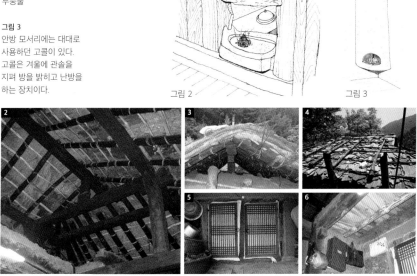

그림 2

그림 3

삼척 대이리 너와집

三陟 大耳里

소재지	강원도 삼척시 신기면 환선로 868-12
건축 시기	17세기 추정
지정 사항	중요민속문화재 제221호
소유자	월정사
구조 형식	본채: 5량가, 팔작 너와지붕

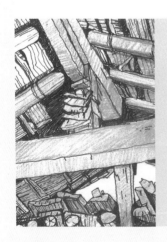

지붕 평면도

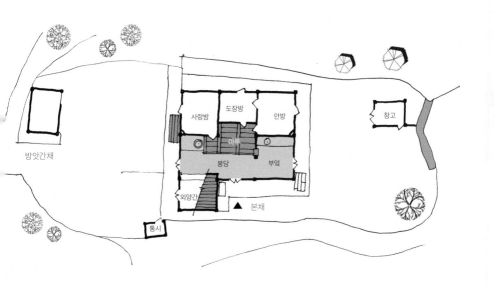

방앗간채

사랑방 　도장방　 안방

마루

봉당　　부엌

외양간

▲ 본채

창고

통시

N

0　　2.5　　5m

배치 평면도

태백산 줄기인 촛대봉을 비롯해 예닐곱 개의 우람한 봉우리에 둘러싸인 외지와 철저히 격리된 산골마을에 자리한다.

마당 초입에 방앗간채가 있고 마당에 들어서면 사랑방과 출입문, 외양간 그리고 모서리에 통시(변소)가 있으며, 본채 동쪽으로 창고와 조그마한 텃밭이 있다. 산비탈을 이용해 터를 잡아 석축으로 경사지를 정지했기 때문에 단면이 층단식이다.

출입문은 남쪽 중앙에 주출입문이 있고 서쪽 측면에도 부출입문이 있다. 정면 3칸, 측면 2칸의 양통집으로 사랑방, 도장방, 안방이 안쪽에 나란히 놓였고 그 앞으로 외양간, 봉당, 부엌을 나란히 배치했다. 기본적인 평면 구성은 신리의 너와집과 같은 강원도 지방 형식을 따르고 있다.

마루에서는 안방, 도장방, 사랑방 등 모든 방들로 출입이 가능하다. 사랑방은 전면 아궁이 옆의 마루와 측면 사랑마당 쪽으로 내민 툇마루로에서 출입이 가능하다. 사랑방과 안방에는 봉창이 있어 출입문 외에도 채광이 가능하다.

사진 1
동쪽 전경

사진 2
서까래 부재는 11~13센티미터 정도로 다소 굵은 편이다. 이는 비를 맞으면 중량이 늘어나는 너와와 너와를 누르고 있는 돌의 무게를 효과적으로 받기 위함이다. 너시래와 서까래는 느릅나무 껍질로 엮었다.

사진 3
중도리를 캔틸레버 형으로 내밀어 왕지도리를 받고 그 위에 귀추녀를 걸고 말굽형으로 서까래를 걸었다.

사진 4
봉당 위 상부 구조
상세. 처마도리, 중도리,
종도리에는 모두 방형의
장여가 걸린다. 보와
도리는 기둥 위에 사갈을
트고 사개맞춤했다.

사진 5
중도리 상부 구조 상세.
원형 부재는 거의 볼 수
없고 기둥과 도리는 모두
방형 부재를 사용했다.
방형이 아닌 부재는
자귀질을 해 방형에
가까운 형태로 만들어
사용했다.

사진 6
봉당에서 본 사랑방
앞 마루는 고식 마루
형태이다. 동바리기둥에
장부구멍을 뚫고 귀틀에
장부촉을 만들어
끼웠다. 귀틀과 청판은
목재를 툭툭 잘라
사용했다.

사진 7
정지와 봉당 사이에 있는
판벽을 뚫어 하부에
편편한 돌을 끼우고 그
위에 두둥불을 두었다. 이
두둥불이 정지와 봉당의
조명 역할을 한다.

구조는 2평주 5량이지만 기둥의 굵기가 보통의 민가에 비해 큰 편이다. 내부 공간인 방들은 심벽 구조이고 작업 공간인 봉당과 외양간은 판벽 구조이다. 내부에 시렁을 이용한 수장 공간을 다양하게 두었다.

방 안에는 난방과 조명을 할 수 있는 고콜을 모퉁이에 설치했으며, 부엌에는 부엌과 마루의 조명을 위한 두둥불 시설이 있다.

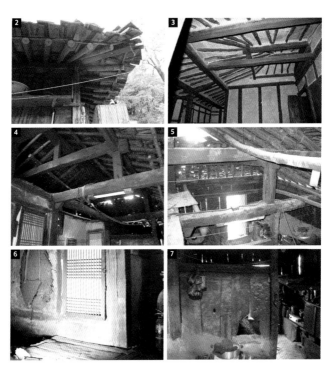

삼척 신리소재
너와집

三陟 新里

소재지	강원도 삼척시 도계읍 문의재로 1223-9
건축 시기	19세기 추정
지정 사항	중요민속문화재 제33호
소유자	삼척시
구조 형식	구 강봉문가옥: 5량가, 팔작 너와지붕
	구 김진호가옥: 2고주 5량가, 팔작 너와지붕

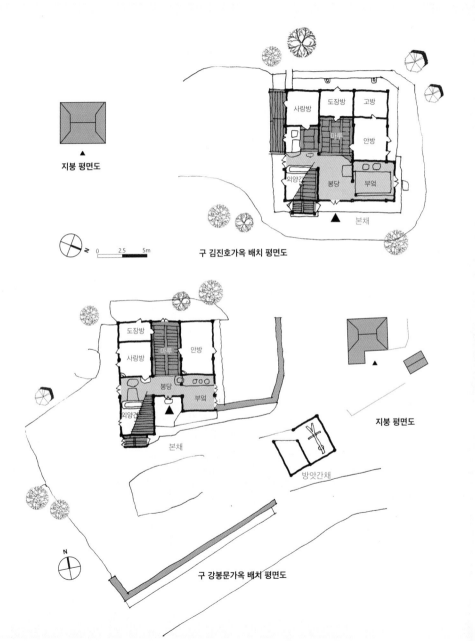

지붕 평면도

▲

구 김진호가옥 배치 평면도

사랑방   도장방   고방

마루   안방

외양간   봉당   부엌

▲ 본채

N   0   2.5   5m

도장방

사랑방   마루   안방

봉당   부엌

외양간

▲ 본채

지붕 평면도

▲

방앗간채

N

구 강봉문가옥 배치 평면도

신리는 부새골, 부싯골 화철동으로 불렸는데 화재가 자주 발생해 신리로 이름을 바꾼 산간 오지마을이다. 산비탈이나 다름없는 비탈진 곳에 가옥들이 자리하고 있다. 예전에는 모두 너와집이나 참나무껍질로 이은 굴피집이었다고 한다.

구 강봉문가옥

정면 3칸, 측면 2칸인 6칸 양통집이다. 서쪽으로 약간 치우친 남향을 정면으로 한다. 주 출입구는 정면 중앙에 있다. 사랑방 측면에는 외부에서 바로 드나들 수 있는 외여닫이문이 설치되었고, 사랑마당이 있어 자연스럽게 출입구가 된다. 봉당 측면 쌍여닫이 판장문으로 들어가면 사랑방으로 통하는 또 하나의 외여닫이문이 있다. 사랑방 뒤에는 마루를 통해 출입할 수 있는 도장방이 있다. 도장방은 주로 곡식 저장고로 사용되는데 때론 손님의 잠자리가 되기도 한다. 대개 도장방은 마루 뒤에 있으며 안방이나 마루에서 출입한다.

마루는 우물마루이고 그 앞으로는 흙바닥의 봉당이 있고 안방

사진 1
진입로에서 본 구 강봉문가옥. 강원지역의 양통집은 외양간, 방앗간, 고방 등 경영 시설이 부엌 옆에 시설되고 함경도지방의 양통집에는 정주간이 마련되어 있다.

사진 2
방의 천장은 고미반자로 했다. 고미 보를 보낸 후 고미 보에 직각으로 고미 가래를 놓고 흙으로 발라 마감했다. 방 이외 부분은 연등천장으로 하고 너와 사이로 환기가 될 수 있도록 했다.

사진 3, 그림
부재의 치수가 크고 치목 기술도 매우 정교하다. 기둥과 보, 기둥과 도리는 모두 사개맞춤으로 매우 정교하게 짜맞추었으며 도리 아래에는 모두 장여를 대어 보강했다.

사진 4
약 150센티미터 정도로 처마를 길게 뽑았다. 겨울에 적설량이 많아 집 주위의 통로로 이용하기 때문이다.

사진 5
너와지붕의 용마루

앞에는 1칸 부엌이 있다. 사랑방 앞에는 외양간이 있고 외양간 앞에는 남·녀가 구분되어 있는 2칸 변소가 있다. 모두 판벽 마감이다. 외양간에서 소의 배설물이 변소로 흘러갈 수 있도록 시설했다. 구조는 3평주 5량가로 비교적 큰 규모이다. 지붕은 너와를 여러 겹으로 얹고 용마루 부분은 비가 새는 것을 방지하기 위해 굴피로 이었다. 합각 부분은 바람과 배연 및 채광을 위해 별도로 막음을 하지 않았다.

안채 오른쪽 조금 떨어진 곳에는 디딜방아가 있는 방앗간채가 있다. 가장 간단한 구조인 맞걸이 3량 구조이고 지붕은 너와를 이었다.

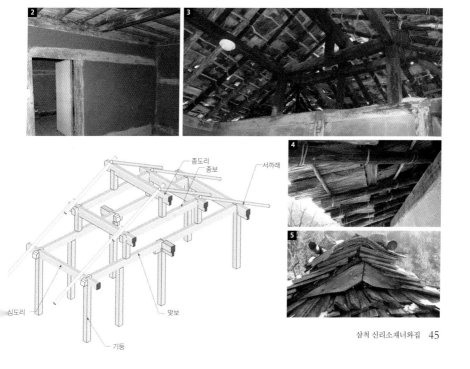

구 김진호 가옥

가구는 2고주 5량이며 평면은 정면 3칸, 측면 3칸의 정방형에 가까운 사방집이다. 주 출입구는 전면 중앙에 있지만 사랑방과 외양간 사이 측면 출입구를 더 많이 사용한다. 이 지역 너와집과 굴피집의 특징이기도 하다.

사랑방 측면에는 쪽마루를 설치하고 출입문을 달아 직접 출입하기도 한다. 하지만 추운 겨울에는 봉당으로 통하는 판문을 통해 실내로 들어서서 사랑방 전면의 방문으로 드나든다. 측면에 사랑방을 배치하고 계절에 따라 융통성 있게 출입하게 한 것은 사랑방의 개방성을 고려한 것이다. 사랑마루 안에는 사랑방 난방 겸 쇠죽을 끓이는 아궁이가 있으며 작은 판장문을 달아 내부의 환기와 채광이 가능하게 했다. 아궁이와 통로 공간은 사랑방과 외양간을 구분짓는 매개 공간이다.

가운데에 우물마루가 있는데 부재가 매우 크고 투박해 자연스러운 멋을 느낄 수 있다. 마루 밑에는 다른 고장에서는 볼 수 없는

사진 1
사랑방 앞에는 긴 널로 만든 쪽마루가 있다.

사진 2
사랑방 쪽마루와 안방 마루 사이에 판벽을 설치해 안채가 들여다 보이지 않게 했다. 안채와 사랑채의 공간 구분 역할도 한다.

사진 3
두둥불은 봉당과 부엌을 한 번에 조명할 수 있는 원시적인 조명시설이다.

사진 4
마루 밑에는 곡식 저장용 구덩이가 있다.

곡식을 저장할 수 있는 구덩이가 있다. 마루에는 안방과 도장방으로 출입할 수 있는 세살외여닫이문이 있다.

안방 뒤쪽에는 주로 곡식을 저장하나 혹시 손님이 올 경우 기거할 수 있는 고방이 있다. 고방은 안방에서만 출입이 가능하다.

봉당과 부엌 사이는 벽으로 반 이상을 막고 벽 사이에 구멍을 크게 내고 넓직한 돌을 놓아 두둥불을 설치했다. 봉당 쪽으로는 취사가 끝난 후 불씨를 보관 또는 난방을 하는 화티가 있다.

서울·경기

금성당

錦城堂

소재지	서울특별시 은평구 진관2로 57-23
건축 시기	1891년
지정 사항	중요민속문화재 제258호
소유자	은평구
구조 형식	본채: 5량가+3량가, 팔작 기와지붕
	안채: 5량가, 팔작+맞배 기와지붕

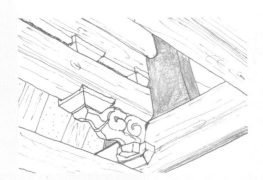

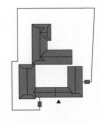

지붕 평면도

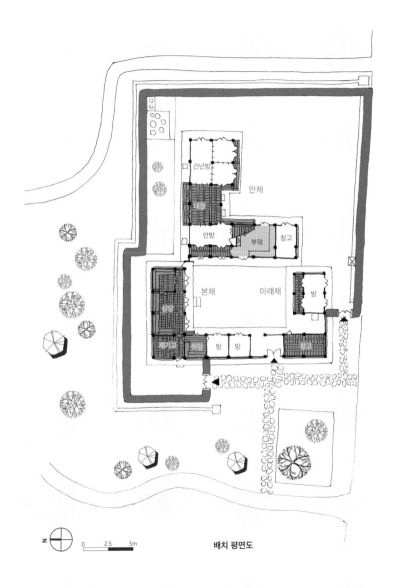

건넌방

안채

대청

안방

부엌

창고

본채

아래채

방

상당

제기고

사당

방

방

창고

N

0   2.5   5m

배치 평면도

금성당은 세종대왕의 여섯째 아들이자 단종의 숙부인 금성대군(錦城大君, 1426~1457)을 주신(主神)으로 모신 신당(神堂)이다. 신당은 당집이라고도 하는데 민간신앙에서 마을 수호나 개인의 번영을 위해 굿과 같은 무속 행사를 하는 곳이다. 보통 주신으로 모시는 대상은 용맹하거나 충절을 지닌 인물이다. 금성대군은 세조의 왕위 찬탈에 대항한 모반 혐의로 유배되고, 유배지에서도 단종의 복위를 계획하다가 사사된 인물이다.

본채 대청 종도리에 있는 "光緒十七年辛卯二月二十七日午時立柱上樑"이라는 상량묵서를 통해 1891년에 지어졌음을 알 수 있다.

금성당은 신당이 있는 'ㄷ'자 형 본채와 살림집으로 사용되는 'ㄴ'자 형 안채가 붙어 있는 보기 드문 배치 형식이다. 신당인 본채와 살림집인 안채의 기능이 서로 다르기 때문에 출입 동선도 철저히 구분했다. 무속 행사로 외부 출입 인원이 많은 본채의 경우 본채 서쪽 가운데에 있는 대문을 이용했다. 시봉자라고 하는 당지킴이가 사는 안채는 남쪽에 있는 협문으로 출입이 가능하다. 본채 대문 측면에는 별도 협문을 설치해 본채 측면으로 바로 들어갈 수 있도록 했다.

본채의 신당은 상당(上堂)과 하당(下堂)으로 나누어져 있다. 남향으로 정면 4칸, 측면 1칸 반 규모인 상당은 가운데의 대청 2칸과 별도 구획된 동쪽 1칸을 포함해 3칸에 'ㄷ'자 형으로 감실을 설치했다. 상당의 서쪽 1칸은 굿에 사용되는 제기를 보관하는 제기고

사진 1
진입로에서 본 금성당. 왼쪽에 본채 뒷마당을 통해 신당으로 들어갈 수 있는 협문이 있다.

이다.

　제기고에서 아래로 꺾여 남쪽으로 쪽마루가 있는 1칸 규모의
하당이 있고, 이어서 손님방으로 사용되는 2칸 방과 2칸 대문간이
이어진다. 대문간 아래로는 다시 꺾여 본채를 관리하는 아래채가
있다. 아래채 동쪽은 신당마당을 향해 툇마루가 있는 2칸 방이 있
으며, 서쪽에는 아궁이와 현재 화장실로 개조된 창고가 대문간 방
향으로 2칸 설치되어 있다.

　본채의 상당 부분은 무고주 5량으로 고주 없이 대들보가 통으
로 걸려 있고, 하당과 대문간 부분은 3량 구조이며, 아래채는 1고
주 5량으로 짜여 있다.

　당지기의 살림집인 안채는 가운데에 2칸 대청을 두었고, 동쪽에
는 정면 2칸, 측면 2칸으로 된 4칸 건넌방이 있으며, 서쪽은 신당
마당 쪽에 퇴가 있는 2칸 안방과 아래로 부엌 및 창고가 있다.

사진 1, 2
상당 내부에 설치된 감실은 벽에 달아 메었다. 측면은 하부에 까치발을 달아 장식하고 상당 배면 쪽의 감실 하부에는 수납장을 들였다.

사진 3
하당의 신단

사진 4
안채 안마당에서 본 출입문. 당지기가 머무는 안방에서는 내외벽을 피해 본채 대문으로 들어오는 손님을 보고 맞이할 수 있다.

사진 5
안채

사진 6
안채는 동쪽에 건넌방, 서쪽에 안방이 있다.

사진 7
안대청 상부 가구 상세

사진 8
안채 부엌에는 앞·뒤로 문을 달아 안채와 본채에서 사용할 수 있도록 했다.

사진 9
안채 창고의 측벽은 대들보 하부까지 화방벽이 높게 설치되어 남쪽의 협문으로 들어올 때 눈에 띈다.

사진 10
본채와 안채 사이에는 조그만 문이 달려 있어 장독대가 있는 뒷마당으로 출입할 수 있다.

양주 백수현가옥

楊州 白壽鉉家屋

소재지	경기도 양주시 남면 휴암로 421번길 50-3
건축 시기	19세기 말 추정
지정 사항	중요민속문화재 제128호
소유자	백승진 외 5인
구조 형식	안채: 1고주 5량가, 팔작 기와지붕
	행랑채: 3량가, 맞배 기와지붕

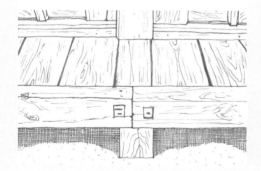

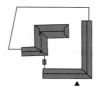

지붕 평면도

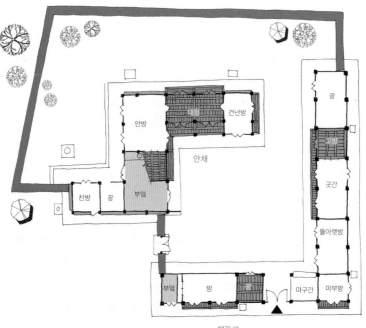

안방

대청

건넌방

안방

안채

광

고방

곳간

뜰아랫방

찬방

광

부엌

부엌

방

마구간

마부방

행랑채

N

0   2.5   5m

배치 평면도

백수현가옥은 백수현의 조부가 1910년경에 당시 소 아홉 마리를 주고 구입한 것이라고 한다.

가옥은 해발 360미터 정도되는 매봉 아래 구릉지에 자리 잡고 있다. 매봉은 마을 어귀에서는 크게 보이지만 백수현가옥의 안대청에서 보면 그리 크게 보이지 않는다. 이는 집을 압도하지 않도록 주산을 고려해 배치했기 때문으로 추정된다. 매봉의 두 맥은 백수현가옥의 좌·우로 흘러 빠져 좌청룡과 우백호를 이루고 있으며 매봉에서 흘러내린 물은 가옥의 서쪽으로 흘러 남쪽을 지나 앞으로 빠져나간다. 내 앞에는 넓은 들이 펼쳐져 있고 멀리 조산이 보이는 길지이다. 다만 안산이 명확하지 않아 냇가를 따라 회나무를 심어 풍수적으로 허약한 부분을 보강했다.

행랑채 용마루 망와에 강희(康熙) 21년(1682)이라는 명문이 새겨 있으나 이는 건물의 축조 연대와는 관계없이 옮겨 사용한 기와로 보인다. 이 집은 1870년경 명성황후의 피난처로 철원의 고옥을 옮겨 지은 것이라고도 전해지나 확실한 근거는 없다. 가구의 구성이

그림
가운데 대청 2칸을 중심으로 서쪽에 안방, 동쪽에 건넌방을 배치하고 안방 남쪽에 부엌을 둔 전형적인 중부지방 'ㄱ'자 형 평면이다. 다만 날개채의 측면이 1칸 반인 것은 단 칸으로 이루어진 중부지방의 여느 집들과 다른 점이다. 부엌 서쪽으로 부엌방과 광을 두었다는 것이 부엌 살림의 규모를 짐작할 수 있게 한다.

나 사용된 기법으로 보아 19세기 말에 지어진 집으로 추정할 수 있다.

현재 백수현가옥은 안채와 행랑채만 남아 있으나 한국전쟁 전까지만 해도 여러 채의 건물이 있었음을 주변에 널려 있는 기단석과 초석을 통해 알 수 있다. 안채와 행랑채 모두 'ㄱ'자 형이고 전체 배치는 튼 'ㅁ'자 형이다. 안채는 엄밀하게 보면 'ㄱ'자 형에서 약간 벗어나 부엌 옆으로 한 번 더 꺾어 2칸을 덧붙인 'ㄴ'자 모양이다.

가옥은 동남쪽에 있는 행랑채 중문을 통해 진입한다. 원래는 냇물이 흐르는 집 앞 느티나무를 거쳐 물을 따라 서쪽으로 올라 안채와 행랑채 서쪽에서 진입했다고 한다. 원래의 도로가 이쪽에 있었으며 현재의 도로 쪽에는 건물들이 있었다고 한다.

안채는 역 'ㄱ'자 평면이며 본채와 날개 부분 모두 1칸 반의 전퇴를 둔 전툇집이다. 가운데 대청 2칸을 중심으로 서쪽에 안방, 동쪽에 건넌방을 두었다. 안방 남쪽으로는 부엌이 빠져 내려와 있으며 부엌 상부에는 다락이 있다. 부엌 서쪽으로 광과 찬방 2칸을 덧달았는데 부엌 뒷문으로 나가 사용할 수 있도록 하고 외부에서는 출입이 불가하다. 안채와 부엌 서쪽에는 담장으로 둘러쳐진 후원이 마련되어 있어서 안채 뒤뜰과 함께 여성의 사적 공간이 잘 배려된 것을 볼 수 있다.

안채 앞에 놓인 행랑채는 앞면 서쪽에서부터 부엌, 문간방, 광, 대문간, 마구간 및 마부방을 두었고 북쪽으로 꺾어서 부엌, 뜰아랫방, 고방, 광을 배치했다. 행랑은 모두 안마당에서 이용할 수 있도록 했으며 행랑 앞은 사랑마당이 있고 사랑채와 별당 등이 있었으나 현재는 남아 있지 않다.

도리

툇보

기둥

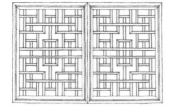

그림
안채 찬방 위 창호 상세도.
명성황후의 피난처였다고
전해질 만큼 목재의 가공
수법(쌍사)과 창호의
모양이 고급스럽다.

1 1.5 1 1.5 1

1 2 1 2 1

사진 1
안대청 2칸의 대들보
사이에는 시렁을 걸었다.
대청 시렁은 교자상이나
병풍처럼 제사와 접객에
사용하는 살림살이를
보관한다. 다른 집에 비해
시렁이 큰 것을 통해
손님이 많았음을 알 수
있다.

사진 2
안대청과 툇마루 사이
고주에는 네 짝 분합문을
달아 찬바람을 막을 수
있도록 했다.

사진 3
한국에만 있는 우물마루의
모양이 잘 살아 있다.

사진 4
선반을 받치는 까치발에는
당초문양을 고부조로
세련되게 조각했다.

사진 5
행랑채 서북쪽에는
안마당으로 통하는 협문이
달려 있다. 사랑채와
별당이 있었을 당시에는
안채를 드나들기 위해
자주 사용했던 문이다.

사진 6
행랑채 부엌 창호

사진 7
행랑채 앞의 굴뚝

진접 여경구가옥

榛接 呂卿九家屋

소재지	경기도 남양주시 진접읍 금강로 961번길 25-14
건축 시기	1800년대
지정 사항	중요민속문화재 제129호
소유자	여인중
구조 형식	안채: 1고주 5량가+3량가, 팔작+맞배 기와지붕
	사랑채: 1고주 5량가, 팔작 기와지붕
	사당: 1고주 4량가, 맞배 기와지붕

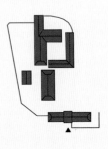

지붕 평면도

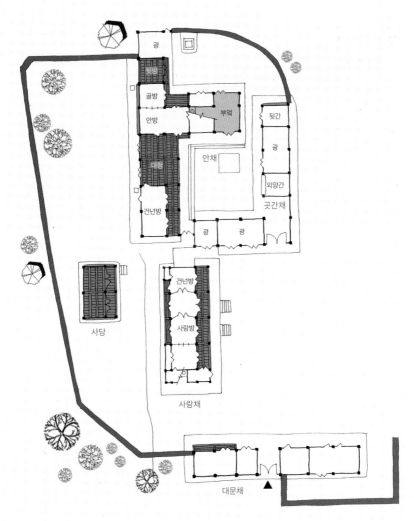

광

뒷방

골방

안방

부엌

뒷간

광

대청

안채

외양간

곳간채

건넌방

광

광

건넌방

사랑방

사당

사랑채

대문채

배치 평면도

N

0   2.5   5m

　태모산 기슭 높은 곳에 서남향으로 자리한 여경구가옥은 1800
년대에 지어진 것으로 추정된다. 연안이씨동관댁으로도 불린다.

　대문을 들어서면 사랑채가 보인다. 사랑채를 지나면 곳간채가
있고 곳간채에 있는 중문을 들어서면 안채가 있다. 사랑채 뒤 경
사지에는 사당이 있다.

　'ㅏ'자 형인 안채는 남쪽부터 건넌방, 대청 안방, 골방, 뒷방, 광
이 있으며 안방에서 동쪽으로 나와 있는 날개채 부분에 부엌이 있
다. 부엌, 안방, 대청이 있는 주 공간에 골방과 광이 부속공간으로
덧붙은 모양새이다. 부엌 앞에는 우물이 있는데, 산에서 내려오는
물이라고 한다. 우물 아래 경사지에도 샘물이 있는데 이 샘물은
지금도 사용 가능하다고 한다. 안채는 1고주 5량이고 날개채는 3
량 구조이다. 안채 앞에는 'ㄴ'자 형 곳간채가 있어 안채와 튼 'ㅁ'
자 형을 이룬다. 곳간채는 3량 구조이다.

　사랑채 역시 안채와 마찬가지로 1고주 5량 구조이며 툇마루가

있다. 사랑채 툇마루에서 바라보면 남양주 일대가 훤히 보인다.

사랑채 뒤에는 사당이 있다. 도리칸 2칸으로 맞배집이다. 대개 사당은 3칸으로 구성되는데 여경구가옥의 사당은 2칸으로 구성되어 있다. 구조 또한 1고주 4량 구조로 흔히 볼 수 없는 구조이다. 1고주 4량 구조는 주로 사원이나 향교의 동무, 서무나 부속시설에서 많이 볼 수 있으며, 대개 전면에 퇴가 있고, 종도리는 한쪽으로 약간 치우쳐 있다. 그러나 여경구가옥의 사당은 종도리가 가운데에 있다. 옛사진에서 종도리가 한쪽으로 약간 치우쳐 있는 것을 볼 수 있는데 수리하면서 변형한 것으로 추측된다. 사당 측면 벽에는 기와로 문양을 넣어 아름답게 꾸몄는데 지금은 과거와 다른 모습이다. 역시 수리 과정에 변형된 것으로 보인다.

궁집

宮家

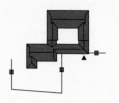

지붕 평면도

소재지	경기도 남양주시 평내로 9
건축 시기	18세기 후반 추정
지정 사항	중요민속문화재 제130호
소유자	(재)무의자문화재단
구조 형식	안채: 1고주 5량가+3량가, 팔작+우진각 기와지붕
	사랑채: 1고주 5량가+3량가, 우진각 기와지붕

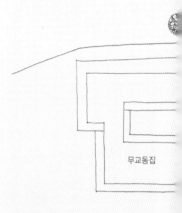

무교동집

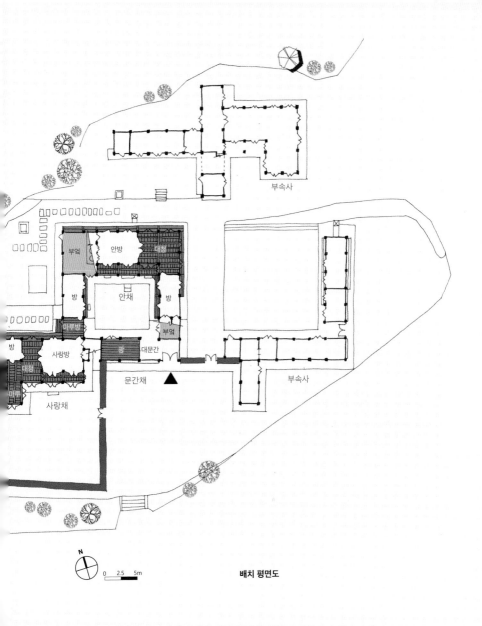

부속사

안방

부엌

대청

방

안채

방

마루방

부엌

사랑방

광

대문간

방

대청

문간채

마루

부속사

사랑채

N

0 2.5 5m

배치 평면도

궁집은 영조의 막내딸 화길옹주(和吉翁主, 1754~1772)가 살던 집이다. 영조가 지어 준 집으로 나라에서 목재와 목수를 제공했다 해서 '궁집'으로 불렸다. 화길옹주가 결혼하고 죽을 때까지 산 것으로 보아 1765~1772년경 건립된 것으로 추정할 수 있다.

낮은 구릉지에 남향으로 자리하고 안채와 사랑채가 서로 연결되어 있다. 안채는 'ㅁ'자 형으로 되어 있고 안채 서남쪽 귀퉁이에 역 'ㄱ'자 형 사랑채가 연결되어 있다. 안채와 사랑채 공간은 주로 안채에서 사용하는 전면 넓은 마당에 낮은 막돌 담장을 쌓아 구분했다. 이 마당에서 안채를 보면 안채로 들어가는 문이 전면 마지막 칸에 보인다. 이 문을 들어서면 안채마당이 보이는데 바로 보이지 않고 한번 꺾어야만 보인다. 전형적인 내외문으로 안채마당을 폐쇄적이고 독립적인 마당으로 만들어 준다. 안채의 몸채는 전

사진 1
진입로에서 본 궁집

사진 2
왼쪽이 안채, 오른쪽이 사랑채 후면이다.

사진 3
사랑채는 전면 창호를 모두 사분합문으로 하고 전면의 누마루는 우진각지붕으로 마무리했다.

사진 4
안채

사진 5
우물과 배수로

사진 6
기단과 배수구

그림
동쪽 입면도

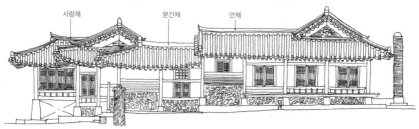

사랑채　　문간채　　안채

형적인 1고주 5량 구조이고 날개채는 3량 구조이다.

사랑채는 사랑방을 제외하고 모두 우물마루를 깔았다. 전면을 향하는 모든 창호는 사분합문인 것이 이색적이다. 사랑채 또한 전형적인 1고주 5량 구조이다. 돌출된 누마루 부분은 3량 구조 우진각지붕이다.

사랑채 뒤쪽에는 안채에서 사용하는 바깥마당이 있다. 이 마당에는 우물이 있고 우물 앞에 판석으로 만든 배수로가 있다. 배수로는 기단 하부에 있는 배수구에 연결되어 있는 흔하지 않은 형식이다. 기단석 일부를 원형으로 치석해 물이 빠져 나가도록 했다.

수원 광주이씨 월곡댁

水原 廣州李氏 月谷宅

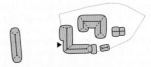

소재지	경기도 수원시 장안구 파장천로 56-9
건축 시기	1888년
지정 사항	중요민속문화재 제123호
소유자	이용승
구조 형식	안채: 1고주 5량가, 우진각 초가지붕
	사랑채: 평4량가+3량가, 우진각 초가지붕

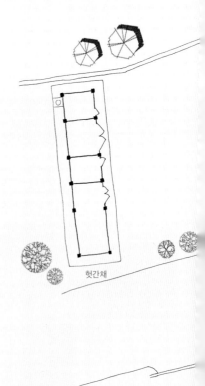

헛간채

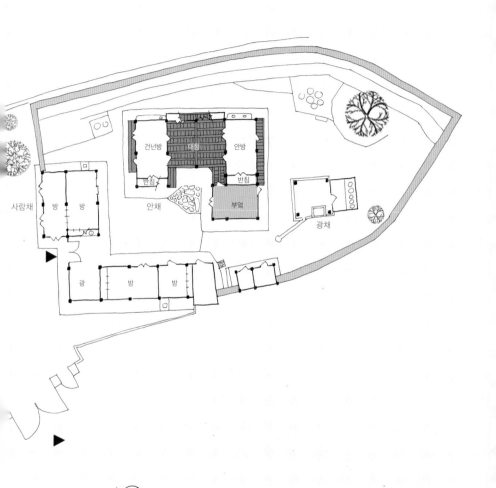

건넌방 　 대청 　 안방

반침 　 반침

사랑채 　 방 　 방

안채 　 부엌

광채

광 　 방 　 방

N

0　 2.5　 5m

배치 평면도

월곡댁은 서울과 수원을 잇는 1번 국도의 파장동에서 약 100미터 정도 떨어진 나지막한 산을 배경으로 서남향으로 자리한다. 안대청 중도리 장여의 묵서에 "光緒十四年戊子三月十八日立柱上樑"으로 기록되어 있는 것을 통해 1888년 3월 18일에 상량했음을 알 수 있다.

'ㄱ'자 형인 안채는 'ㄴ'자 형의 사랑채, 대문간과 함께 튼 'ㅁ'자 형을 이룬다. 이런 배치는 중부지방의 보편적 유형이다.

자연식 기단 위에 소성된 안채는 펑펑한 자연석을 골라 초석으로 놓고 사각기둥을 올렸다. 오른쪽부터 1칸 반 부엌, 2칸 안방, 4칸 대청, 2칸 건넌방이 있다. 안방에는 불발기분합문을 달고 후면에 툇마루를 두었다. 창호 아래에는 통머름을 설치하고 방의 안쪽에는 벽장이 있다. 벽장은 외부에서도 사용할 수 있게 외부에도 문을 달았다. 대청은 전형적인 삼분변작의 5량 구조로 대들보를 3등분해 동자주를 세우고 중도리를 설치한 후 대공으로 장여와 종도리를 받쳤다. 대청에는 우물마루를 깔았다. 대청 후면 상부에는 반침이 있으며 하부에는 두 짝 우리판문을 달았다. 부엌의 상부는 전퇴가 있는 평4량 구조로, 본채 중도리 높이에서 부엌 처마도리를 연결하는 우미량을 걸었다.

사진 1
진입로에서 본 사랑채와 중문

사진 2
안채

사진 3
대문간에는 자연스럽게 굽은 목재를 양 끝의 아랫부분만 다듬어 대들보로 사용했다.

사진 4
삼분변작 5량 구조인 안대청 상부

사진 5
휜 부재를 그대로 까치발로 사용한 안채 후면의 반침

사진 6
부엌은 평4량 구조로 종도리 없이 중도리 사이에 수평으로 연목을 설치하고, 본채 중도리 높이에서 부엌 처마도리를 연결하는 우미량을 걸었다. 이 집에서는 5량, 평4량, 3량 구조를 모두 볼 수 있다.

사진 7
안채 건넌방의 반침 하부에는 난방할 수 있는 아궁이를 시설했다.

사진 8
안채 건넌방에 있는 벽장은 대청에서도 사용할 수 있도록 측면에도 창호를 달았다.

4칸 사랑방은 오른쪽과 왼쪽이 각각 2칸 방으로 나누어져 있는데 당초에는 전면에 마루가 설치된 전퇴가 있는 방이었을 것으로 생각된다. 사랑채는 중문간, 광과 이어져 'ㄴ'자 형을 이룬다. 바깥마당 건너에는 정면 5칸 규모의 헛간채가 있다. 사랑방에는 외부로 면하는 마루를 설치하고 외부는 판문과 벽으로 막았다. 아마도 사랑채를 기준으로 외곽담장을 두른 것과 무관하지 않아 보인다.

대문간은 굽은 부재 양 끝의 아랫부분만 정리해 대들보로 사용한 것이 특이하다.

화성 정용채가옥

華城 鄭用采家屋

소재지	경기도 화성시 서신면 오얏리길 44-10
건축 시기	19세기 중반
지정 사항	중요민속문화재 제124호
소유자	정용구
구조 형식	안채: 5량가+1고주 5량가, 맞배 기와지붕
	사랑채: 1고주 5량가, 팔작 기와지붕

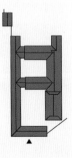

지붕 평면도

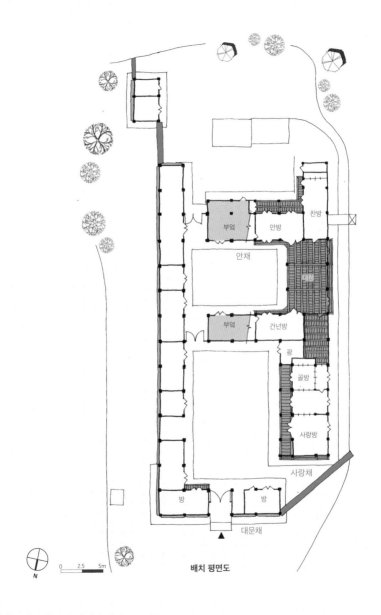

부엌

안방

찬방

안채

대청

부엌

건넌방

광

골방

사랑방

사랑채

방

방

대문채

N

0 2.5 5m

배치 평면도

정용채가옥은 서해바다와 접한 궁평리마을의 유일한 구릉지에 남북으로 길게 자리하고 있는 집이다. 진입로의 여건 때문에 짧은 변인 북쪽에 대문간을 둔 것이 특이하다.

솟을대문에는 1887년에 지었다는 묵서가 있으며 안채와 사랑 채는 이보다 앞설 것으로 추정된다.

대문을 들어서면 바로 사랑마당이 나온다. 사랑채는 '一'자 형으로 서쪽에 놓여 동향하고 있으며, 안채는 'ㄷ'자 형으로 역시 서쪽에 놓여 동향하고 있다. 안채와 사랑채 동쪽 전면에는 행랑이 놓여 전체적으로 '月'자 형을 이룬다.

안채는 부엌, 안방, 윗방(찬방, 과방), 안대청, 건넌방, 부엌이 'ㄷ'자 형을 이룬다. 몸채는 5량 구조이고 양 날개채는 1고주 5량 구조이다. 안대청의 대들보는 모접기를 많이 해 원형에 가깝게 다듬었는데, 마치 항아리와 같은 모양이다. 비교적 춤이 큰 판대공과 납도

사진 1
행랑채는 안채와 사랑채 앞에 길게 놓여 있으며 'ㄱ'자 형으로 사랑채를 감싼다.

사진 2
산에서 본 정용채가옥

그림
정용채가옥은 사용자의
편의와 동선을 고려해
평면을 구성했다.

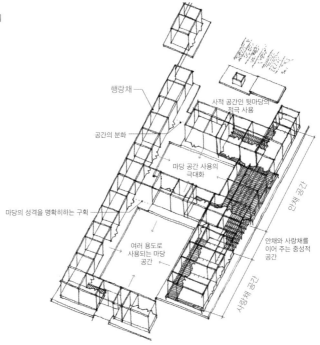

그림
정용채가옥은 사용자의
편의와 동선을 고려해
평면을 구성했다.

행랑채

사적 공간인 뒷마당의
적극 사용

공간의 분화

마당 공간 사용의
극대화

안채 공간

마당의 성격을 명확히하는 구획

여러 용도로
사용되는 마당
공간

안채와 사랑채를
이어 주는 중성적
공간

사랑채 공간

리를 사용했다. 대공 위의 도리받침은 고식 기법이다.

 '一'자 형, 1고주 5량 구조인 사랑채는 안채 건넌방 뒤의 마루방을 통해 안채와 연결된다. 나란히 길게 놓여 있는 사랑채의 방들 앞에는 통난간을 설치한 툇마루가 있다. 마루에는 평주에 연귀맞춤한 난간 칸막이가 설치되어 있는데 대문으로 들어오는 사람들에게 내부가 보이지 않게 하는 일종의 내외벽이다.

 언뜻 보면 집이 커 보이지 않지만 실제로는 50칸이 넘는 큰 규모로 부농형 주택이다.

사진 1
안채는 대청이 매우 넓고 안방과 건넌방에는 독립적으로 넓은 부엌을 두었다.

사진 2
안대청의 대들보는 모접기를 많이 해 사용했다. 종보 또한 판대공의 높이를 줄이기 위해 아래가 오목한 곡재를 다듬어 사용했다.

사진 3
안방 외부의 창호는 격자살로, 내부는 '亞'자 형 창살로 했다. 대청에는 불발기창을 달았다.

사진 4
안채 후면의 우물

사진 5
사랑채의 댓돌은 면이
높은 장대석을 세로로
세워 마당을 향하도록
설치했다.

사진6, 7
사랑채 전툇마루에는 기둥
하부에 연귀맞춤해 설치한
낮은 칸막이 난간이 있다.
머름처럼 네모꼴 테를
두르고 가운데는 빈지로
막았다. 연귀와 굴림
치목 기법이 매끄럽고
세련되었다.

화성 정용래가옥

華城 鄭用來家屋

소재지	경기도 화성시 서신면 오얏리길 56
건축 시기	19세기 말
지정 사항	중요민속문화재 제125호
소유자	화성시
구조 형식	안채: 5량가, 우진각 초가지붕
	사랑채: 3량가, 우진각 초가지붕

지붕 평면도

찬방

건넌방

대청

안방

안채

부엌

행랑채

큰사랑

방

작은사랑

사랑채

N 0 2.5 5m

배치 평면도

초계정씨의 세거지로 추정되는 화성군 궁평리에 자리한 정용래
가옥은 정용채가옥 아래 넓은 들녘이 펼쳐지는 구릉 끝자락에 자
리한다. 사용된 부재가 튼튼하고 건실한 것으로 미루어 초창 당시
에는 기와집이었으나 후에 초가로 개조한 것으로 보인다.

북동향한 가옥은 'ㄱ'자 형 안채, 'ㄴ'자 형 사랑채와 행랑채가 튼
'ㅁ'자 형을 이룬다. 대문을 들어서면 바로 안마당이다. 대문 왼쪽
에 사랑채가 있고 오른쪽에 행랑채가 세로로 길게 자리를 잡고 있
다. 담은 안채와 안채 뒤뜰을 감싸 외부와 경계를 짓는다.

안채는 가운데 2칸 대청을 중심으로 왼쪽에 찬방, 안방과 부엌

사진 1
안채 건넌방 앞의
툇마루는 아래에 아궁이를
들이기 위해 마루의 단을
높이고 대청보다 약간
뒤쪽으로 물려 놓았다.
옆에는 대청과 연속된
툇마루를 두어 안방
및 대청에서 답답하게
느껴지지 않도록
배려했나.

그림
배치 개념도

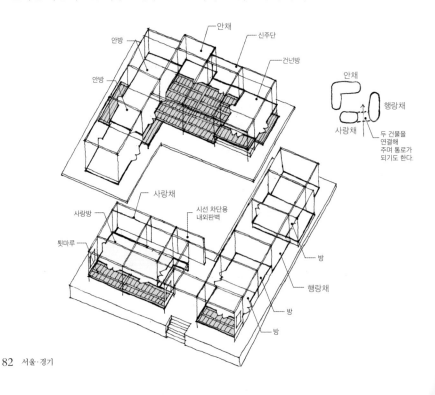

사진 2
대청 뒷벽의 왼쪽에는
창을 내고 오른쪽에는
조상들의 위패를 모신
벽감(신주단)을 두었다.

사진 3
사랑채의 외부 전면에는
남자들의 외부 활동을
고려해 툇마루를
설치했다.

사진 4
안채

이 있고, 오른쪽에 건넌방이 있다. 전퇴가 있는 2칸 대청은 뒷벽에 조상의 위패를 모시는 벽감(신주단)이 있다. 건넌방 앞에는 높은 툇마루를 설치하고, 북쪽에는 외여닫이문을 달고 쪽마루를 놓았다. 대청보다 약간 뒤쪽으로 물려 방을 들이고 앞에는 대청과 연속된 툇마루를 두어 안방 및 대청에서 답답하게 느껴지지 않도록 배려했다.

안채 앞에 자리한 사랑채는 대문채 역할을 겸한다. 사랑채는 외부 전체에 툇마루를 설치해 남자들의 외부 활동을 배려했다. 대문을 기준으로 왼쪽에 큰사랑을 두고 오른쪽에 작은사랑을 두었다. 작은사랑 위로는 외양간, 헛간, 광으로 구성된 행랑채를 연결해 안마당을 감싼다.

어재연장군생가

魚在淵將軍生家

소재지	경기도 이천시 율면 일생로 897번길 22-47
건축 시기	1660년
지정 사항	중요민속문화재 제127호
소유자	어홍
구조 형식	안채: 3량가, 우진각 초가지붕
	사랑채: 2고주 5량가, 우진각 초가지붕

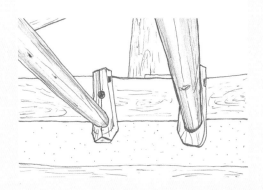

지붕 평면도

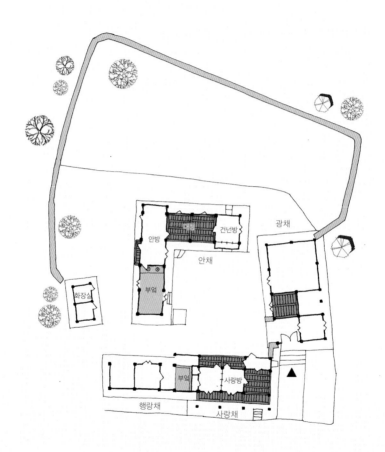

안방
대청
건넌방
안채
광채
부엌
화장실
사랑방
부엌
행랑채
사랑채

0 2.5 5m

배치 평면도

어재연장군생가는 1871년 신미양요 때 강화도 덕포진에서 순절한 어재연 장군이 살던 집이다. 율면 산성1리 마을회관 50미터 앞에서 오른쪽의 작은 다리를 지나 산길로 오르면 보호수로 지정된 느티나무가 보이고, 느티나무를 지나면 보이는 산중턱에 나지막한 언덕으로 둘러싸인 평지에 자리한다.

문화재청에서 발간한《한국의 전통가옥 기록화보고서 26: 어재연장군 생가》에는 "안채는 1660년에 건립되었고, 사랑채와 광채 등은 19세기 말에 지어진 것으로 추정"하고 있다. 화장실은 1996년에 지었다고 한다.

경사지를 평탄하게 하기 위해 전면에 석축을 쌓고 북서향으로 자리하며 안마당을 중심으로 'ㄱ'자 형의 안채와 'ㅡ'자 형의 사랑채와 광채로 둘러싸여 있는 튼 'ㅁ'자 형을 이룬다.

안채는 왼쪽부터 안방 1칸, 대청 2칸, 건넌방 1칸이 있고, 왼쪽 전면에 3칸의 날개채를 덧붙여 방과 부엌을 꾸몄다. 두벌대 자연석 기단 위에 덤벙주초를 놓고 각기둥을 세웠다. 구조는 3량 구조이다. 종도리를 받치는 동자주 중에 대청 부분에는 판대공을 설치했다.

사랑채는 오른쪽부터 1칸 대청, 2칸 방, 1칸 부엌으로 구성된 4칸 사랑채와 외양간, 창고로 구성된

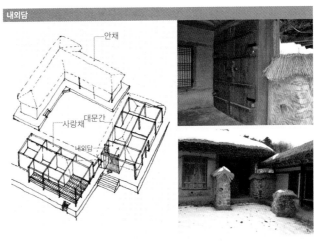

안채

대문간

사랑채

내외담

내외담은 대문에서 안채를 바로 보지 못하도록 시선 차단 역할을 한다.

행랑채와 연결되어 있다. 석축 위에 두벌대 높이의 기단을 쌓고 덤벙주초를 놓고 각기둥을 세웠다. 사랑 공간은 전·후퇴를 둔 2고주 5량 구조로 툇마루를 두고 양측 끝에만 툇보를 걸었다. 현재 두 공간 지붕 모두 우진각 형태이지만 사랑 공간과 행랑 공간 측면 주칸의 폭이 다르고 건물 높이가 다른 것으로 미루어 부엌 상부는 맞배로 하고 행랑 공간의 지붕은 한 단계 낮게 처리했을 것으로 추정된다.

광채는 정면 4칸, 측면 2칸의 겹집 형식 'ㅡ'자 형 평면으로 오른쪽부터 1칸 대문, 1칸 부엌, 2칸 방으로 구성되어 있다. 두벌대 높이의 자연석 기단 위에 덤벙주초를 놓고 각기둥을 세웠다. 구조는 3평주 5량이고 지붕은 우진각이다. 화장실은 2칸으로 구성되어 있고 3량 구조 우진각 초가이다.

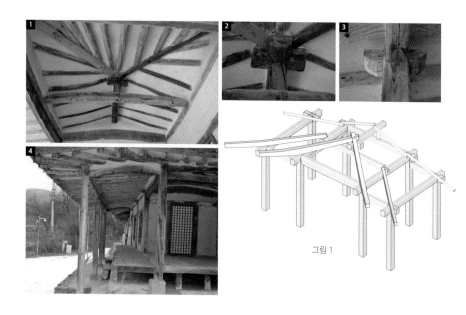

그림 1

사진 1
사랑대청 상부 구조는
깔끔하고 단아한 비례감을
보인다.

사진 2
사랑대청 상부 추녀
받침목

사진 3
사랑채 기둥 결구 상세

사진 4
사랑채 툇간. 서향 빛이
들어오는 것을 보완하기
위해 퇴를 달았을 것으로
추정된다.

사진 5
안채는 안마당을
대각선으로 가로질러
진입하게 함으로써
역동감과 투시에 의한
원근감을 주어 공간감을
극대화시켰다.

사진 6
안대청

사진 7, 그림 2
안대청 상부 구조

사진 8
안대청 배면 상부에는
벽감을 두었다.

사진 9, 그림 3
안채 건넌방에 설치된
반침을 받치는 까치발은
아무 장식 없이 단아하다.

사진 10
안채 회첨골 상세.
회첨추녀를 사용하지 않고
연목으로 회첨을 구성하는
기법을 잘 보여 준다.

사진 11
광채의 고방으로 출입하는
판문에는 'ㅁ'자 형태의
구멍이 있다. 광의 배면
화방벽에도 여러 군데
숫기와 2장을 포개어
구멍을 뚫어 놓았다.
모두 환기를 위한 장치인
것으로 보인다.

그림 1
사랑채 가구 상세도

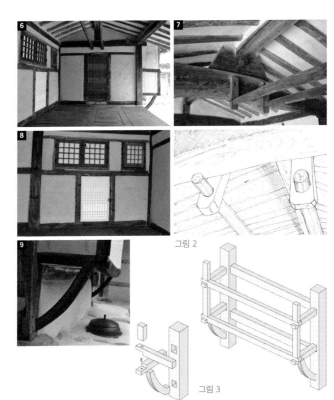

그림 2

그림 3

여주 김영구가옥

驪州 金榮龜家屋

소재지	경기도 여주시 대신면 보통1길 98
건축 시기	1813년
지정 사항	중요민속문화재 제126호
소유자	이앵자
구조 형식	안채: 5량가, 팔작 기와지붕
	큰사랑채: 5량가, 팔작 기와지붕
	작은사랑채: 5량가, 팔작 기와지붕

지붕 평면도

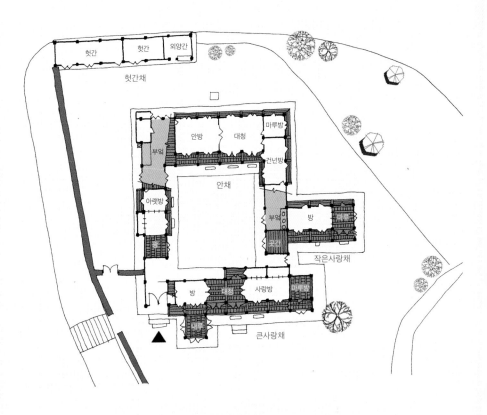

헛간채

헛간 　헛간 　외양간

안채

부엌 　안방 　대청 　마루방

건넌방

아랫방

곳간 　부엌

작은사랑채

방 　마루

큰사랑채

방 　대청 　사랑방 　마루방

N

0　2.5　5m

배치 평면도

여주 김영구가옥은 현 소유자가 1970년대에 매입한 것으로 문화재 지정 당시 현 소유자의 이름을 따른 것이지만 원래 창녕조씨의 집이었다. 안채의 "崇禎紀元後三年癸酉二月二十七日巳時上樑壬坐丙向"이라는 묵서 기록으로 미루어 1813년에 건립된 것을 알 수 있다.

처음 이 집을 지은 사람은 동포 조윤대(東浦 曺允大, 1748~1813)로 한성판윤을 거쳐 판돈녕부사까지 오른 인물이나 공교롭게도 상량 연도인 1813년에 만 65세의 나이로 별세했다. 조윤대의 묘소는 마을 북쪽 어귀 창녕조씨 사당인 모충사 왼쪽에 있다.

남향에 가까운 남동향으로 자리한 가옥은 'ㄷ'자 형 안채와 '一'자 형 사랑채가 만나 'ㅁ'자 형을 이룬다. 이와 같은 'ㅁ'자 형은 경북에서 많이 볼 수 있는 중정형 가옥이다. 김영구가옥은 안채 오른쪽 날개채에 '一'자 형의 작은사랑채가 덧붙어 있다. 가옥 전면에는 원래 행랑채가 있었다고 하나 지금은 남아 있지 않고 텃밭으로 사용하고 있다. 가옥 후면 왼쪽에는 광과 외양간이 있는 6칸의 헛간채가 있다.

안채는 정면 6칸 반으로 가운데에 안방과 대청이 각 2칸씩 있으며, 모두 전면에 툇간을 두었다. 안방 왼쪽에는 1칸 반 부엌이 있는데 반 칸을 외측으로 하지 않고 안방이 있는 내측으로 한 것이

사진
진입로에서 본 김영구가옥

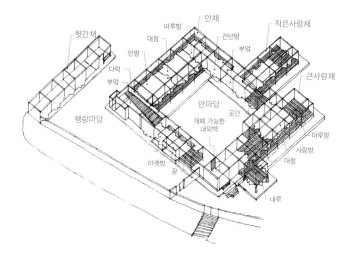

그림
김영구가옥 공간 투상도

특이하다. 부엌 아래에는 아랫방 2칸과 광 1칸이 있다. 대청 오른쪽으로는 마루방 1칸과 건넌방 2칸이 있었으나 현재 마루방은 화장실로, 대청은 입식 부엌으로 개조해 사용하고 있다. 안채 건넌방 아래에는 2칸 부엌이 있다. 이 부엌은 오른쪽에 붙어 있는 작은사랑채와 건넌방 모두에 불을 지필 수 있다. 작은사랑은 2칸으로 왼쪽에는 1칸 마루방이 있으며, 전퇴를 두고 툇마루를 설치했다. 안채의 부엌 아래로는 광이 1칸 있고 안마당으로 들어올 수 있는 협문이 있다.

사랑채는 정면 7칸으로 가운데에 대청과 사랑방이 각 2칸씩 있다. 대청 왼쪽에 건넌방과 대문간이 있는데 건넌방 앞에는 누마루를 두었다. 사랑방은 뒤로 반 칸의 고방을 두었으나 현재는 모두 헐어 방으로 사용하고 있다. 사랑방 오른쪽에는 마루방이 있는데 사랑방이 아닌 외부에서 출입이 가능하다.

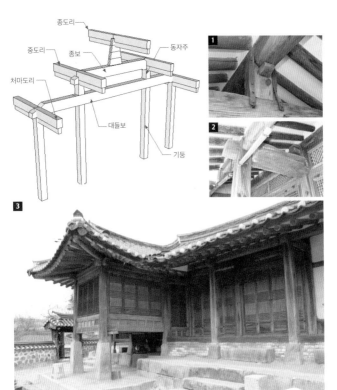

종도리

중도리 종보 동자주

처마도리

대들보

기둥

사진 1
사랑채 중도리 보강 철물

사진 2
사랑채 무고주 대들보
상세

사진 3
사랑채의 돌출된
누마루에는 처마의
앙곡을 위한 선자연이
정연하게 설치되어 있다.
그러나 내뻗은 처마
무게로 종도리가 들리는
것을 방지하기 위해
도리를 감싼 철물을 보에
고정시켜 보강했다.

사진 4, 5, 6
대문을 들어서면 안쪽에
반쪽짜리 문이 또
하나 보인다. 손님이
대문에서 안채를 바로
보지 못하도록 설치한
내외벽이다. 개폐가
가능한 판벽으로 해 큰
물건이 들어올 때에는
대문과 같이 열어
편리성을 도모했다.

사진 7, 8
안채는 대들보를
사등분해 종보를 올린
사분변작(사진 7)인 반면
사랑채는 삼분변작(사진
8)이다. 사랑채 종보의
길이가 짧게 느껴진다.
대청을 고주 없이 육중한
대들보로 설치한 무고주
5량가여서 사뭇 옹색할 수
있는 공간감을 해결하기
위한 방편이다.

사진 9
안대청의 사분합문을
들어올린 모습

사진 10
안채 툇마루

사진 11
작은사랑채 출입용 협문

사진 12
대문에서 본 안채

사진 13
김영구가옥처럼 작은
사랑채가 안채에
덧붙어 있는 것은
흔하지 않은 경우다.
건넌방에 며느리가 살고,
작은사랑에 아들이
거주한다고 볼 때 내외
분별이 엄격한 시기에
아들부부를 위한 배려에서
나온 배치로 보인다.

전라·제주

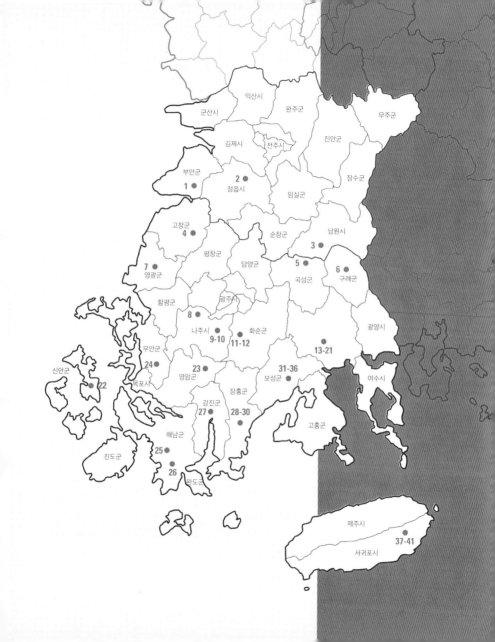

부안 김상만가옥

扶安 金相萬家屋

소재지	전북 부안군 줄포면 교하길 8
건축 시기	1895년
지정 사항	중요민속문화재 제150호
소유자	김병관 외 3인
구조 형식	안채: 2고주 5량가, 우진각 초가지붕
	안사랑채: 2고주 5량가, 우진각 초가지붕
	바깥사랑채 : 2고주 5량가, 우진각 초가지붕

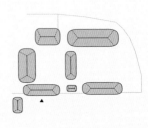

지붕 평면도

대청　사랑방

안사랑채

벽장　골방　벽장　방
건넌방　대청　큰방
부엌

안채

방

방

바깥사랑채　중문채

방　마루방　방

곳간채

문간채

N

0　2.5　5m

배치 평면도

인촌 김성수(金性洙, 1891~1955)의 큰아버지인 원파 김기중(圓坡 金祺中, 1859~1933)이 집안에 크고 작은 재난이 끊이지 않자 1895년에 부안면 봉암리에서 줄포로 옮겨 오면서 지은 초가이다. 인촌은 김기중의 양자로 들어와 이 집에서 성장했다.

1895년에 23평의 안채, 13평의 사랑채, 중문채(헛간채)를 초가로 짓고 공간이 부족해 1903년 18평의 안사랑채와 10평의 곳간채를 추가로 지었다. 그리고 한참 시간이 흘러 1984년에 문간채를 지었다. 원래 바깥행랑채가 더 있었다고 하나 지금은 존재하지 않는다. 안채와 사랑채 영역이 구분되는 상류주택의 배치 기법을 따랐다. 가옥은 안채, 안사랑채, 바깥사랑채, 중문채, 문간채, 곳간채로 구성된다. 모든 건물이 초가이지만 부재가 굵고 견실해 기와집 못지않다.

안채는 전면 6칸 반의 전·후퇴가 있는 '一'자 형 집으로 서향한다. 평야에 자리하는 집답게 주간 거리가 길어

사진 1
골목에서 본 김상만가옥

사진 2
사랑마당. 담장과 건축물로 공간을 구획해 마당을 만들고 각 건물의 출입을 제한했다.

사진 3
중문채 오른쪽의 지붕
상세

사진 4
중문채 가구 상세

사진 5
안채는 남도지방의
전형적인 '一'자 형으로
규모가 큰 편이다.

입면상 안정되어 보이고 기단이 높지 않아 더욱 평활한 느낌을 준다. 남쪽부터 부엌 2칸, 큰방 2칸, 대청, 건넌방으로 구성되는 일반적인 남부지방 가옥이다. 부엌은 큰살림을 하는 집답게 1칸 방, 벽장, 툇마루가 부속되어 있다. 큰방은 앞·뒤에 퇴를 두었는데 뒤퇴의 1칸은 골방이고, 앞퇴는 마루이다. 방 뒤에 있는 골방에서는 안사랑채를 볼 수 있다. 건넌방 옆에는 마루를 깐 도장을 두고, 건넌방의 뒷벽에는 벽장을 만들어 물건들을 수장할 수 있게 했다. 방 주위 퇴를 수장 공간으로 구성한 것은 남부지방 가옥에서 흔히 볼 수 있다.

사랑채는 '一'자 형 남향집으로 부친이 사용하는 바깥사랑채와 인촌이 기거했던 안사랑채 두 채가 낮은 담장으로 구획되어 있다. 바깥사랑채는 끝방과 골방이 뒷방으로 숨겨진 독특한 구조이다. 3칸의 방이 있으며, 앞에는 툇마루가 있다. 안사랑채는 '一'자 형 서향집으로 2칸 방과 1칸 대청이 있으며, 앞·뒤에 툇마루가 있고 벽장이 설치되어 있다.

중문채는 '一'자 형 5칸 집으로 방과 창고로 사용되고 있다.

김상만가옥은 초가이지만 규모와 형식에서 간척지 부농의 대표적인 집이다.

정읍 김동수씨가옥

井邑 金東洙氏家屋

씨소재지	전북 정읍시 산외면 공동길 72-10
건축 시기	1784년
지정 사항	중요민속문화재 제26호
소유자	김용선
구조 형식	안채: 5량가, 팔작 기와지붕
	사랑채: 2고주 5량가, 팔작 기와지붕
	안사랑채: 5량가, 팔작 기와지붕
	사당: 가구 3량가, 맞배 기와지붕

지붕 평면도

방 부엌 방

호지집

방 대청 방

방 부엌 부엌 방

안채

랑채

방

곳간

방

곳간

정지 방

곳간

안행랑채

방

대청 사랑방

사랑채

외양간

부엌

방 마루 방

곳간

방

방

대청 정지

바깥행랑채

N

0 2.5 5m

배치 평면도

부엌 방 방

호지집

김동수의 6대조인 김명관이 오공리에 터를 잡고 1773년에 짓기 시작해서 1784년에 완공한 집이다. 지네 모양의 청하산을 주산으로 해 전형적인 배산임수의 조건을 갖춘 명당 터에 집을 지었다.

살림채인 안채, 안주인들의 공간인 안사랑채와 안행랑채, 바깥주인의 공간인 사랑채, 하인들의 공간인 바깥행랑채로 구성되어 있다. 안채 뒤에는 사당이 있고, 주변에는 외거노비가 살던 호지집이 있다. 호지집은 여덟 채가 있었는데 지금은 두 채만 남아 있다.

정면 13칸 규모의 바깥행랑채는 1칸 솟을대문을 중심으로 오른쪽에 9칸, 왼쪽에 3칸이 있다. 왼쪽과 오른쪽에는 모두 2칸 규모의 날개채가 붙어 있는데 왼쪽 날개채는 약간의 거리를 두고 외양간이 있다. 솟을대문의 일곽은 별도로 담을 둘러 폐쇄된 문간마당을 만들고 오른쪽에 일각문을 설치해 사랑채로 들어갈 수 있게 했다.

정면 5칸, 측면 3칸의 '一'자 형인 사랑채는 가운데의 고주칸에 방을 들이고 앞·뒤로 퇴를 두었다. 방 2칸, 뒷방 1칸, 부엌과 헛간이 있으며 나머지 공간은 마루이다. 사랑대청의 왼쪽 끝에는 기둥 사이에 수평부재 한 가닥만 건너질러 난간처럼 만들었다.

중문이 있는 안행랑채는 정면 10칸으로 사랑채 뒤 안채 앞쪽에 길게 배치되어 있다. 중문을 들어서면 'ㄷ'자 형으로 정면 5칸, 측면 4칸의 안채가 있다. 6칸 대청을 중심으로 양 옆에 방이 있고 양쪽 모두 방 앞에 부엌이 있다. 우물마루를 깐 대청은 전면에 반 칸 툇마루를 두었다. 양쪽 방의 양 측면에 있

사진
바깥행랑채 앞에는 손님들이 대문으로 바로 들어서지 않고 돌아서 들어오게 하는 탱자울을 두른 너른 마당이 있었다고 한다.

는 툇마루는 모두 우물마루로 구성했다. 부엌 역시 측면 툇간까지 포함해 넓게 사용하고 있는데 집안의 많은 남녀 하인들의 식사 공간을 확보해 주기 위한 조치였다고 한다. 부엌에는 방과 툇마루로 연결되는 창호가 있으며 방과 면하지 않은 삼면에는 매우 정교한 빗살창을 달았다.

안채의 왼쪽에는 별채인 안사랑채가 있다. '一'자 형 평면으로 정면 5칸, 측면 1칸 반의 규모로 가운데에 대청이 있고, 양 옆에 방이 있으며 왼쪽 끝에 1칸 부엌이 있다. 안사랑채 앞에 부속채가 하나 더 있었다고 하나 현재는 멸실되었다. 기록으로 보아 고직사로 판단된다. 안채 북쪽에는 정면 1칸, 측면 1칸으로 담장으로 둘러싸여 있는 사당이 있다.

이 가옥은 원래의 모습을 거의 그대로 보존하고 있으나, 안사랑채 마당에 있던 3칸의 방아실채와 바깥행랑채 왼편에 있던 연자맷간, 머슴변소 그리고 안행랑채의 왼쪽 날개를 이루던 3칸은 철거되었다. 안행랑채의 여종들이 사용하는 화장실이 있었는데 현재는 사용되지 않기 때문에 개방된 채 디딤돌 두 개가 놓여 있다.

'ㄷ'자 형의 안행랑채가 안채를 향해 팔을 벌리고 있는데, 솟을대문이 있는 'ㄷ'자 형의 바깥행랑채 역시 사랑채를 포함한 모든 건물을 감싸안은 듯한 모습으로 길게 늘어서 있다. 이처럼 김동수씨가옥은 두 겹으로 내외건물을 포용하는 독특한 공간 구성을 갖추고 있다. 대개의 양반가들이 권위를 나타내기 위해 사랑채 또는 안채의 기단을 높게 조성하는 것에 비해 김동수씨가옥은 모든 건물을 외벌대로 낮게 기단을 조성하고 집 자체도 규모에 비해 소박하게 꾸몄다. 공간의 구성 방법이나 건물의 꾸밈 등 많은 부분이 경상도 지역의 양반가들과 비교된다.

사진 1
바깥행랑채 왼쪽 날개채

사진 2
바깥행랑채 오른쪽 날개채

사진 3
바깥사랑채

사진 4
바깥사랑채 대청

사진 5
바깥사랑채 상부 가구

사진 6
수평부재 하나로 간단하게
난간을 두른 바깥사랑채
왼쪽 모서리 상세

사진 7
홍예형 상인방을 사용한
안행랑채 정지 입구

사진 8
안사랑채

사진 9
안채

사진 10
안대청 상부 가구 상세

사진 11
안채 전퇴 가구 상세

사진 12
바깥사랑채에서 본 협문

사진 13
사당 오른쪽의 호지집

남원 몽심재

南原 夢心齋

소재지 전북 남원시 수지면 내호곡2길 19
건축 시기 18세기 말
지정 사항 중요민속문화재 제149호
소유자 (재)원불교
구조 형식 안채: 5량가+3량가, 팔작+맞배 기와지붕
사랑채: 5량가, 팔작 기와지붕

지붕 평면도

창고

창고

창고

방

헛간채

정지

방

방

대청

창고

방

창고

안채

웃방

창고

방

방

방

방

반침

방

방

창고

광채

사랑채

▲ 중문채

대문채

창고

방

방

툇마루

▲

N

0 2.5 5m

배치 평면도

몽심재는 호음실(虎音室), 내호곡으로 불리는 마을에 자리한다. 마을 이름은 마을의 지형이 누워 있는 호랑이 형국이고, 마을 주변에 있는 호두산(虎頭山; 지금은 견두산犬頭山)에 호랑이가 많아서 호랑이의 울음소리가 들린다는 설에서 유래되었다고 한다. 마을은 죽산박씨 집성촌이다.

좁고 경사진 지형을 잘 활용해 지은 몽심재의 정확한 건립 연대는 알려져 있지 않다. 연당 박동식(蓮堂 朴東式, 1753~1830)이 안채와 사랑채를 먼저 짓고 대문채와 곳간채는 후에 지었다고 한다. 몽심재는 사랑채의 당호로 고려말 유신 송암 박문수(松菴 朴門壽)가 정몽주에게 충절을 다지며 보낸 "隔洞柳眼元亮夢 登山薇吐伯夷心(마을을 등지고 있는 버드나무는 도연명이 꿈꾸고 있는 듯하고 산에 오르니 고사리는 백이숙제의 마음을 토하는 듯하다)"이라는 시구에서 가져왔다.

가장 북쪽에 자리한 안채는 안방과 대청을 중심으로 서쪽 날개에는 정지방이 딸린 정지가 있는 서쪽 날개채와 마루방과 온돌방,

사진 1
몽심재는 좁고 경사진 지형에 자리한다.

사진 2
대문채의 동쪽 1칸은
누마루로 구성해 연당을
조망할 수 있도록 했다.

위에 다락이 있는 부엌으로 구성된 중층 구조의 동쪽 날개채로 구성된다. 서쪽의 정지에는 따로 툇마루를 두고 기단과 연결되도록 개방해 생활의 편의를 도모했다. 대청 전면에는 분합문을 달았다. 안채가 자리한 곳은 경사가 심해 날개채를 중층으로 하고 몸채의 앞쪽에 높고 넓은 기단을 만들어 몸채와 날개채의 높이를 맞추었다. 몸채는 기단과 주초석을 모두 자연석으로 하고 두툼한 민흘림 각기둥을 세운 5량가로 홑처마 팔작지붕이다. 날개채는 3량 구조, 맞배지붕이다. 서쪽 날개채의 지붕은 뺄목을 길게 빼서 박공 아래의 공간을 넓혀 다락에서 사용할 수 있도록 난간을 만들고 난간 아래는 공간을 더 확장하고 부섭지붕을 달았다. 동쪽 날개채 역시 지붕을 길게 빼고 다락 부분에 난간을 달았다.

높은 장대석 기단 위에 지은 사랑채는 앞·뒤에 퇴가 있는 5칸 집으로 무고주 5량 구조이며 굴도리집이다. 동쪽 4칸은 방으로 사용하고, 마지막 1칸에는 마루를 깔았다. 전면에는 팔각기둥을 사용했으며 서쪽 3칸에는 쪽마루를 달았다. 서쪽 끝 1칸은 아궁이를 들이기 위해 단을 높이고 계자난간을 둘렀다.

솟을대문이 있는 대문채는 동쪽 끝을 누마루로 구성해 연당을 조망할 수 있도록 했다. 대문채 동쪽에는 정사각형의 연당이 있는데 주변은 돌과 꽃으로 정원을 꾸몄다.

사랑채 쪽마루와 툇마루의 맞춤

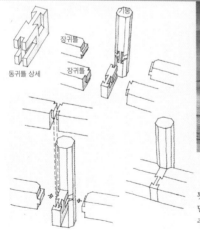

동귀틀 상세
장귀틀
장귀틀
기둥

툇마루에 쪽마루를 달면서 장귀틀과 동귀틀을 주먹장턱맞춤으로 했다.

사진 1
대문채에서 본 사랑채와 중문채

사진 2
사랑채 툇간 가구 상세

사진 3
사랑채 서쪽 끝 툇마루 계자난간

사진 4
안채는 양날개채의 지붕을 길게 빼 2층 다락 공간을 넓게 사용했다.

사진 5, 그림 1
부섭지붕을 덧댄 안채 왼쪽 날개채

사진 6, 그림 2
안채 오른쪽 날개채는
중층으로 계획해 1층은
부엌으로, 2층은 다락으로
사용한다. 다락 앞은
일종의 발코니처럼 구성해
다락에서 사용할 수
있도록 했다.

초기 지붕 형태

그림 1

도리뺄목을 길게 하고 기둥을
세운 후 기둥까지 확장 확장된
부분의 지붕까지 다락으로 사용

필요에 따라 공간을 더
확장한 후 부섭지붕 설치

그림 2

고창 신재효고택

高敞 申在孝古宅

소재지	전북 고창군 고창읍 동리로 100
건축 시기	1850년
지정 사항	중요민속문화재 제39호
소유자	고창군
구조 형식	2고주 5량가, 우진각 초가지붕

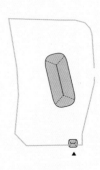

지붕 평면도

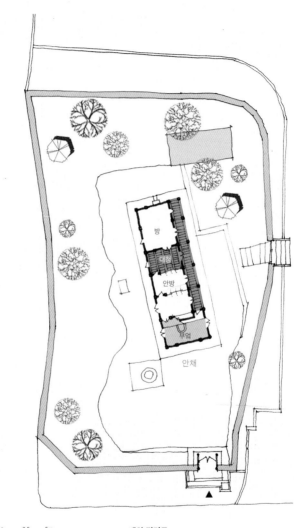

방

대청

안방

부엌

안채

배치 평면도

N

0 2.5 5m

조선 말기 판소리 여섯마당 가사를 정리해서 창극화하고, 판소리 사설문학을 집대성한 신재효(申在孝, 1812~1884)의 집이다. 1850년에 신재효가 지은 것을 1899년에 아들이 고쳐서 지었다.

현재는 1979년에 복원한 안채만 남아 있는데 이 건물도 원래는 사랑채나 별채였을 것으로 추정된다. 중요민속문화재로 지정되기 전에는 고창 경찰서에서 부속 건물로 사용했다. 현 고창경찰서 자리에 안채와 부속채가 있었다. 현존하는 건물은 남쪽을 정면으로 하지 않고 읍성을 등지고 북향하고 있다. 주변보다 낮은 지대에 자리하고 있는 것으로 보아 주변이 성토되었을 것으로 생각된다.

가옥은 남부지방의 비교적 큰 규모인 초가로 전면 6칸, 측면 2칸 규모의 '一'자 형 전·후 툇집이다. 왼쪽부터 1칸 부엌, 2칸 방, 1칸 대청, 2칸을 털어 통칸으로 만든 방이 있다. 부엌을 제외한 나머지 5칸 앞에는 반 칸 툇마루가 있다.

고택의 왼쪽 뒤에는 우물이 있고, 오른쪽 앞에는 연못이 있다. 우물에서 시작된 배수로는 집 뒤편을 거쳐 연못으로 흐르게 되어 있다. 정자가 있었던 것은 물론 집안에 연못을 둔 것으로 보아 원래 고택은 어느 정도 규모를 갖춘 큰 집이었을 것으로 추정된다.

군지촌정사

涒池村精舍

소재지	전남 곡성군 입면 청계동로 908-4
건축 시기	1535년
지정 사항	중요민속문화재 제155호
소유자	김순남
구조 형식	안채: 1고주 5량가, 팔작 기와지붕
	사랑채: 2고주 5량가, 우진각 기와지붕

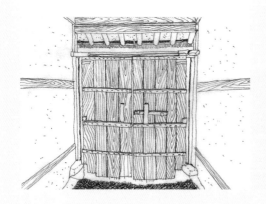

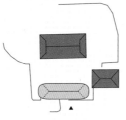

지붕 평면도

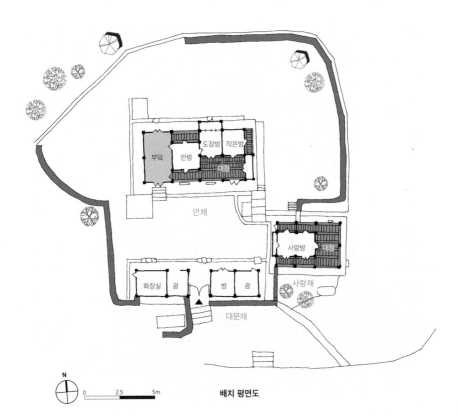

배치 평면도

군지촌정사는 곡성에서 순창으로 섬진강을 끼고 지나가는 지방도로 길목, 섬진강을 반달 모양으로 끼고 있는 작은 산중턱에 자리 잡고 있다. 군지촌정사가 있는 군촌마을은 청송심씨의 씨족마을이다. 남북방향으로 안채와 대문채가 있고 동쪽에 사랑채인 군지촌정사가 있다. 심안지(沈安智, 1443~?)의 손자인 제호정 심광형(霽湖亭 沈光亨, 1510~1550)이 1535년에 지은 것으로 전한다.

제월당(齊月堂)이란 당호가 붙어 있는 '一'자 형 겹집인 안채는 시쪽부터 2칸 부엌, 앞·뒤 툇간을 둔 안방이 있다. 전면 2칸은 마루이고 후면에는 도장방과 작은방이 있다. 작은방 앞 동쪽 벽에는 널판문을 달아 벽처럼 구성했는데 감실로 사용했던 것으로 보인다. 이 벽은 또한 외부 시선 차단 역할을 하기도 했다. 도장방 앞천장은 고미반자로 했다. 안방 앞의 기단에는 작은 구멍을 내어 굴뚝으로 사용했다. 허튼층쌓기한 기단 위에 평평한 자연석 초석을 놓고 기둥을 세웠는데 평주는 원형이고 고주는 각형으로 민흘림기둥이다. 대청의 가구는 고주에서 툇보와 대들보가 결구되고 대들보 위에 동자주를 세우고 종보를 얹은 다음 대공으로 종도리

사진 1
초가인 대문채와 우진각
기와지붕인 사랑채

를 받친 1고주 5량 구조, 홑처마 팔작지붕이다.

대문을 지나 동쪽을 보면 정면 3칸, 측면 2칸의 사랑채인 군지촌정사가 있다. 홑처마 우진각지붕으로 전·후퇴를 둔 2고주 5량 구조이다. 서쪽 2칸을 방으로, 동쪽 1칸을 마루로 사용하고 있다. 군지촌정사는 오래 전부터 동네 사랑방 겸 서당으로 사용되었다. 전·후퇴 모두 마루를 깔아 마루 공간을 넓게 사용했다. 대청의 천장은 연등천장으로 했다. 대청의 대들보 위 판대공에 결구된 단장여와 종도리, 맞이음한 충량과 종도리를 떠받치고 있는 단장여, 충량 위에 얹혀 추녀를 받고 있는 베개목 등의 결구법이 특색있다. 방과 마루 사이에 걸쇠에 들어올릴 수 있는 삼분합 세살들문을 설치해 개방적이다.

대문채는 전면 5칸, 측면 1칸, 3량 구조이다. 홑처마 초가지붕인 대문채는 서쪽부터 화장실, 광, 대문, 방, 광으로 구성된다. 대문의 널판문을 문설주에 지지해 주는 둔테는 말굽형으로 하고 원산석을 두었다.

군지촌정사는 안채, 사랑채, 문간채로 단출하게 구성되어 있지만 평면 구성이나 배치는 조선시대 사대부가의 형식을 취했다.

사진 2
사랑채

사진 3
안채

사진 1
사랑대청

사진 2
사랑채에서 본 안채

사진 3, 4
왼쪽에 있는 부엌
상부 구조(사진 3)와
오른쪽에 있는 대청
상부 구조(사진 4). 양쪽
충량과 상부의 외기도리는
방의 용도에 따라 천장
마감을 달리했다. 부엌은
외기도리로만 처리했으나
대청은 고미반자와
우물천장으로 했다.

사진 5
부엌은 드나드는 사람을
고려해 하방에 휜 부재를
써서 출입부를 낮췄다.

사랑채 도리와 충량의 결구

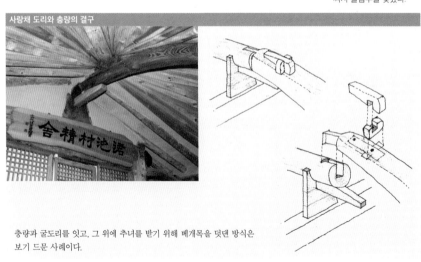

충량과 굴도리를 잇고, 그 위에 추녀를 받기 위해 베개목을 덧댄 방식은
보기 드문 사례이다.

사진 6
안채 작은방 앞의
마루에는 시선을 차단하고
입면의 대칭을 고려해
판문을 달았다.

사진 7
엇나가게 만든 부엌
판문의 띠장. 문의 여닫는
순서를 고려한 것으로
보인다.

사진 8
안채 기단의 굴뚝

구례 운조루

求禮 雲鳥樓

소재지	전남 구례군 토지면 운조루길 59
건축 시기	1776년
지정 사항	중요민속문화재 제8호
소유자	유홍수
구조 형식	안채: 2고주 5량가, 맞배 기와지붕
	사랑채: 3량가, 팔작+맞배 기와지붕
	중사랑채: 3량가, 우진각+맞배 기와지붕

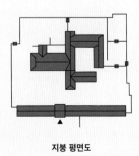

지붕 평면도

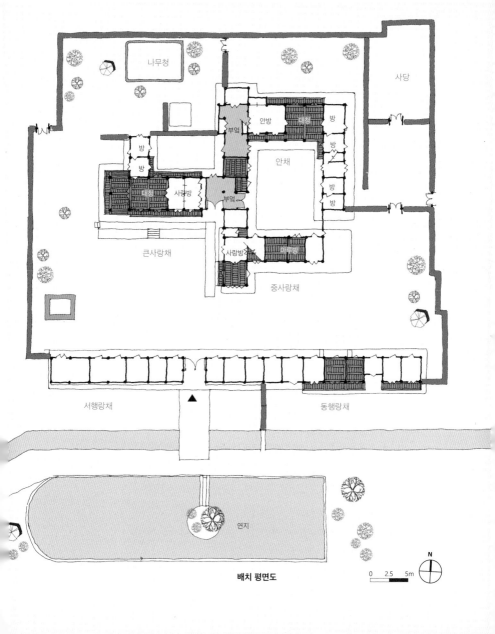

나무청

사당

안방

대청

방

방

부엌

안방

대청

방

방

안채

방

방

방

방

사랑방

부엌

대청

사랑방

큰사랑채

사랑방

마루방

중사랑채

서행랑채

동행랑채

연지

배치 평면도

0 2.5 5m

N

운조루가 있는 오미동은 지리산의 노고단을 종산(宗山)으로 하고 노고단에서 남쪽으로 빠져 내려온 형제봉을 주산(主山)으로 한 동네이다. 앞에 넓은 들이 펼쳐지고 들 앞은 섬진강이 가로 놓여 있는데, 섬진강 건너에 있는 오봉산이 오미동의 안산(案山)이다. 동쪽 왕시리봉이 좌청룡, 서쪽의 천왕봉이 우백호가 되는 '금가락지가 떨어진 터'라는 뜻의 금환낙지(金環落地) 형의 길지이다. 오미동이라는 마을 이름은 안산인 오봉산이 기묘하고 물과 샘이 풍부하며 풍토가 질박하고 터와 집들이 살기에 좋으며 사방으로 둘러싸인 산이 오성(五星)이 되어 길하다는 뜻에서 유래했다고 한다.

운조루를 지은 유이주(柳爾冑, 1726~1797)는 낙안군수였다. 큰사랑채 대청마루 종도리에 남아 있는 묵서에 "龍龍龍崇禎紀元後三丙申秋九月己巳十六日甲申戌辰時上樑龍龍"이라고 쓰여 있는데 '큰사랑채는 1776년 9월 16일에 상량했다'는 의미이다. 따라서 창건연대가 1776년임을 알 수 있다. 안채 대청마루 종도리에도 "崇禎紀元後三丙申七月二十七日酉時上樑龍龍龍"이라는 묵서가 있는데, 이를 통해 안채도 사랑채와 같은 해인 1776년에 지어졌으며 사랑채보다 2개월 정도 빠른 7월 27일에 상량했음을 알 수 있다.

창건 당시의 모습과 규모는 1800년 전후에 그려진 것으로 추정되는 〈전라구례오미동가도(全羅求禮五美洞家圖)〉를 통해 모두 85칸 정도의 규모였음을 알 수 있다. 또한 집을 지을 때 공간 영역을 울타리 안으로 한정하지 않고 조산, 안산과 같은 풍수 요소들까지 고려했음을 알 수 있다.

행랑채 앞에는 긴 연못이 있다. 연못 한가운데에는 삼신산이 있고 다양한 연꽃과 화초를 심었다.

큰사랑채, 중사랑채로 구분되어 있는 사랑채 중 큰사랑채가 중

심에 있으면서 접객과 학문수양의 중추적인 역할을 했다. 큰사랑
채 후원은 별도로 담장을 둘러 금원(禁苑)으로 꾸미고 꽃과 괴석을
두어 감상하고 즐겼다. 사랑채 앞마당에도 가산을 만들고 꽃과 괴
석, 학을 놓아 누마루에 앉아 즐겼다고 한다. 조선시대 선비들의
풍류와 멋을 볼 수 있으며 안채와는 대조된다.

운조루에는 세 개의 협문이 있다. 큰사랑채 후원의 나무청에서
안채 후원으로 연결되는 곳에 협문이 있는데 이 문의 양쪽에는 담
장이 연결되어 있으며 큰사랑채 후원 담장과 외곽 담장을 남북으
로 잇는다. 다른 두 개의 협문은 모두 행랑에 달려 있다. 하나는 안
채 동쪽 날개채에서 사당 중문으로 통하는 협문이고, 다른 하나는
중외사와 하외사 사이에서 안채 전행랑 앞마당과 큰사랑 앞마당
을 연결하는 문이다. 지금은 행랑과 안채를 남북으로 연결하는 하
외사와 행랑 서쪽 일부가 소실된 것을 제외하고는 당초의 모습이
고스란히 남아 있다.

운조루라는 택호는 도연명의 칠언율시 〈귀거래사(歸去來辭)〉의
"雲無心以出岫(구름은 무심히 산골짜기에 피어오르고), 鳥倦飛而知還(새들
은 날기에 지쳐 둥우리로 돌아오네)"에서 머리글자만 따왔다고 한다.

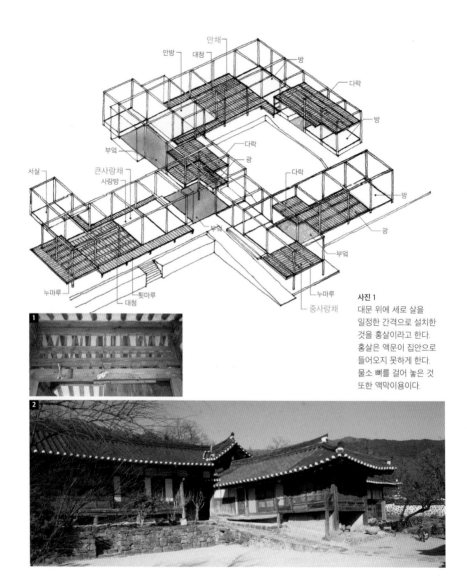

안채

안방　대청　　　　　방

다락

방

부엌　　　　　　　다락

광

서실　　큰사랑채　　　　　다락

사랑방　　　　　　　　　　　방

부엌　　　　　　　　　　　광

부엌

누마루　　　　　뒷마루　　　　　누마루

대청　　　　중사랑채

사진 1
대문 위에 세로 살을
일정한 간격으로 설치한
것을 홍살이라고 한다.
홍살은 액운이 집안으로
들어오지 못하게 한다.
물소 뼈를 걸어 놓은 것
또한 액막이용이다.

사진 2
대문을 들어서면
큰사랑채와 동쪽에
남북으로 놓인 중사랑채가
보인다. 두 사랑채
사이에는 안채로 통하는
문이 있는데 이와 같은
동선의 처리 방법은 매우
드문 사례이다.

사진 3
전라구례오미동가도, 구례
운조루 소장 사진인화본
접사. 구례 운조루의
배치를 표현한 그림이다.
각 건물을 입면 형식으로
표현한 것이 재미있다.

사진 4
중문간과 큰사랑채 사이에
는 가벽을 설치해 안채를
향한 시선을 차단했다.

사진 5
중문간에는 누구나 쌀을
가져갈 수 있다는 뜻의
'타인능해(他人能解)'라고
쓰인 쌀통이 있다. 글자가
있는 부분의 구멍으로
쌀을 받아 갈 수 있다.

사진 6
사랑마당과 서쪽으로 열려
있는 큰사랑채의 누마루는
높게 설치되어 있어 멀리
안산과 조산을 내다볼 수
있는데 차경의 극치를
이룬다.

사진 1
큰사랑대청

사진 2
안채는 마당을 중심으로
사방이 모두 닫힌 'ㅁ'자
형 공간으로 외부인의
시선을 차단하고 사생활을
보호하려는 공간의 성격을
명확히 했다. 안채의 양
날개채는 중층으로 만들어
아래층에는 부엌과 협문
등을 설치하고 위층은
다락으로 사용했다.
이처럼 단차를 이용해
두 개 층으로 만든 사례는
전통가옥에서 흔히 볼 수
있다.

사진 3
안마당에서 중사랑채와
연결되는 부분에는
장독대를 두고 나무를
심어 시선을 차단하고
공간의 영역을
명확히했다.

사진 4
안채는 5량 구조이면서
휜 보를 사용해 동자주가
없고 대공도 장식으로
붙은 정도로 꾸몄다.
중도리와 종도리가
대들보에 모두 붙어
있다는 것이 다른
집에서는 볼 수 없는
특징이다.

사진 5
안채는 원형기둥 위에
사갈을 트고 장여와
보아지를 직교시키고
다시 그 위에서 대들보와
도리를 십자로 결구한
강직한 민도리집이다.

사진 6
기단에 굴뚝을 낸 모습은
전통가옥에서 흔히 볼
수 있다. 마당에 연기를
내뿜어 모깃불 역할도
한다.

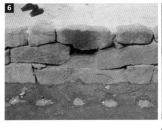

사진 7
안채 날개채의 쪽마루에서
다락에 올라갈
수 있도록 설치한 계단

영광 연안김씨종택

靈光 延安金氏宗宅

소재지	전남 영광군 군남면 동간길2길 83-1
건축 시기	1868년
지정 사항	중요민속문화재 제234호
소유자	김성호
구조 형식	안채: 5량가, 팔작+우진각+맞배 기와지붕
	사랑채: 2고주 5량가, 팔작 기와지붕

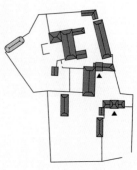

지붕 평면도

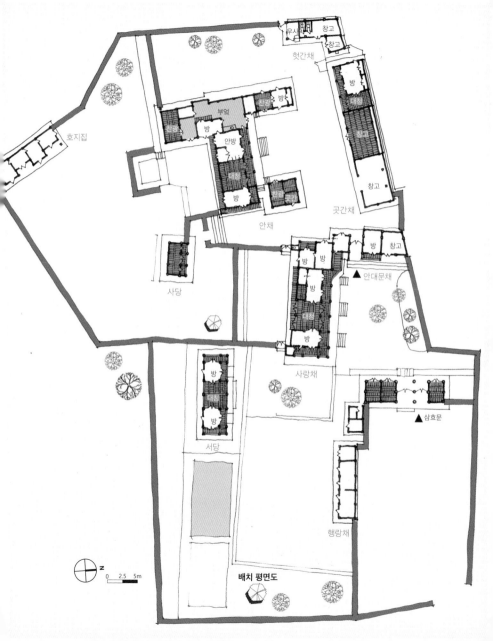

호지집

헛간채

우사 창고

창고

방

대청

창고

창고

곳간채

부엌

방

안방

대청

방

안채

사당

방

방

방

대청

방

사랑채

안대문채

방 창고

▲

삼효문

서당

방

대청

방

▲

행랑채

N

0   2.5   5m

배치 평면도

연안김씨가 영광에 들어와 살게 된 것은 16세기 중엽부터라고 한다. 종택은 풍수지리상 매화꽃이 떨어지는 형국 또는 학 형국이라고 일컬어지는 길지에 자리 잡았으며 북향으로 안채를 비롯해 사랑채, 곳간채, 사당, 서당, 호지집, 안대문, 바깥대문(삼효문), 정원과 연못을 갖춘 전형적인 양반집이다. 건립 연대는 안채 상량문의 "崇禎紀元後四戊辰二月二十九日"이라는 기록으로 보아 1868년임을 알 수 있다. 종택은 남북방향으로 경사진 지형을 여러 단으로 정지한 땅에 북동향으로 배치되어 있다.

종택의 바깥대문은 삼효문(三孝門)이라고 한다. 삼효문은 연안김씨 가문에서 나온 세 명의 효자가 받은 정려(旌閭)를 걸어 놓은 2층 누각형 문이다. 세 명의 효자는 김진(金璡), 김재명(金載明), 김함(金 舍)이다. 삼효문 현판은 고종의 형인 이재면(李載冕, 1845~1912)이 쓴 것이라고 한다. 삼효문의 막새기와와 망와에는 "삼효(三孝)"를 한자로 새겨 장식했다. 삼효문의 하층은 정면 5칸, 측면 2칸의 민도리 형식이지만, 상층은 다포식으로 구성해 격을 높였다. 외1출목, 내2

사진 1
왼쪽부터 서당, 사랑채,
삼효문

출목으로 살미첨차의 끝은 앙서로 되어 있고, 안쪽은 교두형이다. 처마는 겹처마이며 팔작지붕이다. 삼효문은 집안의 중요한 의례가 있을 때만 사용하고 평상시에는 옆에 따로 만든 1칸 대문을 사용한다.

안채는 'ㄷ'자 형 뒤로 부엌을 확장해 '工'자 형으로 정면 8칸, 측면 11칸 규모이며 기단은 자연석이고 초석도 덤벙주초를 사용했다. 가구는 5량가로 홑처마에 팔작지붕이다.

'一'자 형의 사랑채는 높은 자연석 기단 위에 2고주 5량가로 기둥 상부에 익공을 장식했다. 전면에만 원형기둥을 사용하고 나머지는 각기둥이다. 특히 사랑채 왼쪽 방에서 협문과 연결되는 공간에 별도의 마루를 부설하고 바로 화장실을 배치한 점이 특징이다.

연못, 담장 등이 지은 당시대로 유지되고 있으며, 대대로 물려온 교지, 관복, 호패 등 100여 점에 달하는 유품도 소장하고 있다.

사진 2
삼효문은 2층에 효자 편액이 걸려 있어서 효자문으로 불린다.

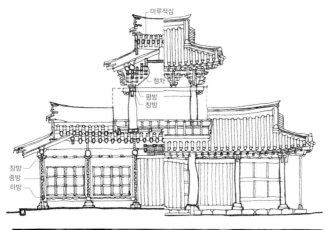

마루적심

첨차

평방
창방

창방
중방
하방

사진 1
삼효문 2층 누각의 공포
상세

사진 2
삼효문 가운데의 우물천장

사진 3
2층 누각으로 오르는 계단

사진 4
사랑채 동쪽면

사진 5
사랑채 오른쪽 협문.
별도의 마루를 두고
화장실을 설치했다.

사진 6
사랑대청

사진 7
사랑대청 상부 가구 상세

사진 8
사랑채의 자연석 기단

사진 9
곳간에서 바라본 안채

그림
삼효문 입단면도

나주 남파고택

羅州 南坡古宅

소재지	전남 나주시 금성길 13
건축 시기	초당: 1884년
	안채, 아래채: 1910년대
지정 사항	중요민속문화재 제263호
소유자	박경중
구조 형식	안채: 2고주 7량가, 팔작 기와지붕
	사랑채: 1고주 5량가, 팔작 기와지붕

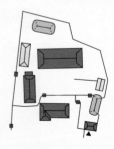

지붕 평면도

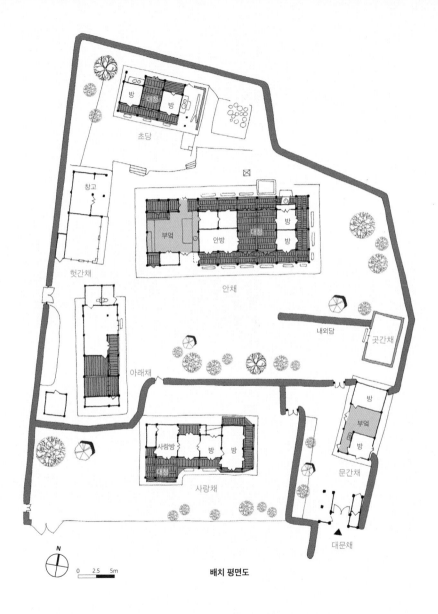

방 | 대청 | 방
초당

창고

헛간채

부엌 | 안방 | 대청 | 방 / 방
안채

아래채

내외담

곳간채

사랑방 | 방 | 방
대청
사랑채

방 / 부엌 / 방
문간채

대문채

N

0 2.5 5m

배치 평면도

남파고택은 호남지방의 대표적인 상류층 주택이다. 장흥군수를 지낸 남파 박재규 (南坡 朴在圭, 1857~1931)가 동학혁명 당시 소실된 장흥관아의 형태와 비슷하게 지은 안채는 전라남도에서 단일 건물로는 가장 큰 규모이다. 1884년 박재규의 조부인 박승희가 초당을 지은 후 남파 박재규가 1910년대 초에 안채와 안사랑채를 지었다. 아래채는 1917년, 문간채와 바깥사랑채는 1932년, 곳간채는 1935년, 헛간채는 안사랑채를 헐어 나온 부재로 1957년에 지었다.

안채와 사랑채의 동남쪽에 있는 대문채는 전면 3칸, 측면 2칸의 팔작 기와지붕이다. 대문이 있는 가운데 칸의 크기를 크게 해 기능에 충실했다. 상부에는 홍살을 사용했다. 대문 빗장의 모양, 사용된 철물, 석재로 처리된 문지도리 등은 매우 고급스럽다.

대문을 들어서면 초가인 문간채가 보이고, 협문을 통과하면 시선을 차단하는 내외담이 있으며 서쪽으로 돌아가면 비로소 안채가 보인다.

안채는 사면에 툇칸을 둔 7량 구조로, 정면 9칸, 측면 4칸의 겹처마 팔작 기와지붕이다. 부엌을 제외하고 툇간에는 모두 우물마

사진 1
외부에서 본 대문채. 해가 지면 해가 떠 있을 때 받은 기운이 바깥으로 나가지 않게 중앙 대문을 닫고 왼쪽에 보이는 판문을 이용했다고 한다.

사진 2
안쪽에서 본 대문채

사진 3, 4, 5, 6
빗물의 피해를 방지하기
위해 추녀 끝에 설치한
막새기와(사진 3),
문지도리 철물(사진 4),
대문을 열었을 때 고정해
주는 철물(사진 5), 석재로
처리한 문지방(사진 6) 등
대문의 장식물들은 매우
고급스럽고 섬세하게
처리했다.

루를 깔아 마당에 내려서지 않아도 모든 방으로 갈 수 있다. 건물의 전면 평주 열에만 원형 초석과 원형기둥을 사용하고, 나머지는 자연석 초석과 각기둥을 사용했다. 대개의 민가에 비해 기둥이 높아 상부의 여유 공간에 다락을 두어 부족한 수납공간을 보완했다. 현재 기단석은 화강석 장대석을 사용했는데, 부분적으로 두 벌대로 노출된 부분이 보이지만 기단 높이는 기둥 높이를 고려하면 낮은 느낌이 있다. 안채에서 동쪽 뒤 모서리에 있는 누마루는 툇마루에 비해 머름대 한 단 높이만큼 높게 설치하고, 뒤편 툇마루 쪽으로 다시 머름대 한 단 높이만큼 높여 툇마루를 설치하고, 높아진 부분에는 '亞'자 교란 난간을 설치했다. 결국 후면 툇마루와 연결되는 부분은 2단 머름대를 설치하고 앞에 디딤판을 두어 오르내릴 수 있도록 처리했다. 누마루 주변 창호 및 벽장 시설과 누마루 하단의 전벽돌을 쌓은 부분은 일반 민가에서 쉽게 보이지 않는 독특한 방식이다. 지붕 가구가 훤히 보이는 연등천장으로 처리한 부엌은 전면 3칸, 측면 4칸 규모로 매우 크며, 살창, 빗살창, 판문 등 환기 및 채광을 위해 다양한 문양의 창호를 사용했다.

가장 일찍 지어진 초당은 건물의 앞·뒤에 퇴를 둔 '一'자 형 초가이다. 건넌방 후면의 툇간은 개방하고, 아궁이를 설치했다.

사랑채는 시멘트기와를 사용하고, 툇간을 설치해 개방형 평면을 취하고 있다. 아래채는 전면과 좌·우에 퇴를 둔 정면 4칸, 측면 1칸의 '一'자 형 팔작 기와지붕이다.

사진 1
안채는 사방에 퇴가 있는
양통집 형태로 규모
만큼이나 당당해 보인다.

사진 2
안채 측면의 누마루 연결
부분

사진 3
안채 후면 연결 마루 부분

사진 4
안채 오른쪽 툇마루

사진 5
안채 후면의 누마루와
툇마루 연결 부분에는
오르내리기 편하게
디딤판을 두었다.

사진 6
안대청 상부 가구 상세.
앞·뒤에 퇴가 있는 7량
구조이다.

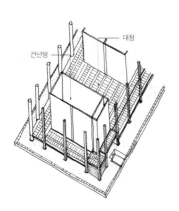

대청
건넌방

사진 7
전면은 물론 동측에도
마루를 설치해 개방적인
평면을 가진 사랑채

사진 8
초당

사진 9
사랑대청과 전퇴의 연결
부분 상세

사진 10
초당 툇마루

사진 11
협문 보조기둥 상부의
주두, 측면 박공 부분 처리
방식, 목기연 뒷뿌리를
이용한 처마선형 조정
방식이 특이한 아래채
후면의 협문

사진 12
초당 부엌 가구

나주 홍기응가옥

羅州 洪起膺家屋

소재지	전남 나주시 다도면 동력길 18-1
건축 시기	1892년
지정 사항	중요민속문화재 제151호
소유자	홍갑석
구조 형식	안채: 2고주 5량가, 팔작 기와지붕
	사랑채: 2고주 5량가, 팔작 기와지붕
	사당: 5량가, 맞배 기와지붕

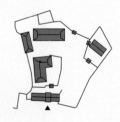

지붕 평면도

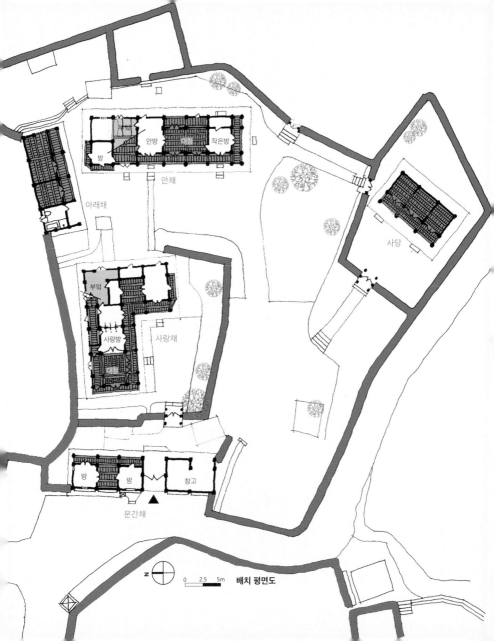

방

안방

작은방

안채

아래채

부엌

사랑방

사랑채

대청

사당

방

방

창고

문간채

N

0 2.5 5m

배치 평면도

홍기응가옥은 풍산홍씨가 많이 살았던 도래마을 깊숙한 산기슭에 자리한다. 도래마을에 풍산홍씨가 세거하기 시작한 것은 홍한의(洪漢義)가 기묘사화를 피해 처가가 있는 이 마을에 들어와 정착하면서부터이다.

가옥은 비정형의 담장 안에 서향한 '一'자 형 안채, 안채와 직각으로 북쪽에 자리한 4칸 아래채가 있으며 아래채 서쪽에는 'ㄱ'자 형 사랑채가 있다. 사랑채는 안채와 축은 맞추되 향은 직각으로 틀어 앉혔다. 사랑채 앞에는 담장을 둘러 문간채와 구별했는데 이 것은 안채로 향한 시선을 막기 위한 장치이다. 안채로 가기 위해서는 사랑채 담장에 있는 일각문을 지나야 한다. 안채 남쪽에는 담장을 둘러 구획한 사당이 있다.

전면 6칸 규모인 안채는 북쪽부터 부엌방, 부엌, 안방, 2칸 대청, 작은방이 있다. 대청은 판문을 달아 폐쇄적으로 만들고 칸을 나눠 찬방으로 사용한다. 부엌 역시 공간을 나눠 앞쪽을 부엌방으로 사용한다.

남향한 사랑채는 서쪽부터 대청, 사랑방이 있으며 꺾이는 부분에 부엌이 있다. 부엌

사진 1
진입로에서 본 홍기응가옥

사진 2
문간채 북쪽

사진 3
안채는 사랑채를 둘러싸고 있는 담장을 끼고 돌아 진입할 수 있다.

사진 4
문간채에서 본 사랑채 일각문

앞은 고방으로 사용한다.

사당은 전퇴가 있는 3칸 맞배집이다. 사당 뒤는 터를 높이고 화단을 조성했다.

솟을대문이 있는 문간채는 북쪽에 3칸 방이 있고 남쪽에 창고가 있다. 문간채의 바깥 벽은 무늬를 넣어 화려하게 꾸몄다.

안채와 사랑채를 분산형으로 배치한 남도지역의 일반적인 배치 형식을 따랐으며, 툇간이 발달해 있고, 처마 밑에 별도의 기둥을 덧대어 내부공간을 확장하는 근대시기의 특징을 보인다. 단지 앞·뒤로 폭이 좁고 서향한 경사지라는 대지의 조건을 제대로 반영한지 못한 배치가 아쉽다.

사진 1
중문에서 바라본 사랑채

사진 2
사랑채에서는 문간채로 들어오는 사람을 인식할 수 있다. 사랑채와 문간채 사이 담장에 구멍이 있어 밖을 살짝 내다볼 수 있다.

사진 3
사랑채 오른쪽 툇마루에서 본 사랑마당

사진 4
전면 6칸 규모인 안채

사진 5
안채 툇간

사진 6
부엌은 공간을 나눠
앞쪽에 부엌방을 두었다.
이처럼 부엌 전면 모서리
혹은 측면에 방을 두는
방식은 자녀들의 신혼
살림용으로 증설되는
경우이다. 서남해의
도서지방이나
연안지방에서 흔히
발견되는데 지역성과
연관이 있는 것으로
보인다.

사진 7
안채 후원

사진 8
안마당에서 본 아래채

사진 9
사당 협문

사진 10
사당

사진 11, 12, 13, 14
다양한 망와들

나주 홍기헌가옥

羅州 洪起憲家屋

소재지	전남 나주시 다도면 풍산내촌길 3-8
건축 시기	1790년
지정 사항	중요민속문화재 제165호
소유자	홍원석
구조 형식	안채: 2고주 5량가, 팔작 기와지붕
	사랑채: 2고주 5량가, 팔작 기와지붕

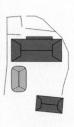

지붕 평면도

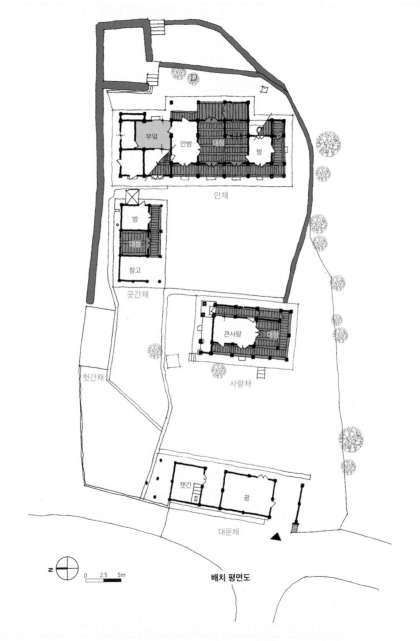

부엌

안방

대청

방

안채

방

대청

창고

곳간채

큰사랑

대청

헛간채

사랑채

잿간

광

대문채

N

0 2.5 5m

배치 평면도

큰 부지에 문간채, 사랑채, 안채가 차례대로 서향으로 배치되어 있고 안채 앞 북쪽에는 곳간채가 있다. 안채 남쪽에도 부속채가 있어 튼 'ㅁ'자 형을 이루었지만 부속채가 멸실되고 그 자리에 화단이 꾸며 있다. 안채는 주변에 별도의 담장을 두르지는 않았지만 양 옆의 곳간채와 화단, 앞의 사랑채로 인해 닫힌 공간이 되었다.

3칸 규모인 사랑채는 사면 모두에 반 칸 퇴를 둔 사면 툇집이다. 특이하게 대청이 방과 방 사이에 있지 않고 남쪽 끝에 있다. 툇마루와 함께 공간을 넓게 사용하기 위함이기도 하고 조망을 고려한 배치이다. 대청 북쪽에 2칸 사랑방이 있는데 방 중간에 문을 두어 필요에 따라 두 개의 방으로 나누어 쓸 수 있도록 했다. 방 북쪽에는 부엌과 함께 정지방이 있다. 이렇게 부엌을 두 공간으로 나누어 사용하는 것은 전남지역에서 흔히 볼 수 있다. 보 방향의 깊이가 깊어지면서 부엌을 두 공간으로 나누어 사용한 것으로 보인다. 하지만 가족의 수가 줄어들면서 정지방의 쓰임이 약화되어 광으

사진 1
대문에서 본 홍기헌가옥

로 사용하게 되었다. 기단이 높으며 상단의 갑석은 장대석으로 마감했다. 높은 덤벙주초에 각기둥을 세웠으며 기둥머리에 주두를 놓아 물익공으로 처리했는데 주거건축에서는 최상의 공포 의장 수법이다. 사랑채의 상량묵서에는 "崇禎紀元後三庚戌四月初二日壬午淸堂立柱"라고 기록되어 있어 1790년에 지었음을 알 수 있다.

안채는 "崇禎紀元後五周己巳二月初三日丁巳卯時立柱同日午時上樑"이라는 기록에 의해 1929년에 초창되었음을 알 수 있다. 하지만 2001년에 소실되어 2005년에 복원되었

사진 2
사랑대청에서 본 문간채

사진 3
대문에서 본 곳간채

다. 앞뒤에 툇간이 있는 전·후 툇집으로 6칸 규모이다. 가운데 대청을 중심으로 북쪽에 부엌과 안방이 있고 남쪽에 건넌방이 있다. 앞·뒤와 오른쪽에 있는 툇간은 툇마루와 감실, 기존 실과 통합해 사용하는 등 다양한 방식으로 활용하고 있다.

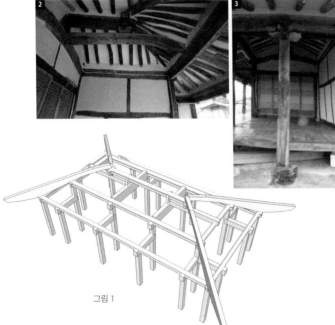

그림 1

사진 1
사랑대청은 볕이 잘 들고
조망이 좋은 남쪽에 있다.

사진 2
사랑대청 상부 가구 구조
상세

사진 3
사랑대청

그림 1
2고주 5량 구조인 사랑채
가구도

사진 4, 그림 2
사랑채 공포 상세

사진 5
안채 건넌방 남쪽의
툇마루 배면 구석은
뒤주로 만들었다.

사진 6
안대청의 배면에도 폭이
넓은 툇마루를 두어 부엌
뒤꼍과 바로 연결되는
작업 공간을 만들었다.
이를 통해 안살림이 매우
강조된 평면 구성을 가진
집으로 볼 수 있다.

사진 7
안채. 겹집의 형태에서
북쪽으로 확대되는
공간이 덧붙으면서 보
사이가 깊어지는 평면
구성은 조선 말기에 주로
나타난다.

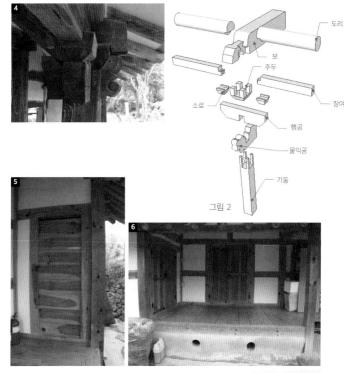

도리

보

주두

소로

장여

행공

물익공

기둥

그림 2

화순 양동호가옥

和順 梁東浩家屋

소재지	전남 화순군 도곡면 달아실길 24
건축 시기	18세기 중엽
지정 사항	중요민속문화재 제152호
소유자	이춘봉
구조 형식	안채: 3량가, 팔작+맞배 기와지붕
	사랑채: 2고주 5량가, 우진각 기와지붕

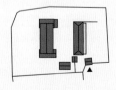

지붕 평면도

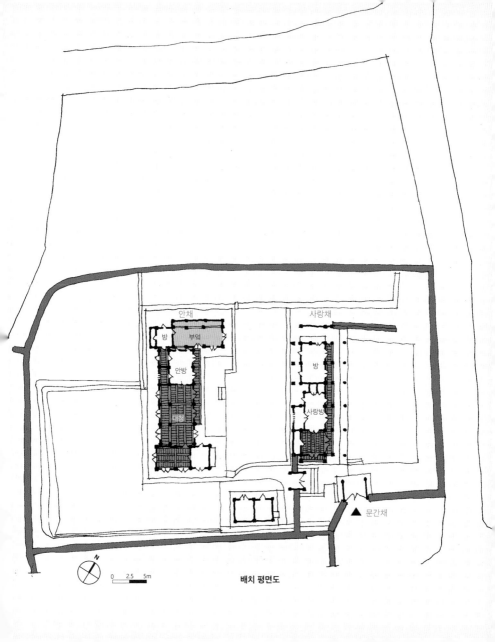

안채

방 부엌

안방

대청

사랑채

방

사랑방

▲ 문간채

N

0 2.5 5m

배치 평면도

양동호가옥이 있는 달아실 마을은 마치 동네가 구름에 뜬 달과 같다고 해서 붙은 이름으로 월곡(月谷)이라고도 부른다. 인근의 유곡마을, 양정리와 함께 제주양씨 집성촌이다. 조선 전기의 성리학자이자 산수화로 유명한 학포 양팽손(學圃 梁彭孫, 1488~1545)이 스승인 정암 조광조(靜菴 趙光祖, 1482~1520)의 귀양처였던 능주현에서 가까운 이곳에 정착하면서 세거지가 되었다.

양동호가옥은 1800년대 말 나지막한 야산을 등진 터에 지은 마을 지주의 집이다. 네모반듯한 땅에 안채와 사랑채가 나란히 동향하고 있다. 'ㄷ'자 형 안채를 동쪽에서 약간 북쪽으로 틀어서 배치하고, 축을 맞추어 앞쪽에 '一'자 형 사랑채를 두었다. 대지를 높게 정지한 탓에 마을에서 보면 사랑채 전면의 담장이 높아 보인다. 사랑채 왼쪽에 중문이 있고 중문 동쪽에 대문이 있다.

정면 7칸 규모인 안채는 왼쪽 끝을 앞으로 반 칸 정도 돌출시켜 방을 두고, 오른쪽 끝에 한 칸을 덧붙여 부엌을 두었다. 평면 구성이 일반적인 남도지역 가옥들과 다르다. 남쪽의 건넌방 뒤로는 1칸 반의 마루방을 두고 사방에 벽을 설치해 독립적인 공간으로 구성했다. 대청과는 다른 용도로 사용하려는 의도로 볼 수 있다. 대청 북쪽에 2칸 안방이 있고 안방 뒤에 반 칸 고방을 두고 벽으로 막아 사용했다. 안방 북쪽에는 3칸 규모의 부엌이 있다. 부엌 뒤로는 온돌 1칸이 있는데 이 온돌은 부엌에 딸린 부엌방이다. 평면 구성이 특이할 뿐만 아니라 기둥열도 일치하지 않는다. 지붕도 몸채는 팔작지붕이지만 왼쪽 날개는 맞배지붕, 오른쪽 날개는 맞배에 눈썹지붕을 달아 다양하게 구성했다.

정면 5칸 규모인 사랑채는 대청, 사랑방, 윗방, 아랫방, 부엌이 있다. 왼쪽 끝에는 쪽마루, 오른쪽 끝에는 아궁이 칸을 만들고 눈썹지붕을 덧달았다. 사랑방과 윗방 사이의 일부를 막아 후면의 안마당에서 접근할 수 있는 아궁이를 들였다. 전퇴는 모두 마루를 깔아 툇마루로 사용하는 반면에 후퇴는 대청 부분과 사랑방 부분에만 벽감을 두고 나머지 칸은 반 외부공간으로 비워 놓았다. 대청과 사랑방 부분의 칸 치수가 다른 공간의 치수에 비해 크게 되어 있는데 이 같은 차이가 증축에 의한 것인지는 분명하지 않다. 전면 툇마루 앞에 외기둥을 하나 더 세우고 차양칸을 구성했는데, 북동향하고 있어서 오전의 낮은 햇빛을 피하려는 의도로 설치된 것이다.

　남부지방 '一'자 형 집으로는 유례를 찾아보기 힘들 정도로 규모가 크고 온돌에 비해 마루가 발달되어 있다. 특히 마루는 규모도 크지만 크기를 달리해 다양한 공간으로 사용되는 점을 눈여겨볼 만하다. 18세기 중엽에 지어진 안채는 구조와 평면이 일반적이지 않다. 19세기 이후의 집들에서 본격화되는 겹집화 현상이 아직 정착되지 않은 조선 후기 주거건축의 변화상을 보인다.

사진 1
사랑채 앞에 외기둥을
하나 더 세워 구조체를
만들고 골함석으로 빛을
가리거나 비를 막기 위한
지붕을 덧붙였다.

사진 2
차양칸에는 육각기둥을
사용했다.

사진 3
사랑채의 오른쪽 끝에는
아궁이를 들이고
눈썹지붕을 달았다.

사진 4
안채 건넌방에서 본
사랑채

사진 5
중문에서 바라본 안채

사진 6
안채 왼쪽의 돌출 부분

사진 7
안채 오른쪽 끝의 돌출된
부분에는 부엌이 있다.

사진 8
안채 부엌 정면

사진 9, 10
안대청에는 원형기둥을,
사랑대청에는 사각기둥을
사용했다.

화순 양승수가옥

和順 梁承壽家屋

소재지	전남 화순군 도곡면 달아실길 26
건축 시기	18세기 중엽
지정 사항	중요민속문화재 제154호
소유자	양찬형
구조 형식	안채: 5량가, 팔작 기와지붕

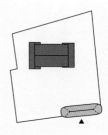

지붕 평면도

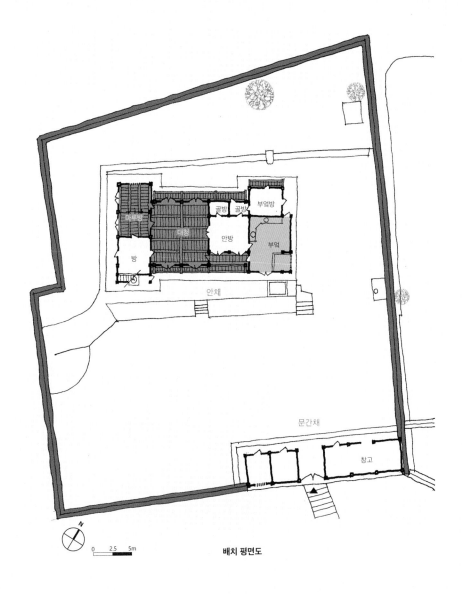

마루방

방

대청

골방 골방

부엌방

안방

부엌

안채

문간채

창고

N

0 2.5 5m

배치 평면도

18세기 중반에 지어진 양승수가옥은 안채로 사용하는 한 동과 문간채만 문화재로 지정되어 있다. 서쪽에 있는 양재국가옥이 사랑채였다고 한다. 현재는 사면에 담장을 둘렀으나 양재국 가옥이 있는 서쪽에는 담장이 없었다. 담장이 없다는 것은 마당을 공유했거나 소유자가 같음을 말해 준다.

정면 5칸 규모인 안채는 양 끝부분이 앞·뒤로 반 칸 정도 돌출되어 '工'자 형을 이룬다. 오른쪽 돌출부에는 부엌방이, 왼쪽 돌출부에는 마루방이 있다. 마루방은 안대청 쪽에 외여닫이를 달았다. 부엌 옆에 2칸 안방, 안방 뒤에 골방이 있다. 골방은 부엌방 쪽으로 문이 있어 안방에서 골방을 통해 부엌 옆의 작업공간으로 바로 드나들 수 있도록 했다. 안방 옆에 대청이 있고 왼쪽 끝 마루방 앞쪽에 방이 있다. 남도지방의 가옥들은 대개 배면 공간이 좁고 폐쇄적인데, 달아실의 제주양씨 가옥들은 개방적이고 뒤뜰을 넓게 마련해 수장공간으로 사용하고 있다. 덤벙주초에 각기둥을 세우고 지붕은 팔작 기와지붕으로 했다. 돌출부에는 각기둥을 세우고 박공지붕으로 했다.

두 짝 판장문 평대문이 있는 문간채는 왼쪽에는 화장실과 욕실이, 오른쪽에는 3칸 창고가 있다. 문간채는 예전에는 광채로 사용했을 것으로 추정되며 창고에는 마구가 있었다고 한다.

사진 1, 2
문간채. 대문은 두 짝 판장문으로 구성한 평대문이고, 지붕에는 초가를 얹었다.

사진 3
왼쪽에 사랑채였던 양재국가옥이 보인다.

사진 4
뒤뜰을 넓게 마련해 작업공간으로 사용한다.

사진 5
자연석 초석 위에 각기둥을 세웠다.

사진 6
대청 상부 가구 상세

사진 7, 8, 9, 10
자연석을 그대로 이용해 초석의 모양이 다양하다.

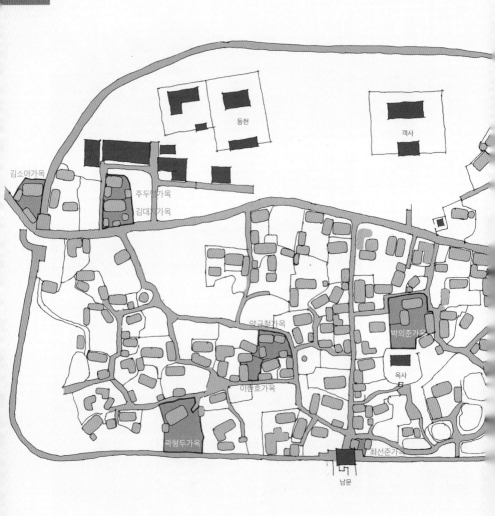

김소아가옥

주두엽가옥

김대지가옥

동헌

객사

약규철가옥

박의준가옥

옥사

이라호가옥

곽형두가옥

최선준가옥

남문

순천 낙안읍성

順天 樂安邑城

소재지   전남 순천시 낙안면 충민길 30
지정 사항   사적 제302호

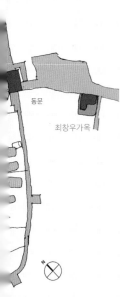

고려 말부터 남해안 지역은 잦은 왜구의 침입이 있었다. 왜구들은 민가를 불태우고 노략질을 해 마을의 피해가 막심했다. 조선 초에 지방군사제도는 진관체제로 개편하고 토성은 석성으로 고쳐 쌓는 등 왜구들의 침입에 대비한 읍 단위 독립 방어체제를 마련했다.

낙안읍성은 해발 668미터 금전산을 주산으로 한다. 성벽의 둘레는 1,327미터이고 높이는 대략 4미터 가량이다. 성 밖 동측에서 남문까지는 깊은 도랑을 파서 적들이 성곽으로 접근하지 못하도록 해자를 두었다. 성문 밖은 성문 보호용 옹성을 쌓았는데 서문에만 문루가 없다. 남문에는 쌍청루(雙淸樓), 동문에는 낙풍루(樂豊樓)와 같은 누문을 더해 위엄을 드러냈다.

성에는 서문, 남문, 동문이 'ㄱ'자 형으로 연결되어 있다. 서문에서 동문까지 가로로 연결된 도로의 북측 가운데에는 동헌, 객사와 같은 관공서가 있고, 주민들은 도로 남측에 모여 마을을 이루며 살고 있다. 북측에 왕궁을 두고, 남측에 민가를 배치하던 도성의 모습을 그대로 닮았다.

읍성에는 중요민속문화재로 지정된 아홉 동의 가옥이 있다. 박의준가옥, 최선준가옥은 양통집이지만 대부분의 가옥은 방과 부엌이 'ㅡ'자 형인 개방성이 강한 외통집이다.

낙안성 박의준가옥

樂安城 朴義俊家屋

소재지	전남 순천시 낙안면 충민길 33-1
건축 시기	19세기 중엽
지정 사항	중요민속문화재 제92호
소유자	김도수
구조 형식	안채: 2고주 5량가, 우진각 초가지붕
	아래채: 1고주 5량가, 우진각 초가지붕
	바깥채: 5량가, 우진각 초가지붕

지붕 평면도

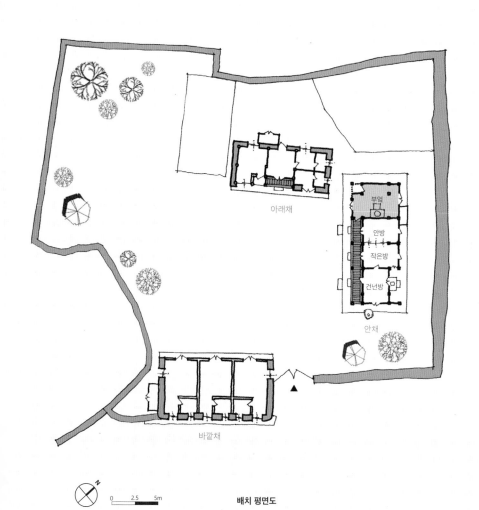

아래채

부엌

안방

작은방

건넌방

안채

바깥채

배치 평면도

0 2.5 5m

낙안읍성 안의 꽤 넓은 땅에 잘 지은 집인 박의준가옥은 마을
이방의 집이었다.

안채는 왼쪽부터 1칸 반 부엌, 1칸 안방과 작은방, 1칸 반 건넌
방이 있으며, 안방에서 건넌방까지 3칸의 전면에는 툇마루가 있
다. 부엌은 앞·뒤 툇간과 왼쪽 툇간까지 확장해 넓게 사용하며
내부의 전면 모서리에는 반 칸 크기의 창고가 있다. 전면과 배면
에 두 짝 판장문을 달고 작은 부뚜막을 두고 한 개의 가마솥을 걸
었다. 안방과 작은방은 후면 툇간에 각각 반침과 마루가 있었으나
지금은 툇마루를 터서 1×1.5칸 크기의 보방
향이 긴 방으로 확장했다. 건넌방은 배면 툇간
에 아궁이를 두고, 오른쪽 기단에 굴뚝을 설치
했다. 건넌방은 원래 1×1칸 크기였는데, 도리
방향으로 반 칸을 늘려 1.5×1칸의 도리방향

사진 1
짧은 서까래의 홑처마인
안채는 처마를 조금
더 내밀고 처마 끝이
처지지 않도록 기와집
의 부연처럼 대나무
초평을 대고 연죽을
한 자 정도 내밀어
처마기슭을 보강했다.
또한 귀모서리는 둥글게
방구매기했다.

사진 2
바깥채에서 본 안채

이 긴 방이 되었다.

낙안읍성에서 4칸 집은 부엌, 안방, 마루방, 건넌방 순으로 배치되는 것이 일반적이다. 이 집도 원래는 안방 옆에 마루방이 있었겠지만 현재는 방으로 꾸며져 있다. 건넌방을 확장할 때 툇마루는 그대로 두고 귓기둥만 옮겨 반 칸 크기의 봉당을 마련했으나 현재는 툇마루를 귓기둥까지 확장한 상태이다. 안방과 작은방 사이에는 네 짝 미서기문이 있고, 작은방과 건넌방 사이에는 외짝 세살문이 있다. 기단은 자연석을 두벌대로 바른층쌓기하고, 자연석 상부를 평평하게 다듬은 초석 위에 각기둥을 세우고, 대들보보다 낮은 위치에서 만곡진 툇보를 사개맞춤했다. 안방과 건넌방 앞에는 계단석을 두었다.

아래채는 원래 헛간채였고, 바깥채는 허름하고 단순한 구조로 헛간과 잿간에 변소가 있는 잿간채였는데 한옥 체험을 위한 숙박 시설로 바뀌었다.

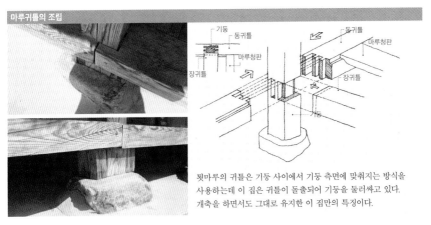

마루귀틀의 조립

툇마루의 귀틀은 기둥 사이에서 기둥 측면에 맞춰지는 방식을 사용하는데 이 집은 귀틀이 돌출되어 기둥을 둘러싸고 있다. 개축을 하면서도 그대로 유지한 이 집만의 특징이다.

낙안성 김대자가옥

樂安城 金大子家屋

소재지	전남 순천시 낙안면 충민길 90
건축 시기	19세기 초
지정 사항	중요민속문화재 제95호
소유자	송상수
구조 형식	안채: 2고주 5량가, 합각+우진각 초가지붕

지붕 평면도

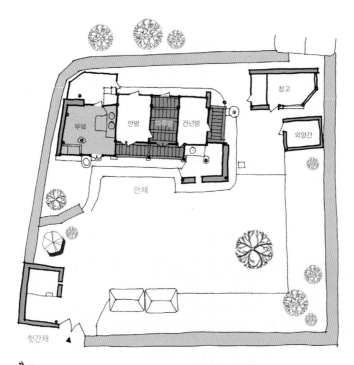

창고

외양간

부엌 　안방 　마루방 　건넌방

안채

헛간채

N

0　　2.5　　5m

배치 평면도

낙안성의 서문에서 동문으로 가는 대로 끝 오른쪽에 자리한 김
대자가옥은 마당이 도로보다 낮다. 마당과 도로 경계에는 토석담
을 둘렀다.

대나무로 엮은 대문을 지나 마당에 들어서면 'ㄱ'자 형의 안채가
보인다. 안채 왼쪽에는 최근 증축한 것으로 보이는 토석벽의 '一'
자 형 헛간채가 있고 그 앞에 젖소 키우는 공간을 줄로 둘러 구분
해 사용하고 있다. 마당 한쪽에는 감나무가 있는데 주변에 기둥을
세우고 지붕을 얹어 정자를 만들었다. 정자에는 농기구를 보관하
고 있다.

전면 4칸인 안채는 사면에 툇간을 두고 좌·우와 후면에는 토
석벽을 처마 하단까지 두어 서까래를 받치는 벽체로 구성해 처마
하부를 실내공간으로 사용할 수 있도록 했다. 부엌, 안방, 마루방,
건넌방이 있으며 앞에는 툇마루를 두고 뒤의 퇴는 방에 포함시켰
다. 건넌방은 오른쪽의 토석벽 일부를 개방해 건넌방으로 직접 드
나들 수 있도록 했다. 현재는 공방으로 사용하고 있다.

사진 1
오른쪽 모서리에서 본
김대자가옥

사진 2
안채

사진 3
안채 오른쪽면

사진 4
안채 툇마루 상부 구조
상세

사진 5
안채 앞 처마 확장 공간

사진 6
안채 툇마루와 기단

사진 7
부엌 상부에는 연기를
내보내기 위한 구멍이
있다.

그림
2고주 5량 가구도

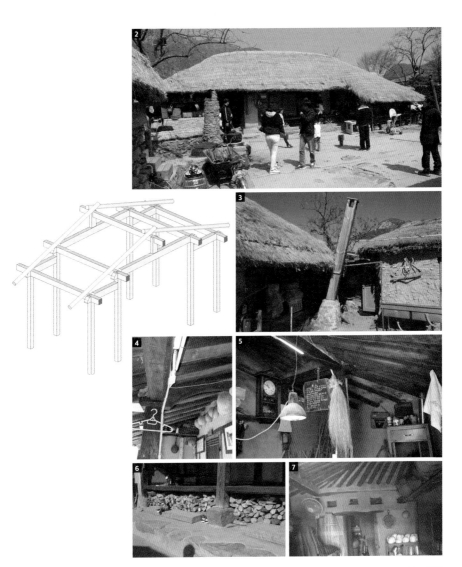

낙안성 주두열가옥

樂安城 朱斗烈家屋

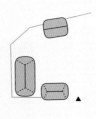

지붕 평면도

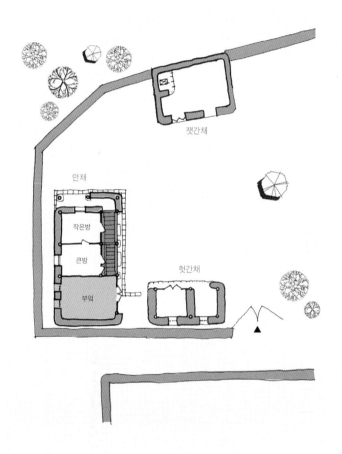

잿간채

안채

작은방

큰방

부엌

헛간채

0   2.5   5m

배치 평면도

주두열가옥은 김대자가옥의 왼쪽 골목길로 들어서면 김대자가옥의 뒷담과 접해 있다. 골목길에 접해 헛간채가 있고 왼쪽에 안채가 있다.

안채는 부엌과 큰방, 작은방이 있으며 작은방은 툇마루로 출입할 수 있고 큰방에서도 드나들 수 있다. '一'자 형 초가인 안채는 전·후면에 툇간을 두고 전면은 툇마루로, 후면의 퇴는 방에 포함시켜 부족한 내부 공간을 보다 넓게 사용하고 있다. 오른쪽의 툇간이 만나는 모서리는 벽체로 둘러 고방으로 사용하고 있다. 고방 옆 후면에는 작은방의 난방을 위한 아궁이가 있다. 안방 뒤의 퇴에는 벽을 두어 감실로 사용하고 있다. 서까래는 굵은 대나무를 사용했는데 매우 드문 사례이다.

2칸인 헛간채의 왼쪽은 토석담을 기단까지 내밀어 쌓아 문이 없는 헛간으로 사용하고, 오른쪽에는 판장문을 달아 창고로 사용하고 있다.

헛간채와 마주보는 곳에 자리한 잿간채는 왼쪽에 양여닫이 판문을 설치한 측간이 있으며 기둥 없이 흙과 돌로 쌓았다.

사진 1
오른쪽에 안채가 있으며 직교해 헛간채와 대문이 있다.

사진 2
골목에서 본 주두열가옥

사진 3
헛간채의 왼쪽은 문이 없는 헛간으로 사용하고 오른쪽은 판장문을 달아 창고로 사용한다.

사진 4
안채

사진 5
굵은 대나무로 엮은 서까래가 눈에 띄는 안채 툇간 상부 구조

사진 6
안채 부엌 상부 가구 상세

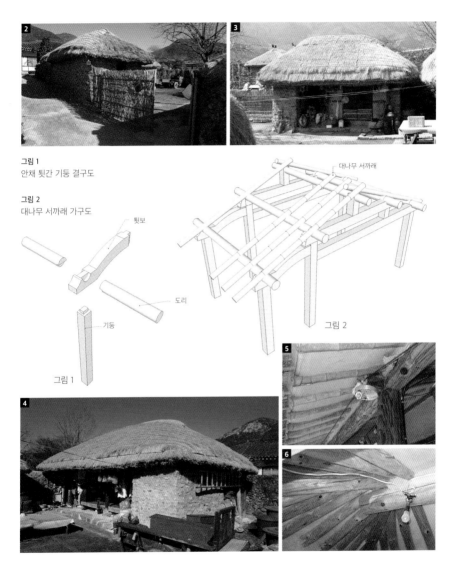

그림 1
안채 툇간 기둥 결구도

그림 2
대나무 서까래 가구도

대나무 서까래

툇보

도리

기둥

그림 1

그림 2

낙안성 김소아가옥

樂安城 金小兒家屋

소재지	전남 순천시 낙안면 충민길 104
건축 시기	19세기 중엽
지정 사항	중요민속문화재 제99호
소유자	정혜성
구조 형식	안채: 2고주 5량가, 우진각 초가지붕

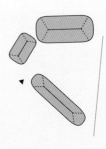

지붕 평면도

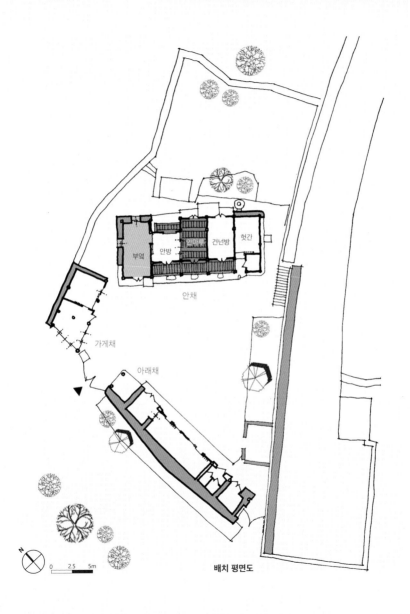

부엌　안방　안마루　건넌방　헛간

안채

가게채

아래채

N

0　2.5　5m

배치 평면도

낙안읍성 서문 밖의 성벽에 면해 있다. 성벽 앞에 사람이 통행
할 정도의 간격을 두고 김소아가옥의 안채가 있으며 안채 옆에 성
벽 위로 오를 수 있는 계단이 있다. 이 계단은 없던 것을 성벽을
보수하면서 설치한 것이다.

삼각형 대지의 북측에 남서향으로 자리한 안채와 가게채, 아래
채가 'ㅅ'자 형으로 배치되어 있다.

안채는 부엌, 안방, 안마루, 건넌방, 헛간으로 구성된 5칸 집으로
앞·뒤로 툇간을 둔 2고주 5량가이다. 현재 안마루에는 온돌을 들
였다. 주변의 집들이 대개 3칸이나 4칸인 것에 비해 규모가 큰 편
이다. 안방에서 건넌방까지의 전면 3칸에는 툇마루가 있고, 안방
뒤의 툇간에는 주칸보다 크기가 작은 마루가 설치되어 있다. 부엌
이 현대식으로 바뀌기 전에는 부엌 툇간 측벽에 뒷마당의 장독대
로 통하는 뒷문이 있었는데, 이곳의 출입을 위해 마루를 작게 놓
은 것이다. 하지만 지금은 문이 있던 자리를 벽으로 막았다. 부엌
은 전·후 툇간까지 확장된 2칸 크기의 제법 크고 깊은 공간을 이

룬다. 부엌의 측면과 후면은 토석벽에 창문을 달았으며, 앞에는 두 짝 판장문을 달고 양쪽을 판벽으로 마감했다. 건넌방 오른쪽의 헛간은 안채에 있던 것이 아니라 나중에 지은 것이다. 지금은 방과 화장실로 공간이 바뀌고 오른쪽에는 함실, 뒤에는 굴뚝을 두고, 토석벽 상부를 재사벽으로 막았다. 자연석 외벌대 기단을 두고, 상부를 평평하게 다듬은 초석 위에 각기둥을 세웠다. 가구 부재는 대부분 새로운 부재이다. 처마는 길이를 늘이기 위해 연죽을 덧대어 처마를 좀더 빼냈고 모서리는 둥글게 마감한 방구매기로 했다.

가게채는 블록으로 되어 있던 것을 주변정비공사하면서 북쪽 담장을 따라 토석벽으로 개축했다.

낙안성 최선준가옥

樂安城 崔善準家屋

소재지	전남 순천시 낙안면 읍성안길 40
건축 시기	19세기 초
지정 사항	중요민속문화재 제98호
소유자	순천시
구조 형식	안채: 3량가, 우진각 초가지붕

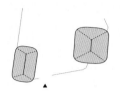

지붕 평면도

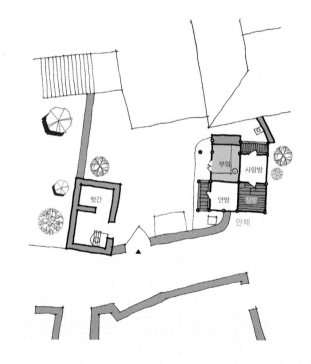

헛간

부엌

사랑방

안방

젓방

안채

0 2.5 5m

배치 평면도

낙안읍성 남문에 들어서자마자 오른쪽 성벽에 인접한 작은 땅에 있는 '田'자 형태의 초가이다. 큰길과 작은길이 만나는 모퉁이에 1칸 점포를 놓아 두 면이 도로와 만나게 해 점포 기능을 높였으며, 나머지 두 면에 안방과 사랑방 각 1칸씩을 두었고 이 두 방이 만나는 곳에 부엌을 배치해 안방과 사랑방에 불을 지필 수 있도록 했다.

　도로에 면하지 않는 안방, 부엌, 사랑방에는 가퇴를 달아 작은 집의 부족한 공간을 확장해 사용할 수 있도록 했다. 확장된 공간은 안방과 사랑방의 경우 툇마루를 설치해 걸터앉거나 방으로 오르내리기 편리하게 했다. 부엌 앞의 가퇴 공간은 봉당을 두고 작업 공간으로 활용하고, 부엌 옆도 수장 공간으로 사용하고 있다. 부엌 배면 하부는 외부를 돌로 쌓고 부엌 안에서 사용할 수 있도록 하고, 상부는 선반을 두어 밖에서 이용할 수 있도록 했다.

　최선준가옥은 좁은 땅에 지은 작은 초가이지만 점포와 생활공간의 기능적 배치, 주 공간(점포, 방, 부엌)과 부속 공간(툇마루, 봉당, 헛간)의 평면 조합, 건물 확장의 구조적 기법 등이 모두 완성도 높아 눈여겨볼 만하다.

사진 1
골목에서 본 최선준가옥

사진 2
성곽 위에서 본
최선준가옥

사진 3
안방 앞 툇마루와 부엌 앞
봉당

사진 4
사랑방 앞 툇마루

사진 5
도로에 면한 부분을
제외한 두 면은 건물의
본 기둥에 툇보, 툇기둥,
처마도리를 걸고 여기에
별도의 추녀와 서까래를
기존 부재 위에 걸었다.

사진 6
본 기둥에 툇보를 걸고
처마도리는 반턱맞춤했다.
툇기둥과는 상투맞춤했다.

사진 7
마당 쪽 부엌 지붕 상세

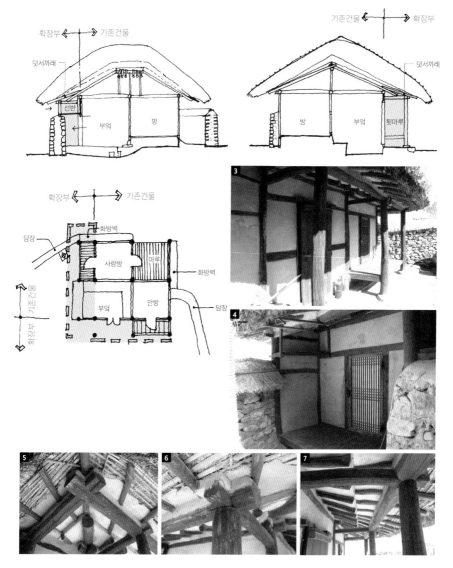

낙안성 곽형두가옥

樂安城 郭炯斗家屋

소재지	전남 순천시 낙안면 읍성안길 95
건축 시기	19세기 말
지정 사항	중요민속문화재 제100호
소유자	이근의
구조 형식	안채: 2고주 5량가, 우진각 초가지붕

지붕 평면도

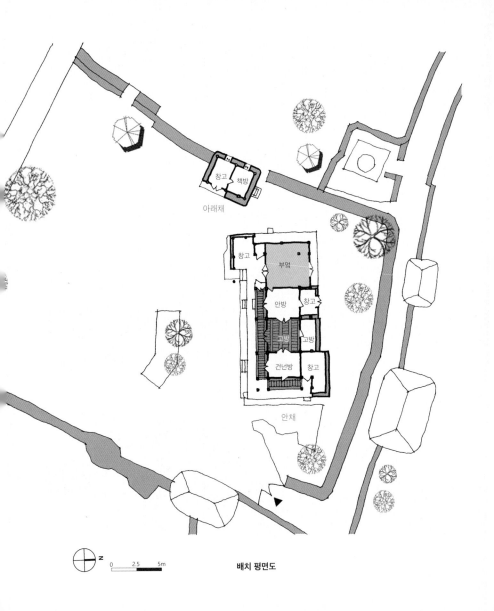

창고
책방
아래채

창고
부엌
안방
창고
고방
고방
건넌방
창고
안채

N

0   2.5   5m

배치 평면도

곽형두가옥은 읍성 남쪽 성벽에 면한 비교적 큰 땅에 있다. 예전에 향리가 살았다고 한다. 낙안읍성의 여러 초가들 중에서 기단과 초석에 사용된 석재뿐만 아니라 목재 또한 잘 치목되어 있고 사용된 부재가 모두 듬직하며 집의 짜임도 견실하다.

읍성안길의 살짝 굽은 고샅을 지나 대나무로 엮은 사립문을 들어서서 정남향으로 자리한 안채 옆으로 진입한다.

안채는 왼쪽부터 부엌, 안방, 고방, 건넌방이 '一'자 형으로 배치되어 있으며 앞과 뒤에 퇴를 둔 2고주 5량가이다. 부엌을 제외한 나머지 방 앞의 전퇴에는 마루를 깔고 후퇴는 봉당으로 처리했다. 건넌방은 전퇴뿐 아니라 측면에도 퇴를 두어 마루를 깔고 전퇴와 측면 퇴가 만나는 부분은 마루가 없다. 일반적으로 2고주 5량가인 경우 서까래를 장연과 단연으로 사용하는데 여기서는 하나의 긴 서까래로 했다. 중부지방에서는 대청에 우물마루를 깔고 전면을 개방하는데 곽형두가옥의 고방은 원래 대청인데 전면에 문을 달아 닫힌 공간으로 구성했다.

사진 1
앞마당에서 바라본 안채

사진 2
곽형두가옥은 앞과 뒤에 퇴를 둔 2고주 5량가이다.

안채의 처마는 평고대 위에 부연
걸듯이 서까래 방향으로 통대나무를
보내고 그 위에 쪼갠 대나무로
산자를 엮은 후 초가를 이었다.
기와집의 겹처마와 비교되는 수법으로
이매기(부연평고대)를 통대나무로
사용하고 착고판 대신 흙으로
당골막듯이 처리했다.

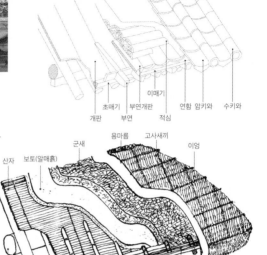

초매기　부연개판　적심
개판　부연　연함 암키와　수키와
이매기
군새　용마름　고사새끼
보토(알매흙)　이엉
산자
도리
평고대　산자
서까래　연죽

중부지방의 대청은 우물마루를 깔고
전면을 개방하는 것이 일반적이나
이곳의 대청은 앞쪽에 벽을 치고 문을
달아 수장 공간 역할까지 할 수 있게
했다.

낙안성 이한호가옥

樂安城 李漢晧家屋

소재지	전남 순천시 낙안면 읍성안길 143
건축 시기	19세기 중엽
지정 사항	중요민속문화재 제94호
소유자	이한호
구조 형식	안채: 1고주 4량가, 우진각 초가지붕
	사랑채: 1고주 4량가, 우진각 초가지붕

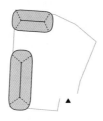

지붕 평면도

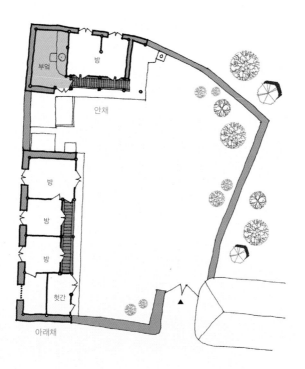

부엌

방

안채

방

방

방

헛간

아래채

0   2.5   5m

배치 평면도

이한호가옥은 낙안읍성의 남문에서 서문으로 가는 골목길 오른쪽에 자리한다. 대나무로 엮은 대문을 지나 마당에 들어서면 남향한 안채와 동향한 아래채가 'ㄱ'자 형으로 배치되어 있는 것을 볼 수 있다. 안채와 아래채 사이에는 장독대가 있다.

전면 3칸인 안채에는 부엌, 2칸 방이 있다. 2칸 방 앞에는 툇마루를 두었다. 방은 부엌의 아궁이를 통해 난방했다. 방 오른쪽의 협간은 벽체 없이 살림살이를 쌓아 두는 창고 역할을 한다. 부엌 외벽의 벽체는 토석벽으로 서까래를 받치고 있다.

전면 4칸인 아래채는 안채의 부엌처럼 끝에 돌담을 두르고 헛간으로 사용한다. 방으로 사용하고 있는 가운데 2칸 앞 전퇴에는 툇마루를 두었다. 오른쪽의 협간도 개조해 방으로 사용하고 있다. 고주가 있는 평4량가이다.

안채와 아래채 모두 방의 천장은 서까래를 노출하고 도배를 한 소경반자이다.

사진 1
마당에서 본 아래채

사진 2
마당에서 본 안채

사진 3, 그림 1
안채 툇마루에는
사개맞춤과
상투걸이맞춤을
혼합사용했다.

사진 4, 그림 2
하인방과 맞대어 설치하지
않고 낮춰 설치한 안채
툇마루의 기둥과 귀틀의
결구 상세

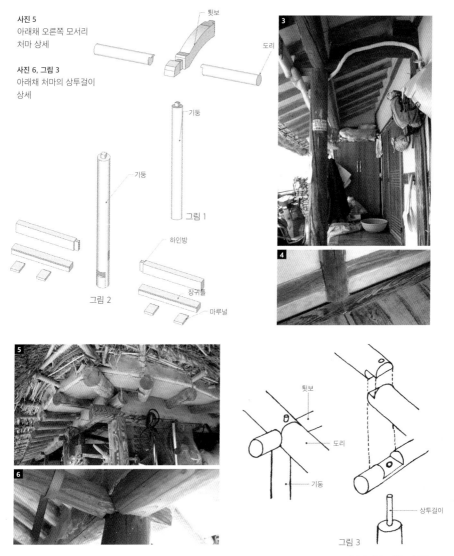

사진 5
아래채 오른쪽 모서리
처마 상세

사진 6, 그림 3
아래채 처마의 상투걸이
상세

툇보

도리

기둥

기둥

그림 1

하인방

장귀틀

마루널

그림 2

툇보

도리

기둥

상투걸이

그림 3

낙안성 양규철가옥

樂安城 梁圭喆家屋

소재지	전남 순천시 낙안면 읍성안길 151
건축 시기	19세기 중엽
지정 사항	중요민속문화재 제93호
소유자	박윤복
구조 형식	안채: 반5량가, 우진각 초가지붕

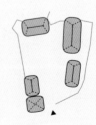

지붕 평면도

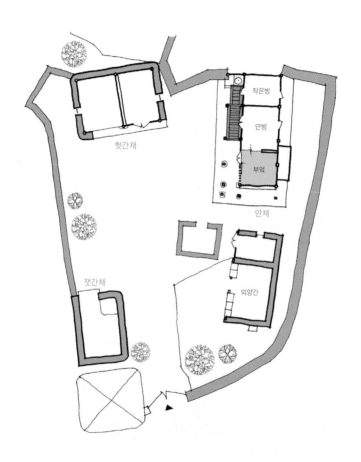

헛간채

작은방

안방

부엌

안채

잿간채

외양간

0   2.5   5m

배치 평면도

낙안성 남문에서 서쪽 길로 들어서면 큰 샘터가 나오고, 그 길을 따라 북쪽으로 조금 더 지나면 왼쪽에 양규철가옥이 있다. 가옥은 낙안성 안에서도 작은 규모이다. 북쪽에 안채가 남서향으로 자리하고, 그 앞에 헛간채가 동향하고 있으며, 헛간채와 마주해 대문이 있다. 대문은 나무 쪽을 엮어 구성했다. 마당 남쪽 모퉁이에 잿간채가 있다. 헛간채와 잿간채는 새로 개축한 것이다. 안채 오른쪽의 텃밭 자리에는 화장실이 있는 축사를 새로 지었다. 대문은 원래 헛간채 왼쪽에 있어 골목길 돌담을 따라 진입했으나 몇 해 전에 지금의 자리로 옮겼다.

'一'자 형, 3칸 전툇집인 안채는 왼쪽부터 1칸 작은방과 1칸 반 안방, 1칸 반 부엌이 있다. 부엌 오른쪽에 석 자가 채 되지 않는 툇간을 두어 처마 공간을 확보했다. 원래는 작은방과 안방 모두 1칸이고, 부엌이 2칸이었지만 안방을 부엌 쪽으로 반 칸 확장하고 방과 부엌 사이에 미서기문을 설치했다. 방 앞의 툇간에는 마루를 두었는데, 작은방 앞은 왼쪽에 작은 부뚜막 아궁이를 설치하고, 오른쪽에 들마루 형태의 마루를 놓았다. 안방 앞의 마루도 귀틀이 기둥과 결구되지 않은 들마루 형태로 되어 있는 것이 특이하다.

부엌은 안채 규모에 비해 상대적으로 큰 편으로 안방을 확장하면
서 부뚜막 자리를 반 칸 줄이고, 현대식 입식 부엌으로 개조했다.
부엌에는 판장문과 살창을 달고 판벽으로 마감했다. 부엌 앞의 2
칸 툇간과 오른쪽은 봉당으로 비우고, 오른쪽 벽은 화방벽으로 마
감했다. 작은방에는 작고 낮은 외짝 세살문을, 안방에는 상대적으
로 높은 두 짝 세살문을 달았
다. 뒤에는 모두 낮은 외짝 교
살문을 달았다.

낙안성 최창우가옥

樂安城 崔昌羽家屋

소재지	전남 순천시 낙안면 동내리 286번지
건축 시기	19세기 중엽
지정 사항	중요민속문화재 제97호
소유자	순천시
구조 형식	안채: 3량가, 우진각 초가지붕

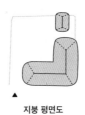

지붕 평면도

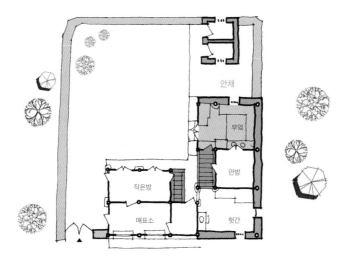

안채

부엌

안방

작은방

매표소

헛간

0 2.5 5m

배치 평면도

낙안읍성 동문 밖 길가에 자리한 집으로 전시가옥 겸 낙안읍성 매표소로 사용되고 있다.

초가는 'ㅡ'자 형태가 대부분인데 최창우가옥 안채는 동문으로 들어가는 큰길을 등지고 'ㄱ'자 형태로 남향하고 있으며, 큰길에서 매표소(예전 점포) 옆에 있는 대나무로 엮은 사립문을 통해 진입해 오른편으로 꺾어 돌면 안채와 마주하게 된다.

안채는 왼쪽에 부엌, 안방이 있고 오른쪽에 작은방과 매표소가 있다. 'ㄱ'자로 꺾인 부분에 헛간을 둔 것이 특징이다. 대개 곱은자 집에서는 꺾인 부분에 방, 부엌과 같은 주요 공간을 둔다는 점을 감안한다면 최창우가옥은 헛간이 매우 중요한 공간이었던 것으로 생각된다. 일반적으로 모서리가 아닌 면에서 방으로 들어가게 되는데, 이 집은 회첨부분에서 들어가게 되어 있다. 헛간으로 들어가는 동선을 중심으로 안방과 작은방으로 오르는 쪽마루와 툇마루를 두어 공간을 나누고 있다. 마치 두 개(부엌과 안방, 점포와 작은방)의 건물이 헛간을 중심으로 맞대어 있는 듯하다. 초석 위에 기둥을 세워 상부 하중을 받는 목구조이지만, 도로에 면한 부분은 기둥을 세우지 않고 돌로 벽체를 기둥 높이까지 쌓아 지붕 하중을 벽체가 받는 벽식 구조이다.

사진 1
도로에 면한 부분은 기둥을 세우지 않고 벽체를 돌로 쌓아 지붕하중을 받는 벽식 구조이다.

사진 2
'ㅡ'자 형이 아닌 'ㄱ'자 평면으로 두 개의 건물을 붙인 듯한 모습을 하고 있다. 꺾인 부분에는 헛간을 두었다.

사진 3, 4
회첨부에 있는 헛간을 중심으로 안방과 건넌방의 툇마루와 쪽마루로 공간을 구분했다. 사진 3은 회첨부의 진입 공간이고 사진 4는 건넌방의 쪽마루이다.

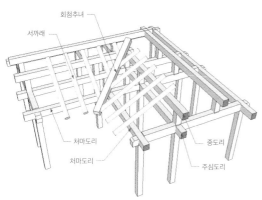

회첨추녀

서까래

처마도리

처마도리

중도리

주심도리

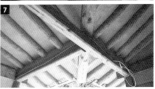

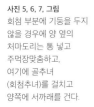

사진 5, 6, 7, 그림
회첨 부분에 기둥을 두지
않을 경우에 양 옆의
처마도리는 통 넣고
주먹장맞춤하고,
여기에 골추녀
(회첨추녀)를 걸치고
양쪽에 서까래를 건다.

사진 8
부엌 판문

사진 9
헛간 위의 벽장

신안 김환기가옥

新安 金煥基家屋

소재지	전남 신안군 안좌면 김환기길 38-1
건축 시기	1920년
지정 사항	중요민속문화재 제251호
소유자	신안군
구조 형식	안채: 2고주 5량가, 팔작 시멘트 기와지붕

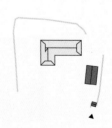

지붕 평면도

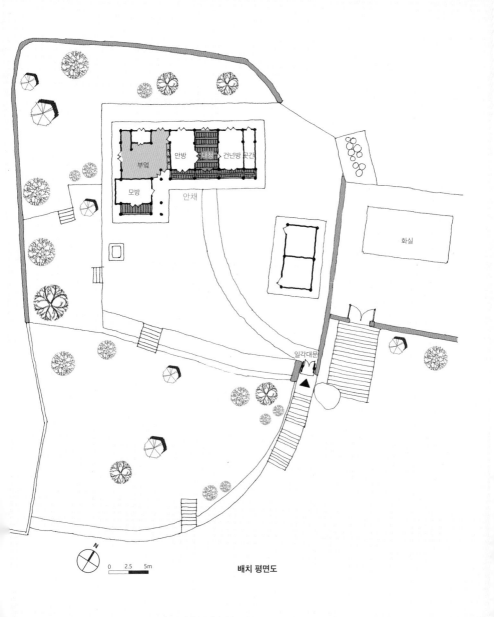

부엌

안방

대청

건넌방

곳간

모방

안채

화실

일각대문

N

0 2.5 5m

배치 평면도

수화 김환기(金煥基, 1913~1974)는 하늘과 별, 만달 그리고 달을 닮은 항아리 등 한민족의 서정적인 소재를 추상적으로 표현한 대표적인 화가이다. 김환기가옥은 수화 김환기가 태어나고 어린 시절과 청년기를 보낸 곳이다. 이 집은 김환기가 일곱 살이던 1920년에 지어졌으며 그의 작품의 주요 소재가 된 곳이다. 건물 자체의 건축적 가치보다는 현대미술사에서 그를 추모하는 역사적 장소로서 더 알려져 있다.

김환기가옥은 읍동항에서 읍동마을을 지나 마을 끝자락 낮은 둔덕 위에 자리한다. 현재는 가옥 전면에 넓게 잔디마당을 조성하고 안내판 등을 놓아 탐방로로 사용하고 있으나 원래는 오른쪽에 있는 계단이 주출입구이다. 계단 위에는 근래에 조성된 것으로 보이는 기와지붕을 얹은 일각문이 있는데 본채의 규모를 감안하면 다소 과한 느낌이다. 일각문 안을 들어서면 안쪽으로 'ㄱ'자 형의 안채가 있다.

안채는 정면 5칸, 측면 2칸 반의 시멘트 기와지붕집으로 오른쪽

부터 곳간, 건넌방, 대청, 안방, 부엌으로 구성된다. 부엌은 실내 작업이 용이하게 꺾이는 부분에 기둥을 두지 않고 보를 설치해 안채에서 가장 넓은 공간이 되었다. 부엌에서 앞으로 꺾인 곳에 모방이 있다. 사다리꼴로 다듬은 주초 위에 각기둥을 세운 납도리집이다. 가구는 2고주를 세우고 전후에 툇보를 설치한 5량 구조로 전면 툇간은 툇마루로 꾸미고 후면 툇간은 방을 확장했다. 대청 상부 종도리에는 "龍 赤虎黑龍 玄鶴靑兎 立柱上樑 乾坐巽向… 虎"라고 쓰인 묵서가 있다. 영물로 사방을 지켜 가옥이 오래 가기를 기원함과 동시에 남동향을 집의 좌향으로 계획했음을 표현했다.

영암 최성호가옥

靈岩 崔成鎬家屋

소재지	전남 영암군 덕진면 영보정길 10-14
건축 시기	문간채: 1848년
지정 사항	중요민속문화재 제164호
소유자	최영생
구조 형식	안채: 1고주 5량가, 우진각 초가지붕
	사랑채: 1고주 5량가, 우진각 초가지붕

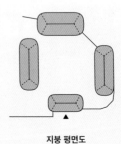

지붕 평면도

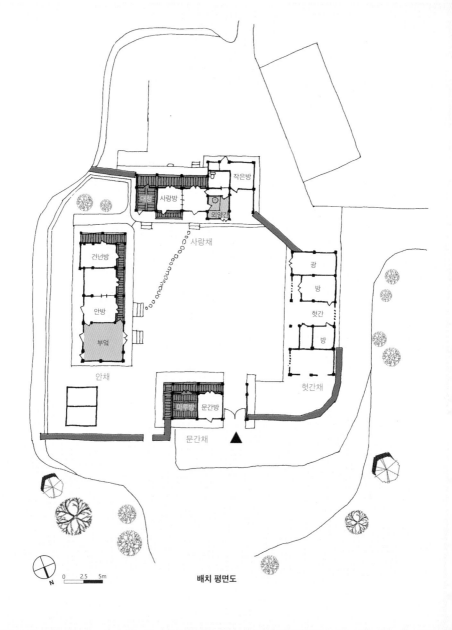

작은방

대청 사랑방

외양간

사랑채

건넌방

광

방

안방

헛간

부엌

방

안채

헛간채

마루방 문간방

문간채

0 2.5 5m

N

배치 평면도

부농의 집으로 문간채 상량문 기록에 의해 1848년에 문간채가 지어졌음을 알 수 있다. 안채와 사랑채는 보다 이전에 지어졌을 것으로 추정된다. 경사가 낮은 구릉지와 대나무 숲으로 둘러싸인 대지에 문간채, 안채, 사랑채, 헛간채가 튼 'ㅁ'자 형으로 배치되어 있다.

안채는 정면 5칸, 측면 2칸, 전퇴가 있는 'ㅡ'자 형이다. 북쪽으로부터 부엌 1칸 반, 안방 1칸, 대청 1칸, 건넌방 1칸의 순으로 되어 있고 남쪽 끝의 반 칸은 툇마루이다. 안방부터 남쪽 끝까지 전퇴가 있다. 상당히 높은 자연석 기단 위에 덤벙주초를 놓고 기둥을 세웠다. 기단은 자연석을 서로 맞추어 허튼층쌓기로 했으며, 안방과 부엌 전면에는 각각 계단을 설치했다. 구조는 1고주 5량으로 전퇴부분의 상부에 걸린 툇보는 'ㅅ'자 형의 구부러진 나무로 홍예보와 같은 모양을 냈다. 이렇게 툇보를 구부러진 모양으로 한 것은 그 밑을 지나다닐 때 되도록 높은 공간을 확보하기 위한 것으로 보인다.

사랑채는 정면 5칸, 측면 2칸으로 되어 있는데, 대청 1칸, 사랑

사진 1
튼 'ㅁ' 형으로 앞마당이 넓게 조성되어 있다.

사진 2
가깝게 자리한 안채(왼쪽)와 사랑채(오른쪽)

사진 3
인접한 사랑채와 공간적 연계성을 갖도록 안채의 툇마루를 측면까지 이어서 설치했다.

사진 4
안채는 자연석 기단을 높게 설치하고 덤벙주초를 놓았다.

사진 5
단순한 구조로 설치한 문간채 뒤편 시렁

방 2칸, 작은방 1칸, 외양간 1칸이 있다. 외양간은 전면으로 반 칸을 달아내어 판벽으로 벽체를 막았고, 그 안쪽은 사랑방과 작은방에 불을 때는 아궁이를 두었다. 2칸으로 된 사랑방은 중간에 네 짝 미닫이를 달았다. 그 옆에 붙어 있는 대청 쪽으로도 네 짝 미닫이를 달아 필요시 넓게 쓸 수 있도록 했다.

문간채는 정면 3칸에 측면 1칸 반으로 대문간 옆에 구들이 있고 그 옆에 마루방이 있다. 마루방 전면에는 네 짝 문을 달았다. 방 남쪽과 동쪽에는 퇴를 두었다. 문간채에 마루방을 둔 것이 특이하다.

헛간채는 정면 5칸, 측면 2칸인데, 한쪽에 광이 있고 다른 한쪽에 측간이 있으며, 중심부를 헛간으로 사용하고 있다.

무안 유교리고가

務安 柳橋里古家

소재지	전남 무안군 삼향읍 유교길 53-5
건축 시기	1938년
지정 사항	중요민속문화재 제167호
소유자	조남열
구조 형식	안채: 2고주 7량가, 팔작 기와지붕

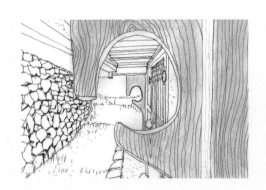

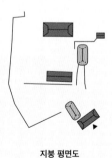

지붕 평면도

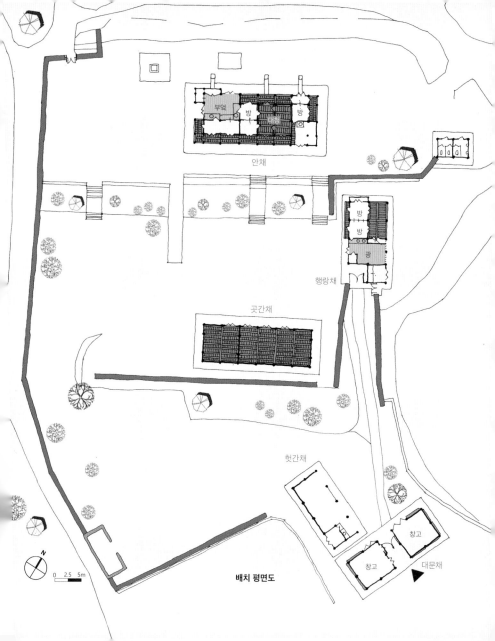

부엌 방 대청 방

안채

방 방 광

행랑채

곳간채

헛간채

창고 창고 대문채

N

0 2.5 5m

배치 평면도

일제 강점기에 전남지방의 대부호인 나종만이 건립한 것으로 알려져 있다.

각 채는 경사지를 이용해 세 단으로 대지를 구분해 앉혔다. 대문을 들어서면 서쪽으로 넓은 아래마당이 나오고 서쪽 끝에 헛간채가 있으며 옆으로는 차량이 통행할 수 있는 경사로가 있다. 동쪽으로 난 보행자용 경사로를 따라 올라가면 행랑채가 나온다. 행랑채 모퉁이의 중문을 들어서면 나타나는 넓은 중간마당에는 호남평야에서 거둔 곡물을 정리해 보관할 수 있는 12칸 규모의 곳간채가 웅장하게 버티고 있다. 안마당과 중간마당 사이의 경사지에는 석축을 쌓아 단을 만들어 경사지를 효과적으로 정리했다.

안채는 겹집으로 앞·뒤에 모두 퇴를 들였다. 동쪽에 부엌방과 찬방이 있고 그 뒤에는 2칸 부엌이 있다. 부엌 옆에는 상·하 2칸인 큰방이 있고 옆에 대청이 있다. 상부에는 다락방을 크게 두었다. 4칸 대청은 가운데에 창호를 설치해 두 공간으로 나누어 사용하도록 했다. 대청 오른쪽 앞에는 광이 있고 뒤로는 작은방과 툇마루를 가진 독립 공간이 있는데 이 공간이 사랑채이다. 대청은 반으로 나눠 한쪽은 안대청, 한쪽은 사랑대청으로 사용했다. 이처럼 안채와 사랑채를 별동으로 구분하지 않는 것은 비교적 성리학적 규범을 약하게 적용한 지방 중·상인 계층에서 나타나는 특징이다. 안채는 바른층쌓기한 석축 위에 다듬은 화강석으로 외벌대 기단을 두르고 화강암을 다듬어 초석으로 놓았다. 외부에는 원형 기둥을, 내부에는 각기둥을 세웠다. 가구는 2고주 7량으로 기둥과 기둥 사이에 보를 설치하고 보 위에 동자주를 세워서 종보를 받은 후 사다리꼴 모양의 판대공을 세우고 종도리를 받쳤다. 처마는 홑처마이고 지붕은 팔작 기와지붕이다.

사진

진입로에서 본 대문채.
2층집으로 보일 정도로
높고 크며 하부는
방화와 방범 방지를
위해 화방벽으로 꾸몄다.
벽체를 튼튼하게 하기
위해 벽선을 많이
설치했다.

행랑채는 안채와 직교해 동향한 전면 4칸의 겹집으로 왼쪽부터 전면은 광, 후면은 중문, 2칸 광, 전퇴 있는 방이 2칸 있다. 자연석으로 설치한 기단과 주초 위에 각기둥을 세운 3평주 5량가, 홑처마로 꾸민 초가이다.

곳간채는 3평주 5량가로 내부는 매우 넓고 높으며 홑처마 기와집이다. 모두 12칸으로 각 4칸씩 나누어 사용했다. 곳간채의 화강암으로 다듬어진 기단과 초석을 보면 여느 가옥의 창고 건물보다 격식이 있음을 알 수 있다. 기둥은 매우 높고, 흙벽 위에 목판재를 덧대 이중벽으로 처리했다. 통풍을 위해 하부에는 작은 환기구를 내고 상부에는 고정 환기창을 달았으며 출입문은 미닫이 널판문으로 했다.

대문채는 2층으로 보일 정도로 높고 크다. 들어오는 곡물 마차의 통과를 고려했기 때문이다. 하부를 화방벽으로 마감한 것은 방화와 방범을 대비한 것이다. 지붕은 양기와를 얹었으며 벽체를 튼튼하게 하기 위해 벽선을 많이 설치했다. 가운데 대문을 두고 양옆에 창고가 있다. 가구는 대들보 위에 동자주를 세운 5량 구조이다.

이밖에도 근대식 우물과 도르래, 맷돌, 다듬잇돌, 절굿돌, 빨래터 등 근대 유물이 많이 남아 있다. 최근에 송사로 인해 명칭이 무안 나상렬 가옥에서 무안 유교리고가로 바뀌었다.

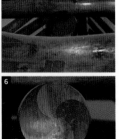

사진 1
대문에서 본 행랑채 문

사진 2
행랑채

사진 3
중문에서 바라본 안채

사진 4
안채 오른쪽 후면. 벽체 위에 설치된 까치발은 목재를 걸치고 해산물을 말릴 때 사용한다.

사진 5, 6
안대청 오른쪽 후면의 반침과 안대청 상부 다락방 옆에는 태극 문양이 그려진 원형 부재를 사용했다.

사진 7
이중벽으로 처리한 곳간채

사진 8
곳간채 용마루는 큰 건물의 규모에 맞게 착고와 부고 위에 수키와와 내림새를 한 커더 만들고 그 위에 적새를 쌓아 용마루를 만들었다.

사진 9
곳간채에는 'ㄱ'자 쇠와 'ㄷ'자 쇠로 울거미를 보강한 판문을 달았다.

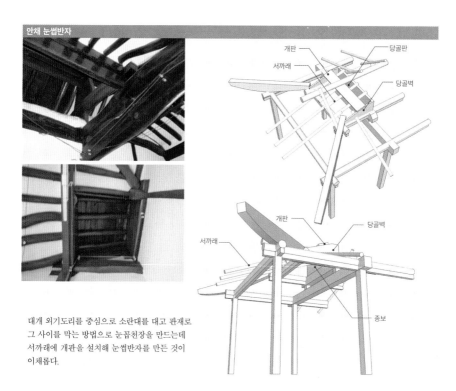

개판
당골판
서까래
당골벽

개판
당골벽
서까래
종보

대개 외기도리를 중심으로 소란대를 대고 판재로
그 사이를 막는 방법으로 눈꼽천장을 만드는데
서까래에 개판을 설치해 눈썹반자를 만든 것이
이채롭다.

7

8

9

해남 윤두서고택

海南 尹斗緒古宅

소재지	전남 해남군 현산면 백포길 122
건축 시기	17세기 후반 추정
지정 사항	중요민속문화재 제232호
소유자	윤항식
구조 형식	안채: 2고주 5량가, 맞배 기와지붕
	사당: 5량가, 맞배 기와지붕

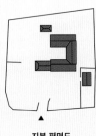

지붕 평면도

마루 창고 창고

곳간채

부엌 안방 방

안채 대청

창고 부엌 건넌방 부엌 방

광채

마루방 방

사당

N

0 2.5 5m

배치 평면도

조선 후기 선비화가인 겸재 정선(謙齋 鄭敾, 1676~1759), 현재 심사정(玄齋 沈師正, 1707-1769)과 함께 삼재(三才)로 일컬어지는 공재 윤두서(恭齋 尹斗緒, 1668~1715)가 살던 집이다. 윤두서는 고산 윤선도(孤山 尹善道, 1587~1671)의 증손자이다. 윤선도가 풍수지리상 명당 터에 이 집을 지었으나, 바닷바람이 심해 다른 곳으로 옮기고 증손인 윤두서가 살게 되었다고 전하지만 정확하지 않다.

건립 시기를 정확히 알 수 없으나, 안채 종도리 장여 밑에 있는 중수 상량문에 "龜 庚戌後百四十二年辛未八月十一日辰時重修坐卯向酉 龍"과 안채 지붕 회첨골의 암막새에 적힌 명문 "同治十年辛未九月重修"를 통해 1811년과 1871년에 중수가 있었고, 건립은 이전에 이루어졌음을 알 수 있다.

마을의 중심부에 해당되는 윤두서고택의 뒤편에는 공재의 묘소와 사당이 있으며, 마을 앞에는 간척 사업으로 만들어진 들판이 펼쳐져 있다. 과거에는 바다와 접한 마을이었다.

윤두서고택은 건립 당시 서쪽 담장에 문간채가 있고, 오른쪽에 사랑채가 있는 48칸 규모였다고 전하나 현재는 안채, 곳간채, 광채, 사당만 남아 있다. 안채 부엌 아래로는 맞은편 광채처럼 별당이 있었으나 1900년대 초에 화재로 소실되었다고 한다. 안채 앞

사진 1
왼쪽이 광채이고 오른쪽이 안채이다.

사진 2
광채의 오른쪽 모서리에는
기둥의 장부구멍과 뺄목을
근거로 가벽을 복원해
놓았다. 대문에서 안채가
바로 보이지 않도록
설치한 것으로 보인다.

사진 3
곳간채는 3량 구조
우진각지붕으로 추녀의
뒷뿌리를 45도로 하지
않고 약 35도로 길게 빼서
추녀의 처짐을 방지했다.

오른쪽에는 '一'자 평면의 사랑채가 있었
고, 그 앞에 대문채가 있었으나 1960년
경에 없어졌으며, 사랑채 오른쪽 뒤편에
행랑채가 있었다고 전한다. 사당은 가묘
와 별묘가 있었으나 현재는 한 채만 있
고, 내부는 살림집으로 변형된 상태이다.

안채는 'ㄷ'자 형 건물로 서향을 주향
으로 해 가운데 3칸 대청을 두고, 양 날개채에는 남향으로 툇간이
있는 방과 부엌이 있다. 대청과 건넌방이 있는 남쪽 날개채는 1칸
반으로 전퇴만 두고, 안방이 있는 북쪽 날개채는 전·후퇴를 둔 2
칸으로 위계를 구분함으로써 입지와 채광 조건이 다른 문제를 방
의 적절한 배치를 통해 해결하고 있다. 부엌의 기능과 구조가 특
색 있다. 안채에는 부엌이 세 개 있는데, 출입구의 방향으로 미루
어 볼 때, 각각 주 기능이 다른 것을 알 수 있다. 안방 옆의 큰 부엌
은 안채를 담당하고, 남쪽의 두 부엌 중 광채 옆의 부엌은 사랑채
를 수발하는 부엌이고, 모퉁이 방 옆의 부엌은 사당에 제례가 있
을 때 음식을 장만하는 주 기능을 가지면서 안쪽으로 작은 문을
내어 큰 부엌을 보조하도록 했다. 많은 민가에서 부엌 상부를 다

락으로 사용하듯이 이 집에서도 부엌 상
부를 다락으로 사용하고 있다. 특히 모퉁
이 방 부엌의 다락은, 근래에 복원된 대
청 툇마루의 계단을 통해 출입하도록 했
다. 양쪽 벽면에 교살창 형태의 난간을
설치해 통풍과 채광을 하고 있어 다른
다락과 기능이 달랐음을 짐작케 한다.

사진 1
안채. 대부분의
민가에서는 부엌 공간이
부족할 경우 퇴를
덧달아 확장해 사용한다.
그러나 윤두서고택은 세
곳의 부엌 모두 전퇴를
개방했다. 큰 부엌 앞의
찬마루도 보기 드문
사례다.

사진 2
안채 후면

사진 3
안대청

사진 4
안대청 앞 툇마루

사진 5, 6, 그림
큰 부엌 앞 찬방 정면과
측면, 찬방 개념도

사진 7, 8
광채 옆 부엌은 큰
부엌의 보조 부엌이면서
제례시에 주로 사용한다.
부엌 위 다락은 집안
여성들의 휴식 공간으로
사용되었다.

사진 9, 10
안채 오른쪽 날개채
부엌은 사당에 제례가
있을 때 음식 장만을 하는
공간이다.

해남 윤탁가옥

海南 尹鐸家屋

소재지	전남 해남군 현산면 초호길 43
건축 시기	1906년
지정 사항	중요민속문화재 제153호
소유자	윤탁
구조 형식	안채: 1고주5량가, 팔작 기와지붕
	사랑채: 2고주 5량가, 우진각 기와지붕
	별당: 1고주 5량가, 팔작 기와지붕

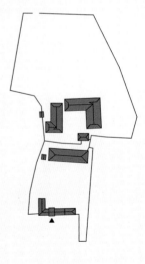

지붕 평면도

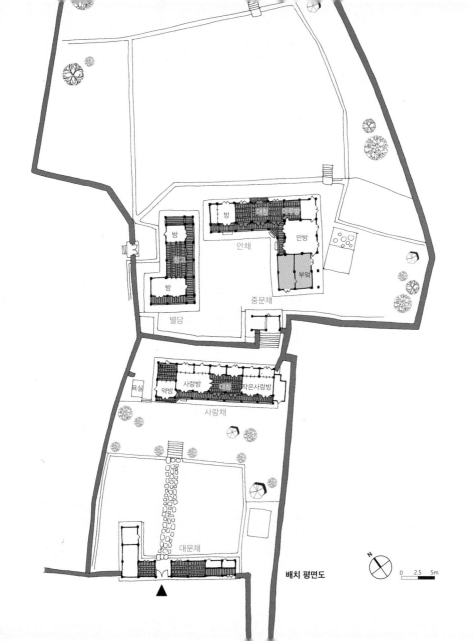

방

대청 마루방

안채

안방

중문채

별당

부엌

욕실

약방 사랑방 대청 작은사랑방

사랑채

대문채

배치 평면도

N

0 2.5 5m

조선말기 호남지방 상류주택의 모습을 잘 간직한 집으로, 대문채, 사랑채, 안채, 별당으로 구성되어 있다. 안채는 상량문에 의해 1906년에 지어졌음을 알 수 있다. 대문채는 1912년, 별당은 1914년, 중문채는 1943년에 지어졌다.

구산천이 지나가는 들에서 마을을 바라보면, 산기슭에 옹기종기 모인 집들 중에서 마을 가운데 높은 자리에 삼중으로 겹쳐진 장중한 지붕이 눈에 띈다.

윤탁가옥은 경사진 지형을 이용해 단차를 두고 건물을 배치했다. 논과 들이 접하는 가장 아랫단에 대문채, 한 단 높여 사랑채, 그 위에 중문채, 안채, 별당을 배치했으며, 가장 높은 단에는 텃밭을 만들었다. 대문채 전면에는 농사에 필요한 넓은 작업 공간을 확보하고, 대문채 안마당에는 현재 정비된 화장실이 마련되어 있지만, 1983년도 가옥 조사 당시에는 대문채 주변으로 돼지우리와 축사가 있어 가축을 키우는 마당이었다. 사랑채는 앞에 화단을 만들어 향나무, 전나무와 관목류를 심었고, 가사 활동이 많은 안채는 별당과 공유하는 마당 외에 동쪽에 있는 부엌과 연계해 사용할 수 있는 마당을 마련해 우물, 장독대, 연자방아를 두었으며, 그 뒤로는 너른 텃밭을 만들었다. 디딜방아가 별당 기단 위에 놓여 있는데 흔치 않은 예이다.

대문채는 'ㅡ'자형으로 보이지만 'ㄱ'자 형이다. 솟을대문 양 옆에 행랑과 곳간을 배치

하고, 동쪽에는 지붕을 한 단 낮춰서 변소와 광을 두었다. 지붕에 단차를 주어 대문의 정면성을 강조한 계획 의도가 돋보인다. 변소의 지붕을 광과 같은 높이로 했다면, 건물이 길어 보이면서 대문이 한쪽으로 치우쳐 보일 수 있으나 변소의 지붕을 낮추고 우진각으로 마무리해 대문이 중심에서 균형을 잡아 주는 것처럼 보인다.

사랑채는 전면 7칸, 'ㅡ'자 형으로 서쪽 1칸을 제외하고는 전면과 후면에 툇간을 둔 보기 드문 평면이다. 평면 구성은 서쪽에서부터 약방 1칸, 사랑방 2칸, 대청 2칸, 작은사랑방 2칸이 있으며, 뒤에는 모두 마루방을 만들어 개별 출입이 가능하게 했다. 동쪽 끝방 뒤의 툇마루 방은 금고이다. 예부터 사용했던 금고가 남아 있어 부유했던 이 집의 옛날을 짐작케 한다. 사랑채도 지붕을 우진각으로 처리해 긴 지붕 면의 지루함을 감소시켰다.

중문을 들어서면 'ㄱ'자 형 별당이 먼저 눈에 들어오는데, 그중에서도 사각의 상부를 팔각으로 모접기한 화강석 장초석이 정면으로 보이고, 안마당으로 들어서면 별당과 안마당을 공유하면서 'ㄷ'자로 배치되어 있는 안채가 보인다. 별당은 남쪽과 동쪽에 모두 툇간을 두었고, 대청을 기준으로 아래와 위에 방을 만들었다. 대청은 현재 창고로 사용되고 있는데, 사분합문과 같이 전체를 개방할 수 있는 문이 아닌 양여닫이문이 설치되어 있고, 측벽에 외여닫이문의 흔적은 있으나 창호가 없는 것으로 보아 초창부터 고방으로 계획된 것으로 생각된다.

안채는 대청 3칸을 중심으로 양 옆에 큰방과 작은방 그리고 고방이 있다. 동쪽은 퇴를 별도의 구조로 내어달아 공간을 여유 있게 사용하고 있다. 안채와 별채의 보아지 안쪽 마구리에는 삼각형 문양을 그려 넣었는데, 보아지들마다 문양이 다르다.

사진 1
대문채는 외부에서 '一'자
형으로 보이지만 'ㄱ'자
형이다.

사진 2
사랑채 앞은 향나무,
전나무 등으로 화단을
구성했다.

사진 3
사랑대청

사진 4
독특하게 사랑채 옆에
욕실이 있으며, 욕실에
쇠솥을 걸고 밖에서 불을
때 물을 데웠다. 근대기의
특징으로 추정된다.

사진 5
중문 옆에는 조그만
판문이 있고 봉창과
유사한 개구부가 있다.
판문과 개구부는 여성들의
편의를 위해 설치한
것으로 생각된다.

사진 6
중문채의 지붕 가구는
자연스런 곡재의 도리
위에 왕지를 짜서 추녀를
걸었는데 3량 구조에서
우진각이나 팔작지붕을
구성하는 전형적인
사례이다.

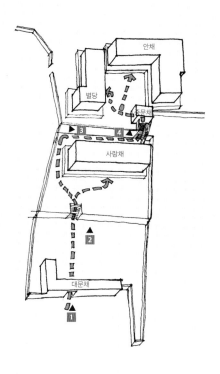

솟을대문을 들어서면 일직선으로 석축을 쌓아 한 단 높은 곳에 배치한 사랑채가 있다. 석축 사이에는 사랑채로
연결되는 계단이 있다. 이 계단은 대문에서 인지하기 어려운 만큼 약간 오른쪽으로 비켜 있고, 그 위에 약간 더
오른쪽으로 치우친 곳에 사랑채로 오르는 계단이 있는데 이 계단은 나무들에 가려져 대문에서는 보이지 않는다.
사랑채에서 안채로는 상당히 긴 동선을 지나야 하는데 사랑채와 욕실채 사이를 지나 사랑채 뒤를 돌아가야 안채로
가는 중문에 이르게 되며 높은 석축이 가로질러 있다. 내·외의 구분이 명확하다.

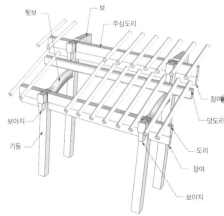

툇보 ─────── 보

주심도리

장여

덧도리

보아지

기둥

도리

장여

보아지

사진 1
별당에서 본 안채

사진 2
안대청 앞 상부 구조 상세

사진 3
부엌 가구 구조

사진 4, 그림
안채 동측 확장 부분과
구조 상세도

사진 5
안채 왼쪽 후면

사진 6
안채 오른쪽 후면

사진 7
별당

사진 8, 9
별당 왼쪽 장주초석과
맞춤 부분 상세

사진 10, 11, 12, 13, 14, 15, 16
안채와 별채의 보아지
안쪽 마구리에는 삼각형
문양을 그려 놓았는데
문양이 모두 다르다.

강진 영랑생가

康津 永郎生家

소재지	강진군 강진읍 영랑생가길 15
건축 시기	안채: 1906년
	사랑채: 1925년
지정 사항	중요민속문화재 제252호
소유자	강진군
구조 형식	안채: 2고주 5량가, 우진각 초가지붕
	사랑채: 5량가, 우진각 초가지붕

지붕 평면도

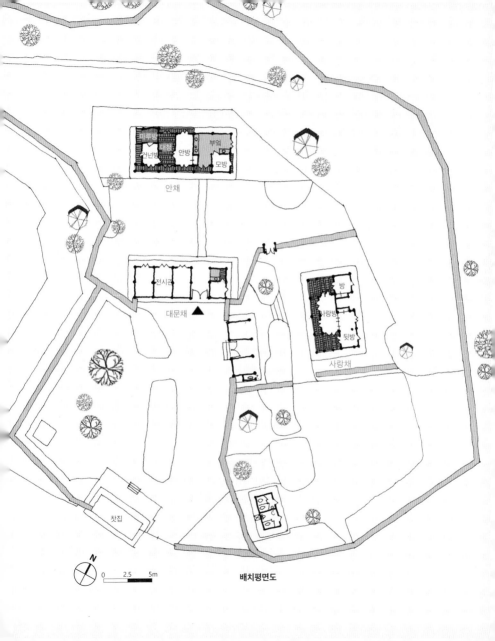

마루방 부엌
건넌방 안방 모방
안채

전시관
대문채 ▲

방
사랑방
뒷방
사랑채

찻집

N
0 2.5 5m

배치평면도

일제 강점기에 영롱하고 섬세한 언어로 당대의 암울했던 시절을 노래한 영랑 김윤식(金允植, 1903~1950)이 태어나고 어린 시절을 보낸 곳이다. 안채는 1906년에, 사랑채는 그로부터 20년 뒤에 건립되었다. 안채의 문간채는 1993년에 중건되었으며, 사랑채의 문간채는 2011년에 중건되었다.

영랑생가는 안내실을 겸하는 찻방 옆 대나무 사립문을 지나 올라가면 정면에 안채의 문간채와 안채가 동향해 병렬로 있고, 오른쪽에 사랑채의 문간채와 사랑채가 남향하고 역시 병렬을 이루고 있다. 마치 두 집이 직교해 있는 듯한 모양새다. 안채 왼쪽 앞으로 우물과 장독대가 있고, 사랑채 오른쪽 아래에는 탐방객을 위한 화장실이 있다.

건립 시기가 가장 이른 안채는 정면 5칸 반, 측면 2칸 반의 '一'자 형 초가이다. 오른쪽 4칸은 부엌인데 부엌 안

사진 6
사분합들문을 달아
개방감을 높인 사랑대청
왼쪽

사진 7
사랑대청 오른쪽

에는 며느리가 머물던 모방이 1칸 있다. 부엌 옆으로 안방, 대청, 건넌방이 있다. 건넌방 뒤로 마루방이 1칸 있는데, 사랑채를 건립하기 전에 서적과 같은 주인의 중요 물품을 보관했던 곳이다. 안채의 가구는 2고주 5량으로 앞쪽과 왼쪽에 고주에서 이어지는 툇보를 설치해 툇간을 두었다.

사랑채는 정면 4칸, 측면 2칸 반으로 측면 칸 수는 안채와 같지만 겹집 구조로 칸 사이는 더 넓다. 사랑채의 가운데 정면 2칸은 접객 용도로 사용되는 사랑방이고, 사랑방 오른쪽 뒤에 미닫이문을 달아 사적 공간인 뒷방을 만들었다. 사랑방은 전·후·좌·우에 모두 사분합들문을 달아 개방성을 강조했다.

안채의 문간채는 5칸으로 3칸이 커다란 광이다. 현재 광에는 당시 사용되었던 농기구가 전시되어 있다.

장흥 신와고택

長興 新窩古宅

소재지	전남 장흥군 관산읍 방촌길 111-17
건축 시기	1920년대
지정 사항	중요민속문화재 제269호
소유자	오금례
구조 형식	안채: 7량가, 팔작 기와지붕
	사랑채: 5량가, 우진각 기와지붕

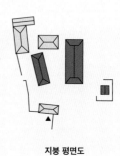

지붕 평면도

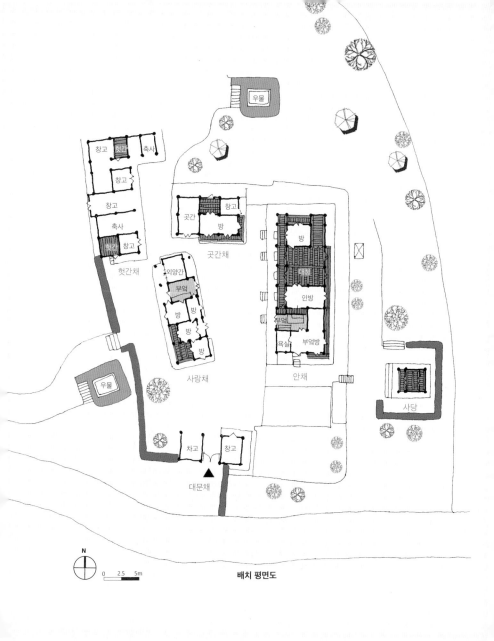

우물

창고 헛간 축사

창고

창고

축사

헛간 창고

헛간채

우물

곳간 방 창고

곳간채

외양간

부엌

방 방

방

방

사랑채

방

대청

안방

부엌

욕실 부엌방

안채

사당

차고 창고

대문채

N

0   2.5   5m

배치 평면도

장흥 방촌마을은 약 600년 전에 장흥위씨가 들어와 번성한 동성촌으로 지금도 마을 주민의 90퍼센트가 장흥위씨이다.

신와고택은 방촌마을의 일곱 부락 중 새 터를 상징하는 신기마을의 가장 높은 곳에 자리 잡고 있다. 신기마을은 여러 가옥이 모여 있는 집촌 형태의 다른 부락과 달리 개별 가옥이 띄엄띄엄 있는 산촌의 모습을 하고 있는데 신기마을에 가장 먼저 자리 잡은 곳이 신와고택이다. 1800년대 위영형(魏榮馨, 1808~1855)이 터를 잡고, 1920년대에 신와 위준식(新窩 魏準植, 1870~1947)이 현재 모습으로 건립한 집으로 이후 안채만 더 크게 개축했다고 한다.

대문채를 들어서면 서향하고 있는 '一'자 형의 사랑채와 안채의 오른쪽이 보이는데 정서향을 하고 있는 안채와 다르게 사랑채는 약간 남측으로 틀어져 있다. 사랑채 왼쪽으로 곳간채와 헛간채가 있고, 안채와 곳간채 사이로 난 길을 따라가면 축대를 쌓아 조성한 빨래터와 우물이 있으며, 안채 오른쪽 뒤에 사당이 있다.

사랑채 앞에는 담장이 설치되어 있는데 중간에 담장을 끊고 계단을 두어 친척 관계에 있는 아랫집과 긴밀하게 소통했다. 사랑채는 정면 5칸의 '一'자 형 평면으로 오른쪽부터 세 칸은 방과 마루

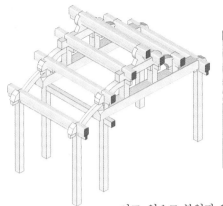

이고, 옆으로 부엌과 외양간이 덧붙어 있다. 전·후퇴가 달려 있는 겹집으로 연목의 크기로 보아 당초 초가였던 건물이 근래에 시멘트기와로 바뀐 것 같다.

안채는 정면 7칸으로 오른쪽부터 2칸에 부엌과 부엌방이 있고, 연달아 안방과 대청, 건넌방, 고방이 있다. 자연석을 사용한 신와고택 내 다른 건물과는 달리 기단을 다듬은 돌을 사용하고 기단 상부는 장대석을 올리고 갑석까지 두어 격을 높였다.

곳간채와 헛간채 모두 '一'자 형 겹집으로 이 지역의 보편적인 모습이다.

사진 5
작은방 뒤에 있는 고방에는 제사용품과 주요 생활용품을 보관하는데 대청에서만 출입이 가능하다. 선반을 받치는 까치발이 간결하다.

장흥 오헌고택

長興 梧軒古宅

소재지	전남 장흥군 관산읍 방촌1길 44
건축 시기	1918년
지정 사항	중요민속문화재 제270호
소유자	위성탁
구조 형식	안채: 5량가, 팔작 기와지붕
	사랑채: 5량가, 팔작 기와지붕
	사당: 3량가, 맞배 기와지붕

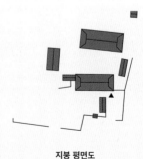

지붕 평면도

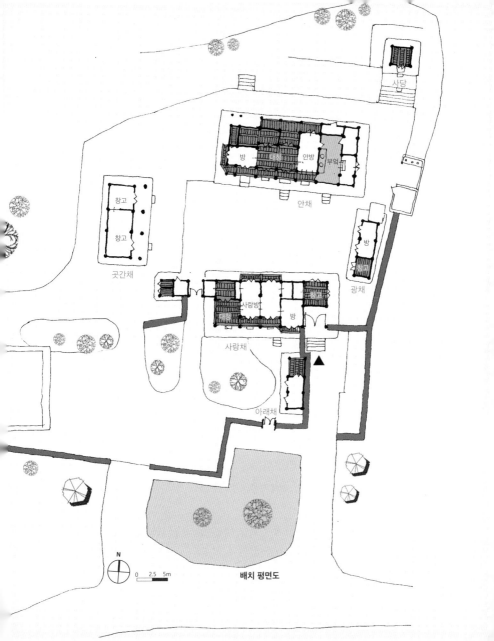

사당

창고

창고

곳간채

방

대청 안방 부엌

안채

방

창고

광채

사랑방

창고

대청 방

사랑채

아래채

N

0 2.5 5m

배치 평면도

방촌의 일곱 마을 중 호동에 자리한 오헌고택은 천관산을 주산으로 하고 상잠산을 안산으로 해 남향하고 있다. 오헌고택의 자리에 처음 터를 잡은 사람은 19세기 초 원취당 위도순(願醉堂 魏道純, 1748~1816)이지만, 현재와 같은 모습은 오헌 위계룡(梧軒 魏啓龍, 1870~1948)이 1918년에 완성해 오헌고택으로 불린다.

'一'자 형 건물인 사랑채, 안채, 광채, 곳간채가 모여 튼 'ㅁ'자 형으로 배치되어 있는데, 튼 'ㄷ'자 형과 함께 남도지역의 대표적인 배치 양식이다. 각 건물을 채로 분화해 사이를 튼 것은 개방적이지만 안채 축선에 맞추어 전면에 사랑채를 둔 것은 안채가 방문자들에게 바로 노출되지 않도록 하기 위함이다. 안채 앞 안마당 양옆에는 수확된 곡식을 저장하는 광채와 곳간채가 있다. 안채 오른쪽 뒤에는 1칸 사당이 있다.

사랑채에 들어가려면 남쪽 가운데에 있는 대문간을 이용했으나 차량 출입을 고려해 현재는 대문간을 없앴다. 대문간 터 오른쪽 옆에 연지가 있고, 대문간 터를 들어서면 역시 오른쪽에 조경수가

사진 1
진입로에서 본 장흥 오헌고택

사진 2
대개의 연지가 'ㅁ'자 형에 한 개의 중도가 있는 것과 달리 오헌고택의 연지는 'ㄴ'자 형이면서 두 개의 중도가 있다. 계단이 있는 것으로 보아 배를 띄워 풍류를 즐겼을 것으로 생각된다.

사진 3, 그림
사랑채 오른쪽 일부가
중문채 역할을 한다.
중문에 들어서면 사랑채의
창고 벽면이 가림벽
역할을 해 안채 내부가
바로 노출되지 않는다.

심어져 있는 사랑마당 뒤로 사랑채가 있다. 사랑채는 정면 6칸 겹집으로 왼쪽부터 뒤로 고방이 있는 사랑마루 1칸, 방 3칸이 있으며, 가장 오른쪽에 사랑마당을 거치지 않고 안채로 들어갈 수 있는 중문이 달려 있다.

사랑채 오른쪽 아래로는 사랑채와 직교해 마루 1칸, 방 2칸의 아래채를 두어 자식이 사용하거나 손님이 쉴 수 있도록 했는데 뒤로 난 나무굴뚝이 눈길을 끈다.

안채는 정면 6칸의 겹집으로 왼쪽부터 전면에 건넌방, 후면에 고방이 있으며, 대청 2칸, 안방 1칸, 부엌 2칸이 있다. 고방은 후열 2칸으로 비교적 크게 구성했는데 쌀을 포함한 주요 살림살이들이 보관되어 있다고 한다.

안채 뒤로는 기존의 기둥에 툇보를 덧달아 퇴 반 칸을 확장했다. 확장과 함께 가장 큰 변화가 있었던 것은 당초 부엌방이 별도로 있던 것을 허물고 부엌 공간을 확대했으며, 배면으로 바로 통할 수 있도록 문을 설치하고, 오른쪽으로 화장실을 설치한 것이다. 확장한 배면은 툇보 위에 두 개의 도리를 놓고 연목을 설치해 별도의 부섭지붕을 달아 배면만 겹처마지붕으로 했다.

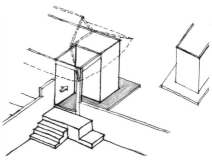

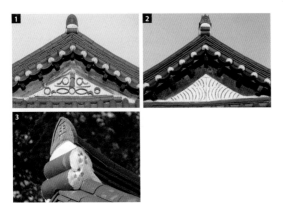

사진 1, 2, 3
사랑채(사진 1)와
안채(사진 2)의 합각부에
수키와와 암키와로 장식을
했다. 엄숙한 공간인
사당의 머거볼(사진
3)에도 별 문양을 새겼다.

사진 4
사랑채

사진 5
사랑대청 상부 가구 상세

사진 6
안채

사진 7
부섭지붕을 달아
겹지붕으로 구성한 안채
배면

사진 8
안채 툇간

사진 9, 그림
안채 배면의 겹지붕
상세와 조립도. 툇보 위에
두 개의 도리를 놓고
연목을 설치해 별도의
부섭지붕을 달았다.

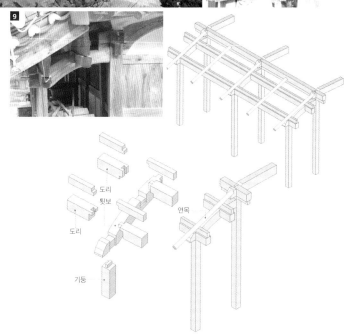

도리

툇보

연목

도리

기둥

장흥 존재고택

長興 存齋古宅

소재지	전남 장흥군 관산읍 방촌길 91-32
건축 시기	1937년
지정 사항	중요민속문화재 제161호
소유자	위재현
구조 형식	안채: 7량가, 팔작 기와지붕
	서채: 5량가, 팔작+맞배 기와지붕
	사당: 5량가, 맞배 기와지붕

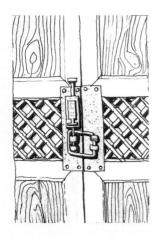

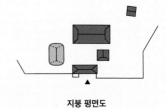

지붕 평면도

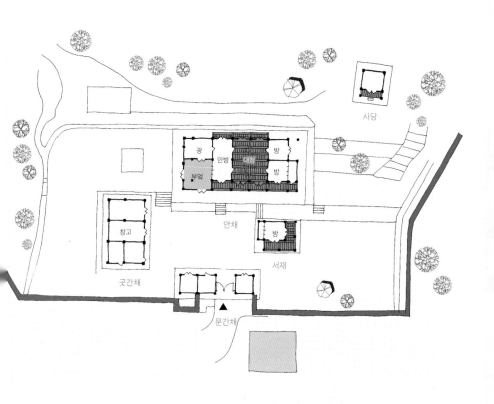

사당

광 안방 대청 방

부엌 방

창고

안채

곳간채

방

서재

문간채

N

0 2.5 5m

배치 평면도

천관산 자락 장흥위씨 집성촌인 방촌마을 안쪽 가장 높은 곳에 자리한 장흥위씨의 종가로 존재 위백규(魏伯珪)의 생가다.

바깥마당에는 연못이 조성되어 있고, 연못 앞으로 실개울이 흘러서 집 동쪽을 휘감아 돈다. 가장 높은 곳에 안채를 서남향으로 앉히고, 안채 왼쪽과 오른쪽에 각각 서재와 곳간채가, 전면에 문간채가 있다. 사당은 안채 뒤편에 있다.

전면 4칸, 측면 1칸인 문간채는 안채의 중심축과 맞추기 위해 오른쪽으로 편향되어 설치되어 있는데, 진입하는 사람의 시선은 서재로 인해 안채의 일부분이 가려짐으로써 답답한 느낌을 준다. 문간채는 종도리 하단에 있는 "檀君 … 四千三百一四年辛酉 … 上樑"이라는 묵서를 통해 1981년에 건립되었음을 알 수 있다.

안채는 종도리장여 하단 묵서의 "歲在丁丑 三月九日子時立柱 十一日巳時上樑"을 통해 1937년에 건립되었음을 알 수 있다. 7량 구조이며, 후면을 제외한 삼면에 툇간이 있는 전면 5칸 겹집이다. 전면과 양 측면에 툇간이 있는 20세기 초 전형적인 남도지방의 겹집이다. 안채에는 부분적으로 유리문을 사용했다. 기둥 상부의 장

사진 1
곳간채에서 본 존재고택

사진 2
안마당 오른쪽에 서재가
있다. 서재의 전면과
오른쪽면은 개방했으나
왼쪽면에는 벽을 설치해
안마당에서의 시선을
차단하고 서재의 독립성을
확보했다.

여 하단에 받침목을 받친 것
이 특이하다. 왼쪽에 전면 한
칸 반 규모의 부엌을 두고 뒤
에는 마루광을 두었으며, 오
른쪽에는 툇마루 뒤편에 측면
1칸 규모의 골방을 두고 뒤는
개방해 아궁이를 시설했다.

서재는 특이하게 안마당과
등을 지고 자리 잡고 있다. 전
면 및 측면 모두 2칸으로 앞
과 왼쪽에 툇간이 있다. 안마당 쪽에 벽장을 달았으며, 아궁이는
안마당 쪽으로 설치했다. 툇간을 설치했음에도 외부 기둥을 동일
간격으로 처리하고 툇간 기둥에 충량을 사용해 문간채 쪽은 팔작
지붕으로 구성하고 안채 쪽은 맞배지붕으로 처리했다. 안채의 기
단석과 쌓기 방식 및 석질이 같고, 기둥 열이 안채와 일치한다. 또
한 문간채 쪽의 기둥 초석이 기단석 위에 바로 설치되었으며 서재
의 독특한 기둥 배열 및 부재 간 맞춤 방식이 정연하지 못한 점 등
을 고려하면 서재는 독립된 건물이 아니라 안채의 날개채가 되어
안채는 본래 'ㄱ'자 형태의 건물이었을 것으로 추정된다.

안채 오른쪽 뒤편 산기슭에는 전면 1칸, 측면 1칸 반으로 전면
에 툇마루를 설치한 사당이 있다. 사당은 창호의 구성이 독특하고,
기둥 상부의 초각된 첨차와 박공 게눈각의 초각 및 박공에 사용된
철물 등은 매우 정교하고 유려하다. 양 측면의 풍판 하단 선 또한
자유롭게 정리된 독특한 외관을 갖췄다.

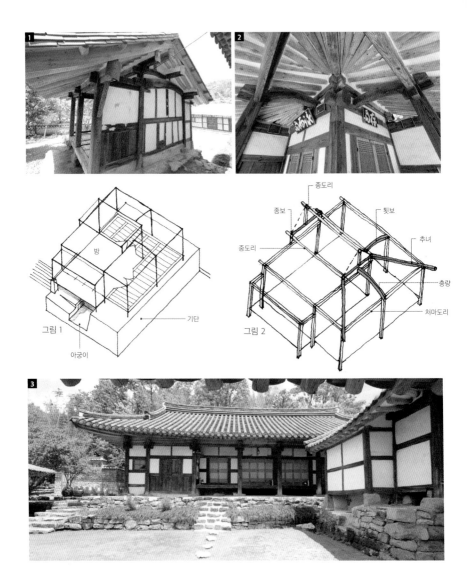

그림 1

방

기단

아궁이

그림 2

종도리

종보

중도리

툇보

추녀

충량

처마도리

사진 1
서재의 안채 쪽은 맞배지붕이지만 부재 간 맞춤이 정연하지 못하다.

사진 2
서재 상부 가구 상세

사진 3
대문을 들어서면 안채가 보이는데 오른쪽 일부가 서재에 가려 답답하다.

사진 4
안채 툇마루

사진 5
안채 오른쪽면에는 유리창을 달았다.

사진 6
안채 상부의 기둥과 시렁

사진 7
사당의 풍판은 하단을 자유롭게 정리했다.

사진 8
초각첨차로 장식한 사당의 기둥 상부

사진 9
가운데에 빗살교창을 넣은 사당 판문

그림 1
서재 공간 구성도

그림 2
서재는 방과 퇴의 기둥 열이 일치하지 않아 다양한 충량을 걸었다.

보성 문형식가옥

寶城 文瀅植家屋

소재지	전남 보성군 율어면 진천길 34-15
건축 시기	1890~1900년
지정 사항	중요민속문화재 제156호
소유자	문형식
구조 형식	안채: 2고주 5량가, 팔작 기와지붕
	사랑채: 2고주 5량가, 우진각 기와지붕
	아래채: 2고주 5량가, 우진각 초가지붕

지붕 평면도

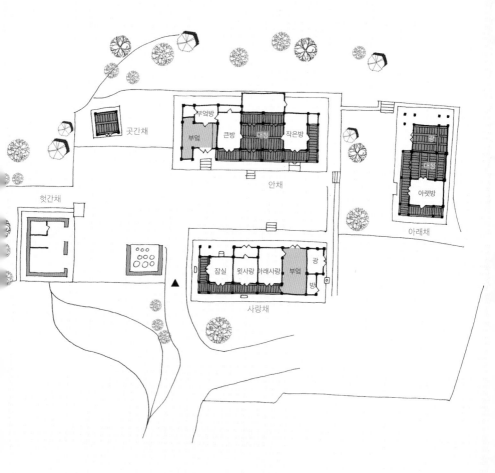

곳간채

헛간채

부엌방

부엌   큰방   대청   작은방

안채

광

대청

아랫방

아래채

잠실   윗사랑   아래사랑   부엌   광

방

사랑채

N

0   2.5   5m

배치 평면도

남도 내륙의 특성을 잘 보여 주는 문형식가옥은 마을에서 비교적 높은 곳에서 남동향으로 자리한다. 언덕을 올라가면 사랑채가 가장 먼저 보이고 왼쪽에 최근 보수한 헛간채가 있다. 사랑채 옆에 있는 길을 올라가야 안채가 보이고 안채 오른쪽 높은 단 위에 아래채가 있다.

앞·뒤와 서쪽에 퇴를 둔 사랑채는 동쪽부터 부엌, 광, 두 공간으로 나누어 쓰는 사랑방, 잠실이 있다. 우진각 기와지붕으로 과거에는 초가였을 것으로 추정된다. 대청 없이 방으로 구성되어 있고 안채 만큼 큰 부엌을 둔 것이 특징이다.

안채는 전면에 퇴를 두고 가운데에 대청을 두었다. 대청을 중심으로 동쪽에는 작은방, 서쪽에는 큰방과 부엌이 있다. 부엌 앞쪽으로 반 칸짜리 빈지 널판문을 단 공간이 있는데 곡식을 보관했던 곳이다. 대청과 툇마루에는 문이 있는데, 남도지방 가옥들의 특징이다. 부엌 뒤는 처마 밑까지 연장해 벽을 두어 공간을 확장했다.

안채 동쪽의 조금 높은 단 위의 아래채가 있는 자리는 원래 사당이 있던 곳이라고 한다. 남쪽과 서쪽에 반 칸 툇마루를 두고 가운데 벽을 막

사진 1
안채

사진 2
사랑채에는 대청이 없으며 부엌이 발달해 마치 안채인 듯하다.

사진 3
아래채는 안채가 있는
서쪽에 퇴를 두었다.

사진 4
장독대

사진 5
안채 빈지널문의
빈지널에는 번호가 붙어
있는데 번호 순서대로
빈지널을 들어올려 열고
닫는다.

사진 6
안채 부엌의 둔테는 변형
없이 견고하게 하기 위해
문지방과 둔테를 한몸으로
만들었다.

사진 7
안채 합각의 문양

사진 8
안채 부엌 지붕의 구조를
통해 평면이 확장되었음을
알 수 있다.

아 방을 구성했다.

안채 서쪽에는 1칸짜리 곳간채가 있다. 재사벽으로 되어 있고 출입구에는 빈지널판문을 달았다. 용마루가 있기는 하지만 우진각지붕이나 마찬가지이다. 사랑채 서쪽에는 3칸짜리 광채가 있다. 토석담으로 구성한 초가이다.

1890~1900년에 지어진 것으로 추정된다.

보성 이금재가옥

寶城 李錦載家屋

소재지	전남 보성군 득량면 강골길 32-3
건축 시기	1900년대 전후
지정 사항	중요민속문화재 제157호
소유자	이금재
구조 형식	안채: 2고주 5량가, 팔작 기와지붕

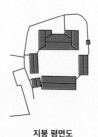

지붕 평면도

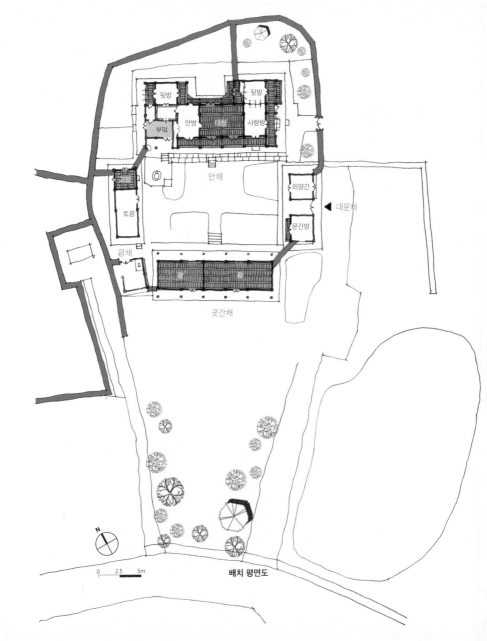

뒷방　　　뒷방

부엌　안방　대청　사랑방

고방　　　안채

토광　　　　　외양간

광채　　　　　문간방

광　광

곳간채

대문채

N

0　2.5　5m　　배치 평면도

문형식가옥 동쪽에 있는 집으로 조그마한 연못 오른쪽 길로 들어가면 이금재가옥이 나온다. 광채, 안채, 곳간채, 대문채가 'ㅁ'자형으로 배치되어 넓은 안마당을 형성한다. 곳간채 앞은 현재 텃밭이다. 안채는 1900년 전후에, 광채는 19세기에 나머지 건물은 20세기 초에 지어진 것으로 알려져 있다.

대문채는 동향하고 있는데 축의 중심에서 살짝 오른쪽으로 비켜 자리한다. 'ㅡ'자 형, 맞배집이다.

'ㄷ'자 형인 안채는 몸채 뒤쪽에 날개채가 붙어 있는데 이처럼 뒤쪽에 날개채를 붙인 것은 내당마당을 확보하기 위해서이다. 사랑채와 안채가 한몸에 있어 두 공간을 분리하면서 안채만의 독립된 마당을 확보하기 위해 차선책으로 뒤쪽에 내당마당을 조성한 것으로 보인다. 문이 있는 대청

사진 1
광채 앞 텃밭에 사랑채가 있었을 것으로 추정된다.

사진 2
곳간채와 안채

사진 3
헛간채와 곳간채

사진 4
대문채에서 본 안채

그림
안채 공간 구성도. 안채와
사랑채가 한몸에 있어 두
공간을 분리하고 안채의
사적 영역을 확보하는 데
중점을 두었다.

을 중심으로 양 옆에 방이 있고 왼쪽에 부엌이 있다. 날개 부분에
는 뒷방과 툇마루가 있다.

곳간채는 '一'자 형으로 앞과 뒤 모두에 퇴가 있다. 전퇴는 작업
공간, 후퇴는 작업 공간이자 여유 공간인 것으로 보인다. 후면 쪽
은 안마당 바닥 높이보다 낮아 비가 오면 벽이 바로 빗물에 닿기
때문에 반 칸 물려 벽을 두었다.

보성 이식래가옥

寶城 李湜來家屋

소재지	전남 보성군 득량면 강골길 34-9
건축 시기	1891년
지정 사항	중요민속문화재 제160호
소유자	이식래
구조 형식	안채: 2고주 5량가, 우진각 초가지붕
	사랑채: 2고주 5량가, 우진각 초가지붕

지붕 평면도

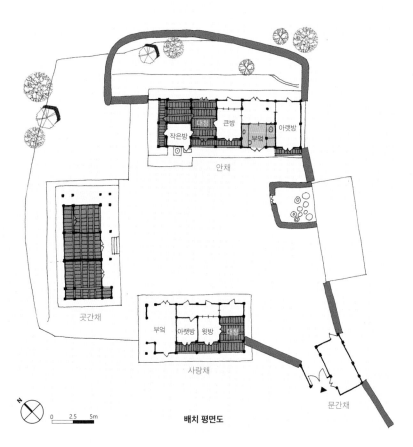

작은방

대청 큰방 아랫방

부엌

안채

곳간채

부엌 아랫방 윗방 대청

사랑채

문간채

N

0 2.5 5m

배치 평면도

넓은 경작지를 지나 막돌담장을 끼고 돌아들면 대나무로 둘러싸인 고택이 있다. 안채 종도리 묵서에 "崇禎紀元後五周甲辛卯年辛卯月卯日立柱上梁"이라고 기록되어 있는 것으로 보아 1891년에 지어졌음을 알 수 있다.

오른쪽에 치우친 남향의 문간채를 지나면 사랑채의 우측면이 보이고 넓은 안마당에 서남향한 안채와 동남향한 곳간채가 있다. 안채 오른쪽에는 낮은 막돌담장으로 둘러싼 장독대가 있다. 사랑채와 곳간채 사이의 마당에는 작업 공간이 있는데 터줏가리 형태의 커다란 볏짚단을 볼 수 있다.

안채는 앞·뒤와 왼쪽에 툇간을 두고 있다. 왼쪽부터 작은방, 대청, 큰방, 부엌, 아랫방이 각 한 칸씩 있다. 허튼층 막돌기단에 덤벙주초를 놓고 각기둥을 세웠으며 기둥머리에는 가공된 도리와 툇보를 걸었다. 지붕은 초가이나 구조의 짜임은 기와집같이 견실하다.

사랑채 역시 앞·뒤와 왼쪽에 툇간을 두었으며, 왼쪽부터 부엌, 아랫방, 윗방, 대청이 각 1칸씩 있다. 안채와 마찬가지로 막돌기단에 덤벙주초를 놓고 각기둥을 세웠으며 기둥머리에는 가공된 도리와 툇보를 걸었다. 초석은 자연석을 조금만 가공해 사용했고 사랑대청 상부에 충량을 설치

사진 1
진입로에서 본 대문채와 사랑채

사진 2
안채

하고 위에 추녀를 걸었는데 연목은 말굽형으로 했다.

사방에 툇간을 둔 곳간채는 허튼층 막돌기단에 덤벙주초를 놓고 각기둥을 세우고 기둥머리에는 자연목에 가까운 도리와 툇보를 걸었다. 구조는 고식인 2고주 5량가인데 초가치고는 구조나 부재의 결구가 견실하다. 기단 상부는 마치 갑석을 설치하듯 자연석을 길고 얇게 가공해 설치한 것이 특이하고 마당에 쌓아 놓은 볏짚단의 형식이 재미있다. 곳간채의 기둥 이음 형식도 눈여겨볼 만하다.

사진 3, 그림
사랑대청 상부와 2고주 5량가인 사랑채 가구 구성도. 2고주 5량 구조는 민가에서 많지 않은 형식으로 조선말기 평면의 확대로 남도지방에서 종종 나타난다.

사진 4
안채 처마 상세

사진 5
기단의 상부를 자연석을 이용해 갑석처럼 길게 설치한 안채

사진 6
안대청의 두 짝 세살문과 판벽

사진 7
안채 툇보 상세

보성 이용욱가옥

寶城 李容郁家屋

소재지	전남 보성군 득량면 강골길 34-6
건축 시기	1835년
지정 사항	중요민속문화재 제159호
소유자	이인재
구조 형식	안채: 2고주 5량가, 팔작 기와지붕
	사랑채: 2고주 5량가, 팔작 기와지붕
	사당: 1고주 5량가, 팔작 기와지붕

지붕 평면도

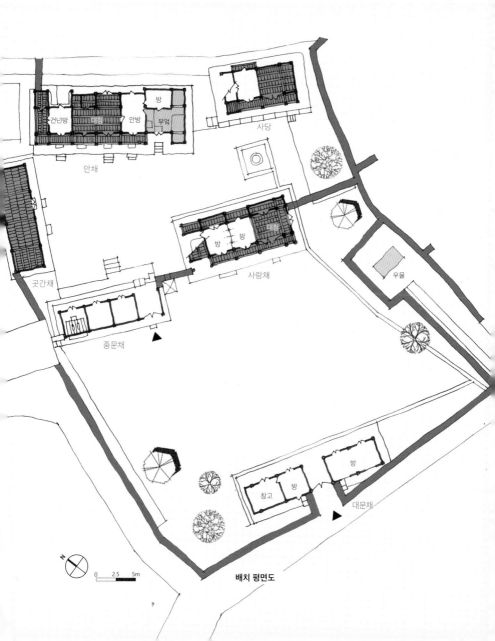

건넌방 대청 안방 방 부엌

안채

사당

곳간채

방 방 대청

사랑채

우물

중문채

창고 방

방

대문채

N

0 2.5 5m

배치 평면도

이용욱가옥은 야트막한 뒷산을 배경으로 남서향으로 자리한다. 대문채에는 솟을대문이 있으며 안채와 사랑채, 별당 겸 사당, 곳간채, 연지 등이 있는 부농의 격식과 품격을 지닌 집이다. 대문을 들어서면 넓은 사랑마당이 있고 사랑채가 바로 마주 보인다. 사랑채 서쪽에는 중문채가 있으며 사랑채보다 약간 앞으로 튀어나오게 해 사랑채와 나란히 배치했다. 사랑채 동쪽은 트여 있어서 별당으로 바로 들어갈 수 있는데 원래는 이곳도 샛담으로 막혀 있었을 것으로 추정된다.

중문채를 들어서면 서쪽이 넓고 동쪽이 좁은 사다리꼴 모양의 안마당이 나온다. 안채를 중심으로 동쪽에 별당이 안채와 나란히 자리하고 오른쪽에 곳간채가 직각으로 배치되어 있다.

안채는 1902년 1월 29일에 지어졌음을 상량묵서를 통해 알 수 있다. 정면 5칸에 사방에 퇴가 있는 겹집 구조이다. 'ㅡ'자 형의 남도지방 평면을 따르면서도 전·후퇴를 이용한 방의 확장은 근대시기 기능의 확대에 따른 평면의 확대를 보여 준다. 부엌 뒤쪽에는 부엌방이 있으며 측면 퇴를 고방으로 이용한 것이 특징이다. 또

사진 1
1904년에 지어진 대문채는 가운데 솟을대문을 두고 양 옆에 방과 부엌을 두어 아랫사람들이 기거할 수 있도록 했다.

하나 특색 있는 공간은 건넌방과 주변 공간이다. 건넌방도 안방처럼 대청 쪽으로 출입하는 것이 보통이지만 이 집은 대청 쪽은 벽으로 막혀 있고 측면 퇴 쪽에 출입문이 달려 있다. 측면 퇴에 연결되는 전면은 고상마루로 하고 난간을 둘러 마치 누마루와 같은 역할을 하도록 했다. 측면 퇴 배면에는 빈지널문을 단 마루방이 있다. 건넌방의 아궁이는 후퇴에 설치했는데 아궁이 상부는 마루가 깔려 있었던 것으로 추정된다. 양 옆에 반 칸 퇴를 두면서 나타난 재미있는 공간이다.

중문채는 4칸으로 동쪽부터 차례로 1칸 중문, 2칸 창고, 1칸 화장실이 있다.

사랑채는 안채보다 건립 연대가 앞서는 19세기 말경으로 추정하고 있다. 평면은 정면 4칸으로 동쪽 끝에 대청이 있다. 대청을 한쪽 끝에 두는 것은 남도의 특징이다.

곳간채는 4칸으로 모두 회벽으로 막았으며 전면 1칸에만 두 짝 판문을 달아 출입했고 바닥에는 마루를 깔았다.

사당은 2칸으로 양 측면과 전면에 퇴가 있다. 서쪽이 온돌이고 동쪽이 대청이다. 대청은 동쪽 퇴까지 확장해 하나의 공간으로 만들었고 서쪽 퇴에는 부엌을 설치하고 상부에 다락을 들였다. 전퇴 오른쪽의 협간은 하부를 빈지널벽으로 막아 벽감으로 사용했다. 벽감 위에는 부엌 상부 다락의 걸창을 낸 것이 독특하다. 또 방과 대청 사이에는 문이 없고 벽으로 막혀 있다. 방과 대청의 쓰임을 달리한 별당 겸 사당으로 사용했을 것으로 추정된다.

사진 1
사랑채는 앞과 뒤, 동쪽에
퇴를 두었다. 서쪽 1칸은
조금 작게 구성해 부엌을
들이고 상부는 다락으로
구성했다.

사진 2
사랑채 툇마루

사진 3
안대청 전면에는 한 짝과
두 짝 세살청판분합을
달고 문 양 옆을 세로
판벽으로 막았다. 대청의
후퇴에는 마루방을
들였다.

사진 4
안채 기둥 상부와 시렁
상세

사진 5
안채 기단

사진 6
안채 툇마루 오른쪽 끝에 설치한 고상 선반

사진 7
부엌과 안방 사이 처마 밑에 삼각형으로 까치발을 대고 회벽을 만들어 부엌 봉창에서 나오는 연기가 안방 쪽으로 넘어오지 못하게 배연방지 벽을 설치했다.

사진 8, 9, 그림
안채 서쪽의 툇마루는 건넌방에서만 출입할 수 있도록 동선을 완전히 분리했다. 전면에 있는 1/4칸 크기의 고상마루는 건넌방에서 출입할 수 있게 했다.

사진 10, 11
이웃한 이금재가옥과의 담장 사이에 우물이 있다. 우물이 있는 쪽 담장에는 내다볼 수 있게 투창을 뚫어 놓았다. 사진 10은 투창으로 본 우물이다.

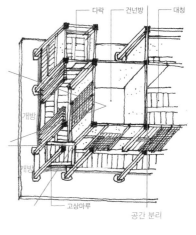

다락 　 건넌방 　 대청
개방
개방
고상마루
공간 분리

보성 이범재가옥

寶城 李範載家屋

소재지	전남 보성군 보성읍 예동길 40-8
건축 시기	19세기 말 추정
지정 사항	중요민속문화재 제158호
소유자	이형수
구조 형식	안채: 2고주 5량가, 팔작+맞배 기와지붕
	사당: 5량가, 맞배 기와지붕

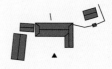

지붕 평면도

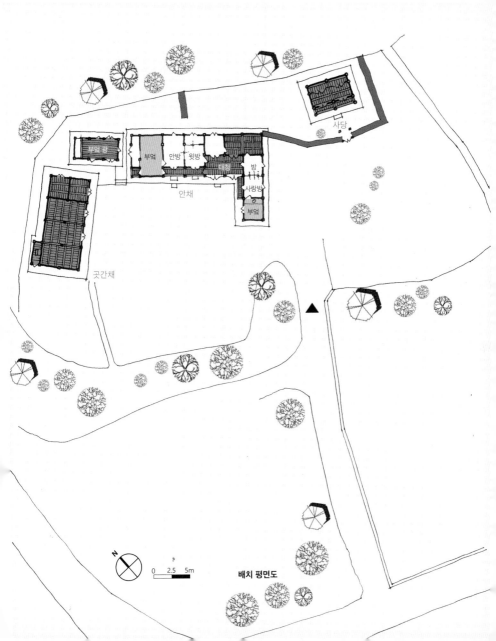

사당

부엌 광

부엌 안방 윗방 대청 방

안채 사랑방

부엌

곳간채

N

0 2.5 5m

배치 평면도

예동마을 안쪽의 대나무 숲으로 둘러싸인 구릉 위에 서남향으로 자리한다. 'ㄱ'자형 안채를 중심으로 서쪽에 곳간채와 부엌 광이 있고 동쪽에 사당이 있다. 행랑과 대문은 없으며 경사지를 경계로 하고 생울로 담장을 삼았다. 안채는 19세기 말에, 나머지 건물은 20세기 초에 지은 것으로 추정된다.

사랑채를 별동으로 두지 않고 안채의 동쪽 날개채 부분에 사랑방을 두었다. 안채의 몸채 부분은 전·후퇴가 있는 겹집 형태인데 가장 서쪽에 부엌을 두고 동쪽에 안방과 윗방을 배치했다. 부엌 앞이 막혀 있고 측면에 출입문이 있다는 것이 독특하다. 서남 모서리에 작은 마루가 있는 것도 특이하다. 서쪽 반 칸은 부엌 살강으로 사용했던 것으로 추정된다. 안방과 윗방 앞에는 툇마루가 있고 윗방 후퇴에는 골방을 들였다. 윗방 동쪽은 마루를 깔았으며 측면이 2칸인 양통 형식이다. 전면 마루 2칸은 사랑대청으로 사용하며 판문으로 막혀 있는 것이 특징이다. 후면 마루는 3칸인데 서쪽 1칸은 마루방이었으나 현재는 욕실을 들여 사용하고 있다. 동쪽 2칸은 안마루이다. 동쪽 날개 쪽에는 중앙 사랑방을 중심으로 북쪽에 사랑윗방, 남쪽에 부엌 1칸을 들였다. 사랑채를 안채 날개로 붙이면서 'ㄱ'자 형 평면을 이루게 되었는데 이 지역에서는 유일하다.

사진 1
안채 동쪽 날개 부분에 사랑방을 두고 그 앞에 부엌을 두었다. 대청 전면은 판문으로 막았다.

사진 2
곳간채는 습기 차단을 위해 바닥에서 높이 띄워 마루를 깔았으며 판벽으로 마감해 통풍이 되도록 했다. 내부는 4칸, 2칸, 1칸으로 다양하게 구획해 용도에 따라 사용하도록 했다.

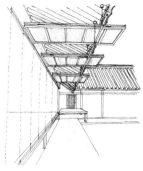

안채 서쪽에는 부엌 광이 있는데 단 칸이며 기둥을 높여 2층으로 구성했다. 바닥은 모두 장마루를 깔았고 부엌 살림살이와 음식을 보관하는 창고로 사용한다.

안채 서쪽에 안채와 직각으로 배치된 곳간채는 용도에 맞게 습기를 피하기 위해 바닥으로부터 띄워 마루를 깔았다. 전면 4칸, 측면 2칸의 양통집으로 바닥에는 우물마루를 깔았으며, 중방 이하는 판벽, 중방 이상은 회벽으로 했다. 가장 오른쪽 칸은 앞·뒤 모두 벽이 있어서 앞방은 전면으로 출입하지만 뒷방은 측면에 따로 출입문을 두어 출입하도록 했다. 각 방이 다른 용도로 사용되었음을 나타낸다. 작물의 종류에 따라 분리 보관했던 것을 알 수 있으며 곳간채가 별동으로 남아 있는 것도 드문 사례이다. 곳간채 뒤, 처마 밑에는 변소를 두었다.

사당은 2칸으로 측면 가구를 전·후퇴 형식으로 한 것이 특징이다. 또 전퇴에 마루를 들인 것도 여느 사당과 다른 점이다.

사진 3, 그림
서까래 끝에 걸린 문고리 형태의 고리는 대청 판문을 들어 걸 때 사용하는 것으로 걸쇠 양쪽에 횃대를 건너지르고 여기에 판문을 건다. 그림은 안채 걸쇠고리에 대청판문을 건 모습이다.

사진 4
사당은 두 칸 중앙의 대들보가 툇간까지 빠져나와 평주에 바로 연결되었다. 따라서 고주를 사용하지 못하고 간주 형식으로 기둥을 세웠으며 주두와 두공을 사용해 격식을 갖췄다.

사진 5
사당의 원형기둥은 건물 규모에 비해 굵고 듬직하며 주두와 두공을 사용해 사당의 격식을 높였다.

보성 이용우가옥

寶城 李容禹家屋

소재지	전남 보성군 보성읍 예동길 46-5
건축 시기	1908년
지정 사항	중요민속문화재 제163호
소유자	이종혜
구조 형식	안채: 5량가, 팔작+맞배 기와지붕
	사랑채: 2고주 5량가, 우진각 기와지붕

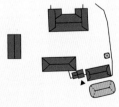

지붕 평면도

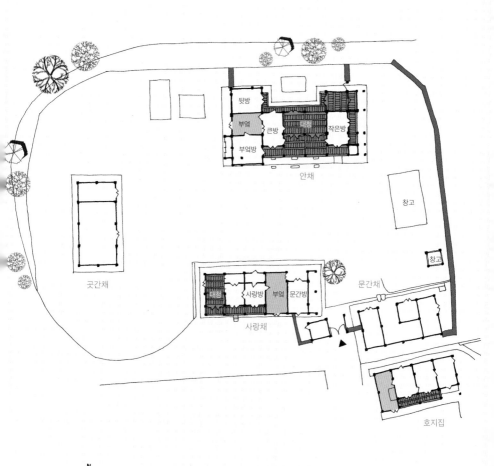

뒷방

부엌

부엌방

큰방

대청

작은방

안채

창고

곳간채

대청

사랑방

부엌

문간방

사랑채

창고

문간채

호지집

N

0 2.5 5m

배치 평면도

진입로에서 바라보면 집의 규모를 알 수 없고 대문을 지나야 낮은 언덕의 대나무 숲으로 둘러싸인 집이 보인다. "안채와 사랑채는 1908년에 지어졌고 곳간채와 문간채는 그보다 늦게 지어졌다"고 하는데 확실하지 않다.

안마당을 중심으로 북쪽에 'ㄷ'자 형의 안채가 남향으로 자리하고, 서쪽에 'ㅡ'자 형 곳간채가 동향으로, 남쪽의 한 단 낮은 축대 아래 'ㅡ'자 형 사랑채가 남향으로 배치되어 있다. 사랑채 전면에는 정원으로 꾸민 사랑마당이 있다. 대문 오른쪽에는 문간채가 남동향으로 붙어 있고 뒤에 투박한 고식 구조의 돼지우리 축사가 보인다.

안채는 왼쪽부터 부엌, 큰방, 2칸 대청, 작은방이 있으며 양 끝에서 뒤쪽으로 1칸씩 날개를 덧달아 'ㄷ'자 형태가 되었다. 양 날개 끝에는 담장을 설치해 안채 뒷마당의 독립성을 확보했다. 대청 가운데에는 가로로 분합문을 설치해 대청을 안대청과 바깥대청으로 구분했는데 남도 지역의 특징이다. 기단은 자연석 외벌대이고 덤벙주초 위에 각기둥을 설치했다.

사랑채는 5칸 전·후툇집이며 왼쪽부터 대청, 2칸 사랑방, 부엌, 문간방이 있다. 대청이 한쪽으로 치우쳐 있는

사진 1
사랑채는 대청이 한쪽으로 치우쳐 있고 전면에 문을 달아 방처럼 사용하며, 전퇴가 있어 남도지방의 특징을 잘 보여 준다.

사진 2
안채

사진 3
안대청 가구 상세

사진 4
안대청은 중간에 분합문을 설치해 안대청과 바깥대청으로 공간을 나누어 사용한다.

사진 5
안채는 양통집에서 볼 수 있는 3평주 5량 구조이다. 앞면에 퇴를 둔 경우는 샛기둥을 세우고, 상부에는 짧은 동자주 위에 주두를 설치해 장여와 도리를 얹었다. 보방향으로는 짧은 토막보를 설치해 도리와 결구했다.

사진 6, 7, 8, 그림
문간채 뒤에 있는 돼지우리의 벽체, 지붕, 가구 구조 등에서 전통 기법의 흔적을 볼 수 있다. 그림은 돼지우리 조감도와 벽 귀틀 맞춤 상세이다.

것은 남도지방의 특징이라 할 수 있다. 구조는 2고주 5량이며 막돌 허튼층쌓기 기단 위에 덤벙주초를 놓고 원형기둥을 설치했다.

5량 구조인 곳간채의 내부 바닥에 우물마루를 깔고, 벽체는 중인방까지 빈지널로 했다.

돼지우리로 사용되던 축사는 초가로 구조나 벽체의 구성 등이 전통 방식을 그대로 따른 것으로 보인다. 투박하지만 정감이 있다.

성읍 민속마을

城邑

소재지　제주 서귀포시 표선면 성읍정의현로 22번길 9-2
지정 사항　중요민속문화재 제188호

　고려 중기까지 제주는 탐라국이라는 독자적인 역사를 이루며 언어를 비롯한 모든 생활문화가 육지와 달랐다. 조선 초에 토속 귀족을 모두 없애고 한라산을 중심으로 산북과 산남으로 구분했다. 내륙과 가까운 산북에는 제주목을 두고 정3품의 목사를 파견했다. 산남은 왜구의 침입에 대비해 동과 서로 구분해 정의현과 대정현을 두고 종6품의 현감을 파견했다. 각 목과 현에는 석축으로 방어용 읍성을 쌓았다.

　현재는 성읍민속마을로 지정된 정의읍성을 제외하고 다른 읍성은 흔적만 남아 있다. 제주읍성과 대정읍성은 용수가 풍부하고, 교통이 편리한 해안가에 자리 잡은 반면 정의읍성은 표선해안에서 8킬로미터 가량 떨어진 산간 구릉에 자리한다. 정의읍성의 상대적으로 열악한 환경이 오히려 성곽과 마을을 유지할 수 있는 요인이 되었다.

　성읍마을은 현재 '十'자 형으로 가로 체계가 구성되어 있다. 원래 '丁'자 형이었지만 북측의 현청을 가로질러 길이 났다. 사방의 길이 만나는 중앙에는 파견된 지방 관리가 임금에게 망궐례를 올리는 객사가 있으며, 서문에 붙어 향교가 있다. 마을에는 정낭, 밖거리, 안거리, 올레와 같은 제주만의 생활을 볼 수 있는 가옥 다섯 동이 중요민속문화재로 지정되어 잘 남아 있다.

동문자리

객사

조일훈가옥

한봉일가옥

고상은가옥

담문터

고평오가옥

남문

N

성읍 고평오가옥

城邑 高平五家屋

소재지	제주 서귀포시 표선면 성읍정의현로34번길 5-3
건축 시기	1829년
지정 사항	중요민속문화재 제69호
소유자	제주특별자치도
구조 형식	안거리: 2고주 7량가, 우진각 초가지붕
	밖거리: 2고주 7량가, 우진각 초가지붕

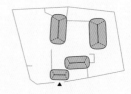

지붕 평면도

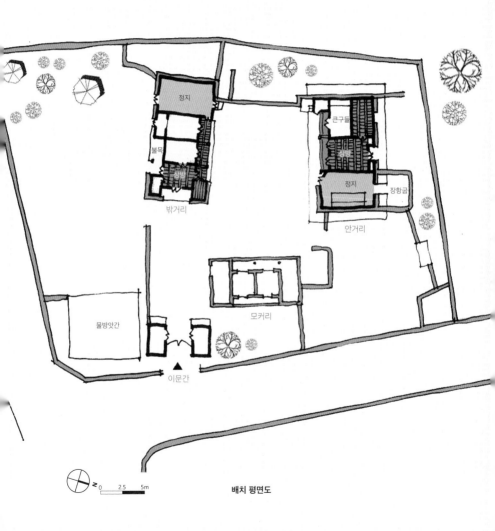

정지

큰구들

삼방

불목

삼방

정지

장항굴

밧거리

안거리

물방앗간

모커리

이문간

0   2.5   5m

배치 평면도

성읍마을의 남문길 서쪽에 남향해 자리하고 있는 고평 오가옥은 고평오의 증조부가 1829년에 지었다고 한다. 예전에는 정의(성읍) 고을의 관원들이 숙식했던 곳으로 관원들만 마실 수 있는 '남문통'이라는 우물이 이문간 맞은 편 길 건너에 있다.

넓은 터에 안거리와 밖거리, 모커리와 이문간이 있으며, 안거리 뒤에는 수령이 오래된 동백나무가 있고, 밖거리 뒤에는 텃밭인 우영이 있다. 가옥의 서쪽에도 모커리가 있었으나 1970년대 중반에 헐렸고, 안거리와 밖거리는 1979년에 보수되었다.

모두 '一'자 형 우진각 초가지붕으로 지붕이 바람에 날리지 않도록 새끼줄로 그물처럼 덮어 놓았고, 안거리에는 비바람과 햇볕을 막는 풍채를 설치했다.

이문을 들어서면 오른쪽으로 안거리가 보인다. 안거리는 제주도의 전형적인 작은구들 없는 전면 3칸 집으로, 가운데 칸에 대청이 있고 왼쪽에 앞·뒤로 안방과 곡물을 두던 고팡이 있고, 오른쪽에 부엌인 정지가 있다. 장독대인 장항굽만 담으로 둘러 안과 뒤 공간을 구성한 것이 제주의 여느 집과 다른 점이다. 정지에는 붙박이 화로인 봉덕화로가 있었는데 1979년에 보수하면서 없어진 것을 추정해 복원해 놓았다. 근래에 보수하면서 집 주인의 요구로 안거리의 높이가 다소 높아졌다고 한다.

밖거리는 성읍의 다른 집과 다르게 대청이 가운데 있지 않고 왼쪽으로 치우쳐 있으며, 집 뒤 퇴에는 골방(당초는 광이었으나 방으로 바꿨다고 함)을 두었다.

모커리는 수렛간과 통나무로 만든 제주 고유의 절구인 남방애 등을 보관하는 헛간이나 외양간으로 사용했다고 한다.

제주도의 집들에는 대개 올레라는 입구가 있는데 고평오가옥처럼 올레 없이 이문간을 둔 것은 도시가 발달된 이후 변화된 주거 모습이 반영된 것이다.

사진 4
풍채는 가로대와
세로대를 간단히 엮고
수숫대와 억새로 외피를
만든 후 간단한 'Y'자 형
지게목으로 받쳐 올렸다.

사진 5
복원된 봉덕화로

못을 사용하지 않은 판문

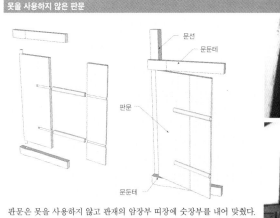

문선

문둔테

판문

문둔테

판문은 못을 사용하지 않고 판재의 암장부 띠장에 숫장부를 내어 맞췄다.

성읍 고상은가옥

城邑 高相殷家屋

소재지	제주 서귀포시 표선면 성읍정의현로34번길 5-6
건축 시기	1879년
지정 사항	중요민속문화재 제72호
소유자	고상은
구조 형식	안거리: 5량가, 우진각 초가지붕

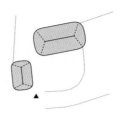

지붕 평면도

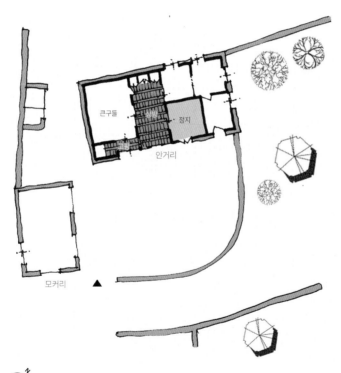

큰구들

상방

정지

굽팡

안거리

모커리

0   2.5   5m

배치 평면도

고상은가옥은 현재 살고 있는 고상은의 증조부가 1879년에 지은 집으로 원래 대장간이었다고 한다. 읍성 남문을 들어서면 약 30미터 거리에 관원들만 사용했다는 우물인 남문통이 있고 그 앞에 자리한다. 대개 대장간은 마을의 중요한 지점에 자리하는데 이 집 또한 남문에서 객사로 가는 길목에 우물, 관원 숙소(고평오가옥)와 함께 있다.

　좁은 골목을 만들어 대문을 대신한 올레와 우영과 같은 외부 공간은 두지 않은 채 안거리와 모커리가 있다.

　안거리는 3칸 집으로 북서향하고, 2칸 집인 모커리는 남서향하면서 안거리와 'ㄱ'자 형을 이룬다. 안거리는 가운데에 상방이 있고, 오른쪽에 헛간과 작은 구들이, 왼쪽에 큰 구들과 곡식을 보관하는 고팡이 각각 앞·뒤에 배치되어 있다. 그러나 대장간으로 쓰일 당시 안거리의 간살은 상방과 정지 및 작은구들이 없는 통간이었으며, 대장간 가운데에는 땅에 기둥뿌리를 묻는 백이기둥을 세우고 거기에 대들보를 얹은 것으로 추정되나 최근의 간살이에서는 확인하기 어렵다.

　모커리는 헛간과 정지로 구성되었는데, 20세기 중반에 시설된

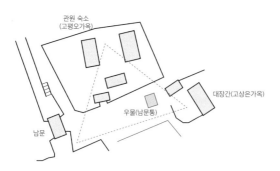

관원 숙소
(고평오가옥)

대장간(고상은가옥)

우물(남문통)

남문

그림
대장간이었던 고상은가옥은 남문에서 객사로 가는 길목에 있는 주요 시설들과 함께 자리한다.

사진 1
남문통에서 본 고상은가옥

사진 2
모커리

사진 3
안거리 배면

사진 4
안거리

것이다.

대장간으로 쓰이던 건물이라는 점에서 가치가 있으나 현재는 대부분 개조되어 옛 구조를 확인할 수 없다.

성읍 한봉일가옥

城邑 韓奉一家屋

소재지	제주 서귀포시 표선면 성읍정의현로34번길 22-10
건축 시기	19세기 말 추정
지정 사항	중요민속문화재 제71호
소유자	제주특별자치도
구조 형식	안거리: 2고주 7량가, 우진각 초가지붕
	밖거리: 2고주 7량가, 우진각 초가지붕

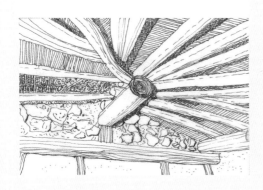

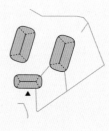

지붕 평면도

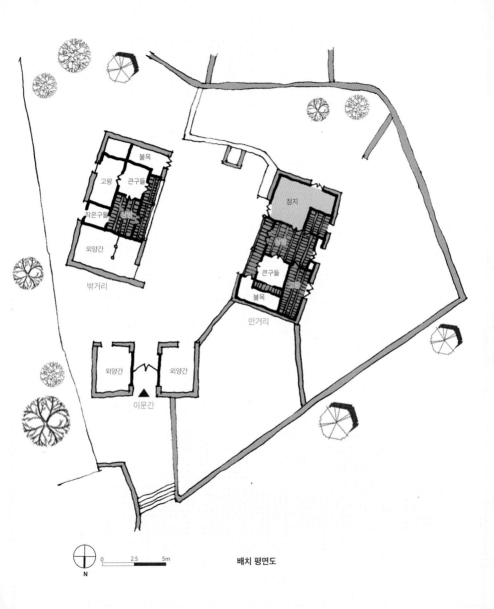

불목

고팡

큰구들

작은구들 상방

외양간

밖거리

정지

상방

큰구들

불목 고팡

안거리

외양간 외양간

이문간

0 2.5 5m

N

배치 평면도

성읍민속마을 동문 터를 지나 왼쪽으로 굽어 돌면 커다란 팽나무가 보이고 팽나무를 지나 돌담을 따라가면 바로 한봉일가옥의 이문에 이른다. 이문간은 가운데 이문을 두고 양 옆은 돌벽을 쌓아 외양간으로 사용했다. 이문에 이르러야 마당이 보이도록 사생활을 배려해 담을 둘렀다.

제주는 통상적으로 안거리에만 풍채를 설치하는데 한봉일가옥은 밖거리에도 풍채가 있다. 안거리는 왼쪽부터 정지, 정지에서 불을 지피는 작은구들, 상방, 큰구들과 고팡이 있다. 큰구들 오른쪽에 불목을 두어 큰구들의 난방을 했다. 다른 집들과 달리 불목 입구를 정면에 두질 않고 툇마루를 통해서 들어가도록 했다. 정면은 툇마루만 남기고 부엌 판문부터 지붕 하부까지 돌벽으로 막았다. 큰구들 뒷면 가운데에 판문을 두고 오른쪽에는 두 단짜리 장궤를 두고 제기를 보관했다. 상방의 대공은 넓은 판재를 사용해 마치 판벽처럼 보이도록 했다. 정지에서 상방으로 들어가는 출입문의 상부 둔테는 산지를 꽂아 고정했는데 이런 방법은 중국에는 흔히 보이나 우리나라에서는 흔치 않은 방식이다. 하부 둔테는 인방과 둔테를 하나의 부재로 가공해 사용했다. 구들의 천장은 고미반

사진 1
진입로에서 본 한봉일가옥

자를 설치해 황토 재사로 마감하고, 벽의 중방 상부는 황토 재사벽으로 마감하고 하부는 가시나무로 만든 빈지를 댔다.

밖거리는 가운데 툇마루 부분에 풍채를 두고 툇마루 앞에 큰구들과 상방을 두고 상방 뒤에 작은구들을 배치했다. 왼쪽에 외양간, 오른쪽에 붓목을 두었고 붓목 뒤에 부엌이 있다.

이문간의 기둥은 가늘고 휘어진 원목을 그대로 사용했으며 그 옆을 돌벽으로 맞대어 쌓았다. 대문은 목재의 가운데를 파내어 문을 고정하고 인방을 가로질러 끼운 후 산지로 꽂아 고정했다.

안거리 뒤에 우영을 두고 양 옆 공간을 띄운 후 돌담을 쌓아 가옥의 경계를 구분했다. 외부 도로보다 안마당이 낮아 아늑한 공간이 되도록 했다. 통시와 돗통은 보수할 때 없앤 것으로 보인다.

사진 2
안마당에서 본 이문간

사진 3
이문간에서 본 한봉일가옥. 왼쪽이 밖거리이고 오른쪽이 안거리이다.

이문의 기둥으로 휜 나무를 그대로 사용했다. 상하 둔테에 판문을
끼우고 문선과 판문의 홈에 산지를 꽂아 고정했다.

사진 1
외양간이 붙어 있는 밖거리

사진 2
안거리

사진 3
풍채 받침목

사진 4
부엌 앞의 물팡돌

사진 5
안거리 상방 상부의 판벽
형식 대공

사진 6
안거리 상방 뒷벽의 판문과
제기 보관용 장궤

사진 7, 8
물건을 걸 수 있는 상방의
산지들

부엌과 상방 출입문의 연결

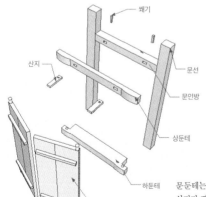

쐐기

산지

문선

문인방

상둔테

하둔테

판문

문둔테는 상인방에 못을 박아 고정하지만 제주도에서는 산지를 박고
산지가 빠지지 않도록 위에서 아래로 쐐기를 박아 고정했다. 이러한
산지촉이음 방식은 중국의 둔테 고정 방식에서는 흔히 보인다.

성읍 조일훈가옥

城邑 趙一訓家屋

소재지	제주 서귀포시 표선면 성읍정의현로34번길 32
건축 시기	1901년
지정 사항	중요민속문화재 제68호
소유자	조일훈
구조 형식	안거리: 2고주 7량가, 우진각 초가지붕
	밖거리: 2고주 7량가, 우진각 초가지붕

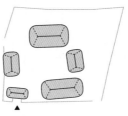

지붕 평면도

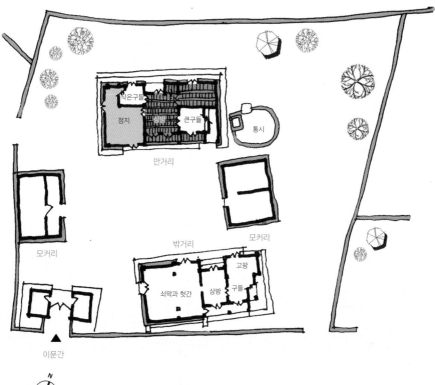

작은구들

정지 상방 큰구들

안거리

통시

밖거리

모커리

모커리

쇠막과 헛간 상방 구들

고팡

이문간

N

0 2.5 5m

배치 평면도

조일훈가옥은 1901년에 조일훈의 증조할아버지가 지었다고 한다. 정의현 객사의 남쪽 담장을 경계로 두고 자리한다.

이문을 지나 들어가면 모커리의 측면이 보이고 모커리 벽을 따라 사이로 들어서야 마당이 보인다. 이문 밖에서 안거리의 앞마당이 보이지 않도록 사생활을 존중한 'ㅁ'자 형 배치이다. 객주집이었던 조일훈가옥은 많은 소와 말을 사육했는데 곳곳에 말을 묶어 두고 물을 먹이는 구유가 남아 있다.

안거리와 밖거리는 마당을 마주보고 남북축으로, 모커리는 동서축으로 자리한다. 안거리에는 바람막이인 풍채를 두었으나 밖거리에는 풍채를 두지 않았다. 큰구들은 오른쪽에 있는 불목을 통해 난방했다. 정지의 천장은 다른 가옥보다는 정렬된 형태이며 취사용 부뚜막은 아궁이와 달리 돌 위에 솥을 올리고 불을 지펴 사용했다. 안거리는 5량 구조로, 대청의 종보 위에 넓은 판재 대공을 사용해 대공벽을 모두 판벽으로 막았다. 대청 뒤편에 출입문을 달았으며 오른쪽에는 두 단의 장궤를 두어 수납장으로 사용했다. 모커리와 밖거리의 외벽은 도리 하부에서 10센티미터 정도까지만 돌벽을 쌓았는데 처마 밑까지 쌓는 보통의 경우와 다른 점이다.

밖거리는 가운데 상방을 중심으로 서쪽에 쇠막과 헛간을 두고 동쪽에 구들과 고팡을 배치했다. 고팡을 마당 쪽에 둔 것은 마당

을 전면으로 했다는 증거이다. 밖거리 뒤편에 불목을 두어 난방을 했는데 굴뚝 없이 아궁이만 있다. 마을의 다른 집들도 굴뚝이 없다. 연료는 가축의 인분이다.

안거리의 오른쪽에는 돼지우리인 돗통과 측간인 통시가 있다. 통시의 지붕은 초가로 이었고 바닥은 통돌에 사각 구멍을냈다. 통시의 한쪽은 현무암 판돌로 지붕을 얹고 돼지우리로 사용했다. 이러한 형태의 돗통과 통시는 성읍마을의 세 집에서 볼 수 있는데 모두 조씨 일가이다.

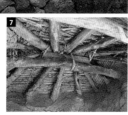

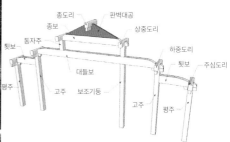

사진 7
원목을 껍질만 벗겨
사용한 통시 천장

사진 8, 9
조일훈가옥에 남아 있는
석조 유구

성읍 이영숙가옥

城邑 李英淑家屋

소재지 제주 서귀포시 표선면 성읍서문로 4-7
건축 시기 1900년 전후 추정
지정 사항 중요민속문화재 제70호
소유자 제주특별자치도
구조 형식 안거리: 2고주 7량가, 우진각 초가지붕

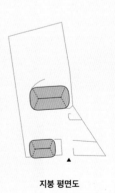

지붕 평면도

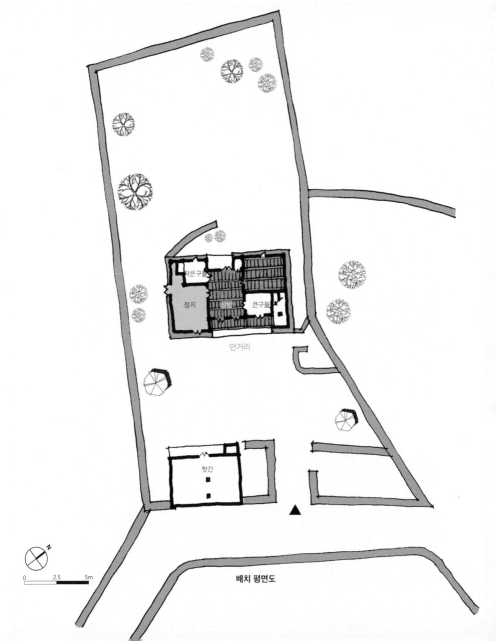

작은구들

정지

상방

큰구들

안거리

헛간

N

0   2.5   5m

배치 평면도

성읍민속마을의 북서쪽에 있는 정의향교와 담을 맞대고 있는 이영숙가옥은 과거에 고을의 여관으로 사용돼 마을 사람들 사이에 '여관집'으로 불리고 있으나 지금의 가옥은 너무 단출한 규모여서 여관이라고 하기엔 부족하다. 3칸의 안거리와 이문간 없이 헛간만 있다.

출입구 왼쪽에는 돌로 쌓아 초가로 이은 헛간이 있고 헛간 앞의 마당 반대편에 안거리가 있다. 안거리의 오른쪽에는 통시와 돗통이 있다. 통시의 지붕은 초가로 이었다. 안거리 뒤편에는 넓은 우영이 있다. 안거리의 바로 뒤에는 암반이 있고 그 암반 위에 돌담을 쌓아 안거리 뒤편의 시선을 차단시켰다.

안거리의 가운데에는 대청인 상방이, 오른쪽에 큰구들이, 그 뒤

사진 1
물허벅을 올려 두는
물팡돌

사진 2
취사용 불목

사진 3
안거리의 특징인 풍채,
왼쪽의 부엌 앞에
물허벅을 놓아 두는 곳인
물팡돌, 입구가 작은
불목이 보인다.

에 고팡이 있다. 큰구들 왼쪽에 불목을 두고 큰구들의 난방을 했다. 작은구들의 난방은 정지 아궁이에서 했다. 난방을 위한 아궁이와 취사를 위한 불목을 따로 두었고 그 뒤편에 재를 모아 둘 수 있는 공간도 두었다. 불목은 다른 곳과는 다르게 입구를 조금 낮추어서 입구 상부에 판돌을 두었다. 부엌 앞에는 물팡돌을 두어 빈 물허벅(제주의 물항아리)을 놓아 두었다. 벽과 부엌, 고팡 등의 내부 벽의 상부는 황토 재사벽으로 하고 하부는 인방에 빈지를 끼워 설치했다. 방의 외부 창은 외부에 판문을 달고 내부에 한지 미서기창을 두어 이중창으로 하고 대청 후면벽 중앙에 판문을 설치했다. 대청 오른쪽에 세 단짜리 장궤를 두어 제기를 보관했다. 외부의 돌벽은 현무암을 쌓은 후 황토나 흙에 육도(밭벼)를 썰어 섞은 후 치대어 구멍을 막아 시공했다.

헛간은 돌벽을 벽체로 하고 전면 가운데에 판문만 두었으며 뒤편인 길가에 조그만 구멍을 내 내다볼 수 있게 했다.

사진 4
돼지우리

사진 5
비바람이 불 때는 풍채를 내려 집을 보호한다.

사진 6
정지에는 작은구들의 아궁이가 있으며 벽체 하부는 빈지로 막았다.

사진 7
하부는 불목의 아궁이, 상부는 큰구들의 장을 설치했다.

충청

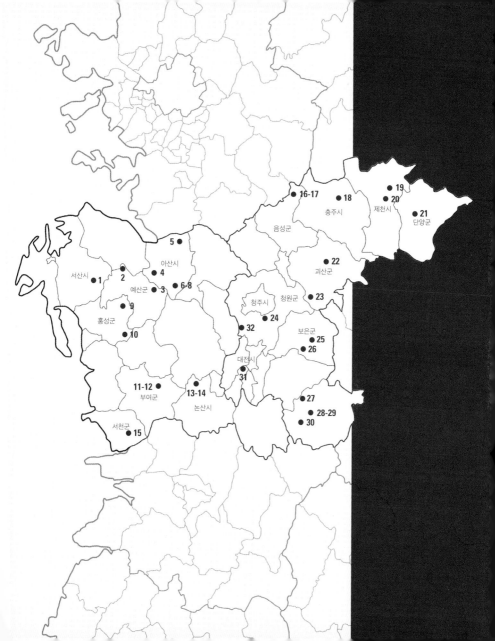

서산 김기현가옥

瑞山 金基顯家屋

소재지	충남 서산시 음암면 한다리길 45
건축 시기	19세기 중엽
지정 사항	중요민속문화재 제199호
소유자	김기현
구조 형식	안채: 1고주 5량가+3량가, 팔작 기와지붕
	사랑채: 1고주 5량가, 팔작 기와지붕

지붕 평면도

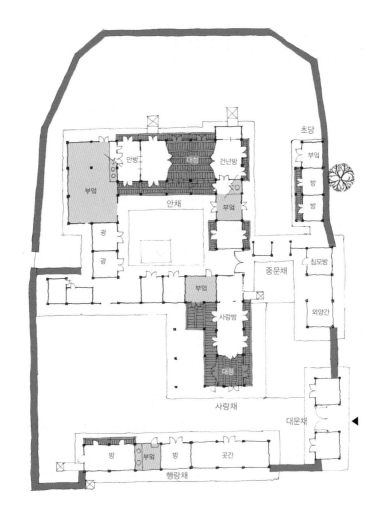

초당

부엌

방

방

안방

대청

건넌방

부엌

안채

부엌

광

광

중문채

침모방

외양간

부엌

사랑방

대청

사랑채

대문채

방

부엌

방

곳간

행랑채

N

0   2.5   5m

배치 평면도

김기현가옥이 있는 마을은 600년 전부터 경주김씨의 본거지였다. 마을은 동쪽으로 농경지와 낮은 구릉이 펼쳐져 있고 그 너머로 넓은 들이 있으며 들 가운데에서 대교천이 북으로 흘러 성안저수지로 합수되는 곳에 자리한다.

평지에 자리한 김기현가옥은 남동향한 'ㅁ'자 형 안채에 남서향한 'ㅡ'자 형 사랑채가 달린 형식으로 되어 있다.

사랑채 북서쪽에 있는 중문을 통해 드나들도록 한 안채는 7칸 규모의 1고주 5량가이다. 가운데에 안대청과 안방이 있고 대청 북쪽에 건넌방, 남쪽에 커다란 부엌이 있다. 대청은 분합문 위에 커다란 교창을 달았다. 사랑채 쪽으로 뻗은 북쪽 날개채에는 작은 부엌과 방이 있고, 남쪽 날개채에는 2칸 광이 있다. 날개채 부분은 모두 3량 구조이다. 안채의 북쪽에는 3칸 규모의 초당이 있다. 방

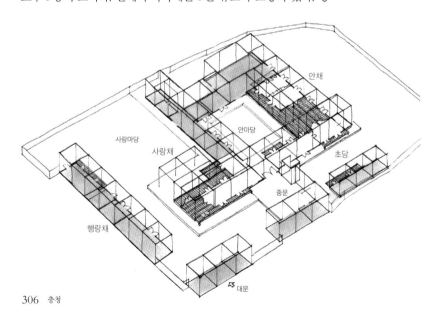

안채
안마당
사랑마당
사랑채
초당
중문
행랑채
대문

사진 1
대문을 행랑채에 두지
않고 모서리부분에 별도로
만들어 둔 것이 특이하다.
대문 보수 전 모습이다.

사진 2
사주문이던 대문을
보수하면서 3칸
솟을대문으로 바꾸었다.

과 부엌이 있는 것으로 보아 내별당이었을 것으로 추정된다.

전면 3칸 규모의 사랑채 앞에는 차양이 있다. 차양의 전면은 부연을 단 겹처마이고, 후면은 부연이 없는 홑처마에 맞배지붕이다.

사랑채 앞에 정면 7칸, 측면 1칸 규모의 '一'자 형 행랑채가 있다. 행랑채는 우진각 기와지붕으로 부엌을 중심으로 좌·우에 행랑방과 커다란 곳간이 있다. 중문간 북쪽 바깥마당에도 3칸짜리 집이 있는데, 침모가 살았으며 외양간이 붙어 있다.

사랑마당을 중심으로 한 사랑채, 행랑채, 중문간을 포함하는 바깥 공간이 남성 공간을 이루고 있으며, 안마당을 중심으로 한 주변이 여성 공간인 안 공간을 형성하고 있다. 바깥 공간과 안 공간은 협문과 부속채, 담 등으로 엄격하게 구분되어 있다. 조선시대 유학 사상이 건축 공간에 많은 영향을 미쳤음을 알 수 있다.

사진 1
부엌에서 본 대청 앞
툇마루

사진 2
안대청 상부 구조

사진 3
툇간 상부 구조

사진 4
중문에서 본 안채

사진 5
안채 배면

사진 6
사랑대청 앞 차양

사진 7
차양 앞쪽 상부 구조

사진 8
사랑대청

예산 정동호가옥

禮山 鄭東鎬家屋

소재지	충남 예산군 고덕면 지곡오추길 133-62
건축 시기	19세기 초 추정
지정 사항	중요민속문화재 제191호
소유자	정동호
구조 형식	안채: 반5량가, 우진각 초가지붕
	사랑채: 반5량가, 우진각 초가지붕

지붕 평면도

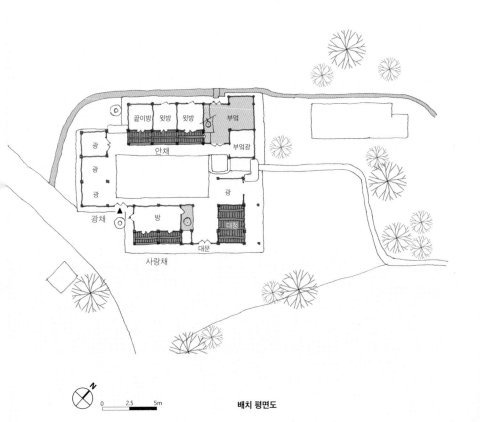

배치 평면도

앞에는 넓은 경작지가 있고 뒤에는 낮은 구릉의 야산을 배경으로 지어진 전형적인 농촌마을의 초가이다. 건립 연대는 명확하지 않으나 건축적인 특징으로 보아 19세기 초에 지어진 것으로 추정하고 있다.

남동향한 이 집은 안마당을 중심으로 북쪽에 안채, 남쪽에 사랑채, 서쪽에 광채가 놓인 튼 'ㅁ'자 배치를 하고 있다. 별도의 대문은 없으며 사랑채 한 칸에 판문을 달아 대문으로 사용하고 있다.

안채는 서쪽 3칸에 방이 연이어 있고 방 앞에는 퇴를 두었다. 동쪽 2칸은 부엌이며 앞쪽에 부엌광 1칸을 추가했다. 막돌기단에 덤벙주초를 놓고 각기둥을 세웠다. 기둥머리에는 자연목에 가까운 도리와 툇보가 걸린 가장 간단한 구조이다. 서까래는 거의 수평으로 걸렸다.

사랑채는 서쪽 2칸이 온돌방이고 앞에 퇴를 두었다. 동쪽 1칸은 모두 마루를 깔아 여름에 한가하게 이용하도록 했으며 방과 대청 사이에는 대문간이다. 대문간에는 구들에 불을 넣기 위한 아궁이와 부뚜막을 들였다. 안채 쪽으로는 1칸을 덧달아 올려 광으로 쓰

사진 1
마을 입구에서 본 사랑채

사진 2, 그림 1
판문은 양쪽 문둔테 사이에 빗장을 건너질러 잠근다. 빗장에는 턱을 두고 둔테에는 수직으로 구멍 내고 여기에 산지 모양의 동곳을 내려 빗장이 걸리도록 한다.

사진 3
안채 부엌의 'ㄱ'자로 연결된 부분에서 꺾인 부분은 등이 굽은 우미량으로 구성했다. 우미량의 한쪽은 안채의 대들보 위에 올라타고 반대쪽은 측면 도리 위에 걸쳤다.

그림 2
초가지붕의 구성

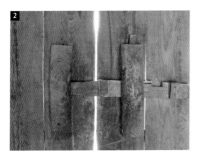

그림 1

고 있으며 문을 달아 측면 텃밭으로 나가도록 했다. 대문간을 1칸 반으로 해 반 칸에 아궁이를 설치한 것이 규범에 얽매이지 않는 민가의 유연성을 볼 수 있는 부분이다.

민가에서는 흔히 볼 수 있는 반5량가이다. 안채는 전면에 고주가 있어서 서까래가 장연과 단연으로 나뉘어 있으나 뒤쪽은 하나의 서까래로 걸었다. 사랑채도 가구법은 같지만 안채는 툇보가 있으나 사랑채는 툇보 안쪽을 뺄목만큼 잘라 헛보 형식으로 도리와 사개맞춤했다. 보는 말안장처럼 굽은 것을 사용해 자연미를 그대로 살렸다. 사랑채 서쪽의 굴뚝은 나무굴뚝에 흙을 발라 기밀성을 유지했던 것인데 지금은 오지굴뚝에 초가로 치마널을 둘렀다.

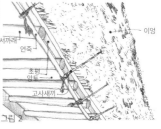

그림 2

사진 1
1칸 반 크기의 대문간에는 반 칸 규모의 아궁이가 있다.

사진 2
굴뚝의 보온을 위해 이엉으로 치마널을 만들어 두른 오지굴뚝

사진 3
안채

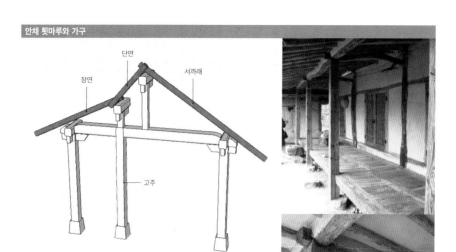

안채의 앞쪽에는 고주가 있어 단연, 장연으로 나누어
걸었지만 뒤쪽은 하나의 서까래로 걸었다.

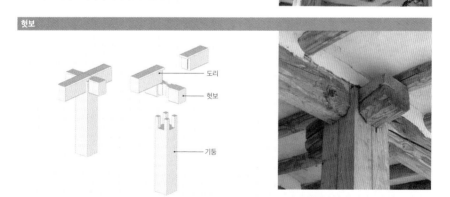

5량 구조에서는 대개 평주와 고주 사이에 툇보가 걸린다. 그러나 정동호가옥처럼 평주와 고주의
열이 맞지 않을 경우에는 툇보를 연결할 수 없기 때문에 평주 머리에서만 짧게 구성되는 가짜
툇보인 헛보가 걸리는 경우가 종종 있다. 이 헛보는 구조에 영향을 미치지 않고 보머리를 눈에
띄게 해 조형적인 어색함을 없애고 안정감을 주는 미학적 구성법이다.

예산 수당고택

禮山 修堂古宅

소재지	충남 예산군 대술면 상항방산로 181-8
건축 시기	1637년
지정 사항	중요민속문화재 제281호
소유자	이문원
구조 형식	안채: 5량가, 팔작 기와지붕
	사랑채: 5량가, 팔작 기와지붕

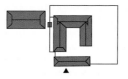

지붕 평면도

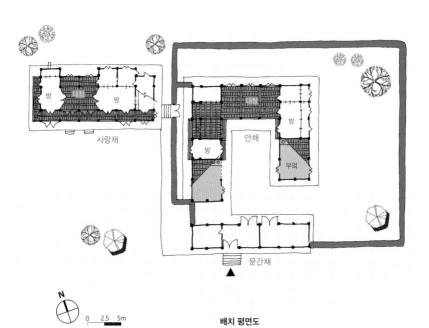

배치 평면도

수당 이남규(李南珪, 1855~1907)의 10대조 한림공 이구(翰林公 李久)가 1637년에 지었고 1843년에 중수했다. 중수 기록은 1985년 보수 공사할 때 발견한 상량문을 통해 알 수 있다.

이남규는 학문과 덕행이 뛰어나고 참판까지 지냈으나 을미사변에 격분해 낙향했다. 을사조약 후 고종에게 "청토적서(請討賊書)"를 올리는 등 위정척사를 행동으로 펴기 시작했으나 1907년 일진회의 고발로 일본 경찰에 연행되던 중 아산 평재 냇가에서 아들과 함께 순국했다.

사진 3
바깥 대문의 위와 아래에
자연스런 곡선의 월방을
대고, 월방 좌·우에 문선을
설치했으며, 문선과 기둥
사이의 어백에는 판벽을
설치했다.

사진 4
문선을 통으로 깍아 만든
문둔테

사진 5
문둔테 상부의 대접쇠와
문둔테와 문선이 떨어지는
것을 방지해 주는
감집이쇠

가옥의 배치를 보면, 안채가 사랑채보다 전면으로 나와 있는데, 사랑채가 앞으로 나와 있거나 사랑채를 지나 안채로 들어가는 여느 사대부가들과 비교하면 상당히 특이한 배치이다.

고택은 '一'자 형 사랑채, 'ㄷ'자 형 안채, '一'자 형 문간채로 구성되어 있다.

사랑채는 정면 6칸, 측면 2칸에 전퇴가 있다. 대청이 왼쪽으로 치우쳐 있어 좌·우가 비대칭이다. 그러나 전퇴의 가운데 3칸을 제외하고 나머지 칸에만 창을 달아 비대칭이란 느낌이 들지 않게 했다. 창을 달지 않은 칸에는 사분합 정자살창을 달았다. 채광은 물론 대청을 중심으로 좌·우 대칭처럼 보이려고 의도한 것으로 생각된다.

안채에는 건넌방, 마루방, 툇마루 등이 있다. 5량 구조의 굴도리집으로 홑처마에 팔작지붕이다.

사랑채를 포함해서 전체적으로 홑처마인데, 대청 전면만은 부연이 있는 겹처마로 되어 있어 본채의 위엄을 높이면서 빗물이 들이치지 않도록 했다.

사진 1
문간채. 대문은 2칸을
할애해 외부에서 안채가
직접 보이지 않도록 했다.
문간의 내외에 모두 문을 단
것도 여느 살림집의 대문과
다르다.

사진 2
사랑채 툇간 상부 가구 구조

사진 3
안채의 위엄을 높이고
빗물이 들이치지 않도록
안대청 전면은 겹처마로
했다.

사진 4
안대청 상부 가구 구조

사진 5, 6, 7
사랑채의 오른쪽 퇴에는
안채로 바로 들어갈 수
있도록 지붕이 있는
통로가 있었다는데 지금은
남아 있지 않다. 오른쪽
툇기둥 상·하부의 장부
구멍이 흔적으로 남아
있다.(사진 6) 현재 안채와
사랑채는 안채 담장에
있는 협문으로 통하게
되어 있다.

사진 8, 9, 10
안채 양 날개채는 지붕
형태와 가구 구성이
다르다. 서쪽(사진 9)은
충량 위에 왕지도리를
틀어 추녀를 건 전형적인
팔작지붕인 데 비해,
동쪽(사진 10)은
박공지붕에 충량을
사용하고 종도리와
주심도리는 있으나
중도리는 끊어져 있으며
좌·우 충량의 높이도
다르다.

사진 11
안채

아산 성준경가옥

牙山 成俊慶家屋

소재지	충남 아산군 도고면 시전리 528번지
건축 시기	1825년
지정 사항	중요민속문화재 제194호
소유자	성하현
구조 형식	안채: 5량가+3량가, 팔작 기와지붕
	사랑채: 반5량가, 팔작+우진각 기와지붕

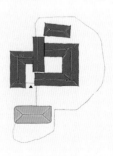

지붕 평면도

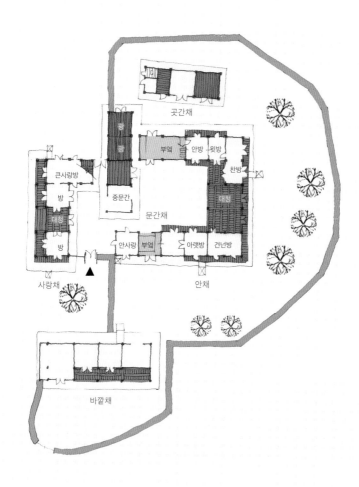

곳간채

광
광

부엌 안방 윗방

큰사랑방 찬방

방 중문간 대청

대청 문간채

방 안사랑 부엌 아랫방 건넌방

사랑채 안채

바깥채

N

0 2.5 5m

배치 평면도

도고산을 배산으로 북향하고 있으며 수림에 둘러싸여 있어서 북쪽 입구에 있는 두 그루의 은행나무만이 집이 있음을 암시해 준다. 보수 공사 때 발견된 상량문에 의하면 1825년에 지어졌다.

북향인 'ㄷ'자 형 안채와 'ㅡ'자 형 중문채가 튼 'ㅁ'자 형을 이루고, 'ㄴ'자 형 사랑채가 붙어 전체적으로는 '日'자 형이다. 안채 동쪽에는 곳간채가, 서쪽에는 바깥채가 있으며 별도의 대문 없이 사랑채와 안채 사이에 있는 중문을 이용해 출입한다.

안채 위쪽으로 윗방과 찬방을 둔 것이 특이하다. 기단은 자연석 허튼층쌓기하고 덤벙주초에 각기둥을 세운 5량 구조의 납도리 양통집으로 홑처마에 팔작지붕이다. 양 날개채는 3량 구조로 홑처마, 맞배지붕이다. 안채의 배면인 남쪽에는 쪽마루가 길게 놓여 있는데 안채가 북향한 때문에 남쪽이 배면이 되지만 향으로는 남향이다.

안채 오른쪽 날개채 북쪽에 있는 중문채에는 장마루를 깐 3칸 광과 중문이 있다. 중문간의 벽은 안채 쪽과 사랑채 쪽을 엇갈리게 설치해 안채와 사랑채의 시선을 차단했다.

사랑채는 정면 5칸, 측면 2칸으로 동쪽부터 큰사랑, 방, 마루, 방

사진 1, 2
지형에 맞춰 북향한 사랑채 전면에는 판장문 덧문이 있는데 비바람을 피하기 위해 근래에 설치한 것으로 보인다. 현재는 제거되었다.

사진 3
문간채와 사랑채 사이의
쪽문

사진 4
사랑채 뒷마당

사진 5
안채 뒷마당

이 있다. 전면 툇간에는 우물마루를 깔고 북쪽에서 불어오는 찬바
람으로부터 보호하기 위해 판장문의 덧문을 달았다. 자연석 허튼
층쌓기한 기단 위에 자연석 주초를 놓고 각기둥을 세운 1고주 5량
의 납도리집이다. 앞은 팔작, 뒤는 우진각지붕이고 홑처마이다. 사
랑채 뒤에는 담장과 샛문으로 구성된 아담한 샛마당이 있다.

　사랑채 오른쪽에는 약간의 거리를 두고 '一'자 형 4칸으로 전퇴
가 있는 바깥채가 서향해 자리하고 있다.

　성준경가옥은 지형을 고려해 자연석으로 축대와 담장을 쌓고,
소나무, 비자나무, 향나무, 감나무 등으로 집의 외부 공간을 꾸몄
다. 근래 들어 가옥 후면으로 도로가 생기고 현대식 주택이 들어
서고 있다. 사람의 표정을 본 떠 만든 망와들이 익살스럽다.

윤보선 전대통령 생가

尹潽善前大統領生家

소재지	충남 아산군 둔포면 해위길 52번길 29
건축 시기	안채: 1907년
	사랑채: 1920년
지정 사항	중요민속문화재 제196호
소유자	윤상구
구조 형식	안채: 1고주 5량가, 팔작 기와지붕
	안사랑채: 3량가, 맞배 기와지붕
	바깥사랑채: 1고주 5량가, 팔작 기와지붕

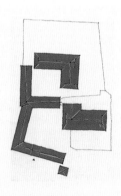

지붕 평면도

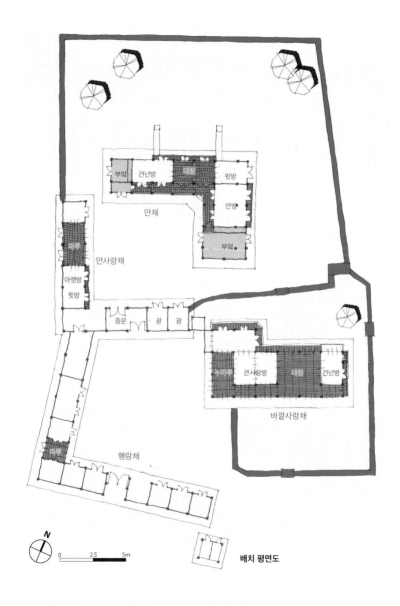

부엌   건넌방   대청   윗방

안채

안방

마루

안사랑채

부엌

아랫방

윗방

중문   광   광

누마루   큰사랑방   대청   건넌방

바깥사랑채

마루

행랑채

N

0   2.5   5m

배치 평면도

　구릉지의 7부 능선에 자리한 윤보선가옥은 윤보선의 선친인 윤
치소(尹致昭, 1875~1944)가 지은 집으로 1907년에 안채를, 1920년경
에 사랑채를 지었다. 신항리는 원래 해평윤씨의 집성마을은 아니
었으나 대한제국 말기 고위 관리로 등용되는 인물이 생기면서 가
세가 확대되고 일대는 집성촌처럼 변화되기 시작했다.

　동남향하는 축선에 맞추어 'ㄱ'자 형 안채, 'ㄴ'자 형 안사랑채,
'ㄴ'자 형 행랑채가 '日'자 형을 이루고 있으며 동쪽 모서리에 'ㄴ'
자 형 바깥사랑채를 배치해 전체적으로 '日'자에 꼬리가 붙은 형상
인 '巴'자 형을 이룬다.

　9칸 규모인 안채는 여느 중부지방의 가옥과 평면 구성은 비슷
하지만 부엌이 동쪽에 있는 점이 다르다. 왼쪽부터 1칸 작은부엌,
2칸 건넌방, 2칸 대청이 있고 날개채에 1칸 윗방, 2칸 안방, 큰부
엌이 있다. 전퇴에는 모두 마루를 설치했으며 귀틀 앞은 치마널을
사용해 조각했다. 화강석 기단과 사각형 초석 위에 각기둥을 세운
1고주 5량 구조의 납도리집이다. 도리 밑에 장여를 설치하고 종도
리는 장여 아래에 뜬창방을 설치해 구조를 보강했다. 팔작지붕에

홑처마이다.

바깥사랑채는 전면 6칸의 전퇴가 있는 양통집으로 왼쪽 뒤로 2 칸 방을 내달았다. 이 방은 툇마루를 이용해 대청과 연결했다. 주변에 담을 둘러 별당처럼 사용했다. 누마루 하부 초석은 높은 장초석을 사용하고 화강석 장대석, 사각형 초석 위에 각기둥을 세웠다. 기둥머리에는 보를 받치는 초각된 보아지를 설치해 보강했다. 1고주 5량 구조, 굴도리집이다. 장여 밑에 소로를 끼워 넣고 뜬장여를 설치해 장여를 보강했다. 팔작지붕으로 부연과 연목이 설치된 겹처마이다.

안사랑채는 안마당을 두른 'ㄴ'자 형으로 11칸이며 중문채와 연결된다. 자연석 허튼층쌓기한 기단에 덤벙주초를 올리고 각기둥을 세웠다. 기단은 바깥 쪽은 두벌대, 안쪽은 외벌대로 했다. 장여 없이 납도리를 올린 맞배집으로 홑처마이다.

행랑채는 안사랑채에 지붕을 한 단 낮게 겹치면서 잇댔다. 세로 7칸, 가로 8칸으로 가로 칸 가운데에 솟을대문이 맞배지붕으로 설치되고 양 옆에 광과 창고가 있다.

윤보선 전대통령생가에서는 벽돌과 유리와 같은 근대 재료를 사용한 것을 볼 수 있다.

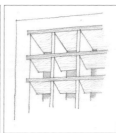

사진 1
아래채와 행랑채

사진 2
벽돌로 화방벽을 구성한
문간채

사진 3
근대 시기 건축 재료인
유리로 창호를 구성한
바깥사랑채

사진 4
벽돌을 사용한 사랑채
내외담과 굴뚝

사진 5
바깥 사랑채 서쪽의
누마루는 행랑마당에
열려 있으나 나머지
공간은 담장으로 명확하게
구획했다.

사진 6
사랑채에서 안채로 가는
길목

사진 7
부뚜막과 위의 다락방

사진 8, 그림
통판을 조각해 마감한
안채 마루 아랫 부분

사진 9
안채

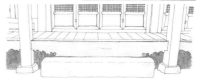

아산 외암마을

外巖

소재지　충남 아산시 송악면 외암민속길 13-2
지정 사항　중요민속문화재 제236호

　　충청을 가로지르는 차령산맥에는 비교적 높은 해발 698미터의 천안 광덕산이 있고 광덕산 자락 북쪽에는 설화산이 있다. 외암마을은 설화산 남쪽의 조탁골 끝머리 설라리들 아래 터에 자리한다. '외암'이라는 마을 이름의 유래와 관련해 전하는 이야기가 몇 가지 있다. 먼저 서쪽에 역참이 있어서 '오양골'이라 불린 데서 유래했다는 설이 있다. 또 하나는 조선시대의 문헌에서 외암을 '巍巖'이나 '嵬岩'으로 표기한 것에서 설화산의 높은 바위와 관련이 있을 것이라는 설이다.

　　마을에는 예안이씨가 많은데, 조선 중기 때 이사종(李嗣宗)이 이 지역의 유지였던 진한평(陳漢平)의 사위가 되어 재산을 물려받아 외암마을의 입향조가 되었다고 한다.

　　외암마을의 가장 큰 특징은 물의 운용이다. 설화산에서 내려오는 물이 모여 마을 앞 개천으로 흐르지만 마을과 개천이 만나는 상부에 인공 수로를 설치해 산에서 내려오는 물이 마을 안의 각 집으로 바로 유입될 수 있도록 했다. 이렇게 유입된 물은 생활 용수가 되고 연못을 만드는 것처럼 조경 요소로도 사용되었다.

　　외암마을에는 정원으로 유명한 건재고택, 외암리 참판댁(큰댁, 작은댁) 등이 있다.

N

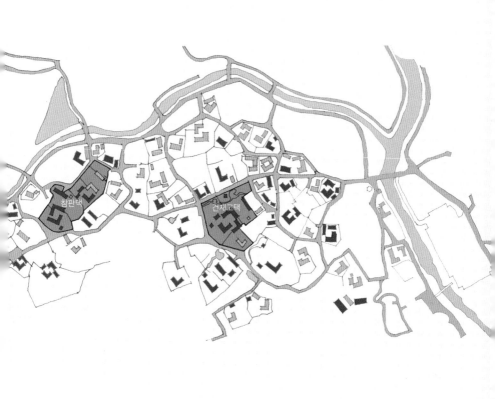
참판댁

건재고택

아산 건재고택

牙山 建齋古宅

소재지   충남 아산시 송악면 외암민속길 19-6
건축 시기   1800년대
지정 사항   중요민속문화재 제233호
소유자   이정직
구조 형식   안채: 1고주 5량가, 팔작 기와지붕
             사랑채: 2고주 5량가, 팔작 기와지붕

지붕 평면도

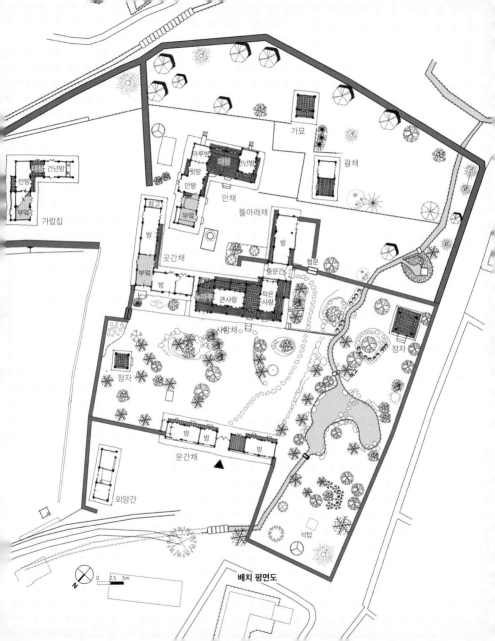

가묘

광채

가랍집

대청 건넌방
안방
부엌

청고

방

곳간채

부엌

방

마루방
대청 건넌방
윗방
안방
부엌

안채

뜰아래채

방

협문

중문간

사랑채

큰사랑
작은사랑

정자

정자

문간채

방 방 방

외양간

석탑

배치 평면도

N   0 2.5 5m

외암리 민속마을에 자리한 아산 건재고택은 조선 후기 충청지역 양반가의 원형은 물론 정원 모습도 잘 남아 있다. 특히 사랑채와 문간채 사이, 사랑채 오른쪽의 정원이 잘 꾸며져 있다. 영암군수를 지낸 건재 이상익(建齋 李相翼, 1848~1897)이 지어서 영암댁으로 불리기도 한다.

약 980평에 달하는 넓은 땅에 자리한 건재고택은 '一'자 형의 문간채 뒤에서 '一'자 형 사랑채와 뜰아래채가 'ㄴ'자 형을 이루면서 'ㄱ'자 형 안채와 마주보며 튼 'ㅁ'자 형을 이룬다. 안채와 사랑채의 왼쪽에서는 'ㄱ'자 형 곳간채가 안마당을 감싸고 있고, 오른쪽에는 광채가 있고 광채 뒤에 가묘가 있다. 문간채를 지나 사랑채의 오른쪽에 있는 중문을 지나 안채로 들어가는데 안채에 들어가는 길에 내외담을 두어 보다 풍부한 공간을 경험할 수 있도록 했다.

대문을 들어서면 사랑마당의 나무 너머로 사랑채가 보인다. 사랑채 오른쪽에는 흐르는 물을 집안으로 끌어들여 자연스러운 물길을 만들고 주변에 나무를 심고 자연석으로 꾸민 연못이 있다. 정원을 감상하며 쉴 수 있는 작은 정자가 있다.

사랑채는 왼쪽에 누마루가 있고 가운데 마루방을 중심으로 양옆에 방이 있다. 마루방은 제사 때 손님들의 취침 공간으로 사용되었다고 한다. 사랑채는 앞과 오른쪽에 툇마루가 있는데 오른쪽 툇마루는 정원을 바라볼 수 있도록 툇간을 덧달고 난간을 둘렀다.

사랑채 오른쪽에 있는 중문을 들어서면 안채가 바로 보이지 않도록 막아 주는 내외담이 있다. 내외담을 돌아 나가면 안마당과 함께 안채가 보인다. 안채는 가운데에 2칸 대청이 있고 대청 양 옆에 방이 있다. 왼쪽으로는 방과 부엌이 있는 날개채가 있다. 관리자의 말에 의하면 원래 몸채 오른쪽에 칸이 더 있어 안마당에서

사진
잘 꾸며진 정원 뒤에 보이는 사랑채

뒤쪽의 가묘가 보이지 않았는데 지금은 없어졌다고 한다.

안채 건너편에는 사랑채와 담장 및 중문을 통해 연결되는 뜰아래채가 있다. 뜰아래채의 뒤에는 작은 공간을 만들어 주는 내외담이 있고 담장에 있는 협문을 통해 사랑마당으로 연결된다. 내외담의 바깥에는 외부의 수로를 끌어들여 만든 빨래터와 우물이 있다.

자연 수로를 이용한 정원이 있고 담장으로 다양한 공간을 만든 것이 건재고택의 특징이다.

사진 1, 2, 3
건재고택의 정원은 전통
정원 양식과 일본 정원
양식이 결합된 절충식
정원이다.

사진 4
사랑채

사진 5
안채

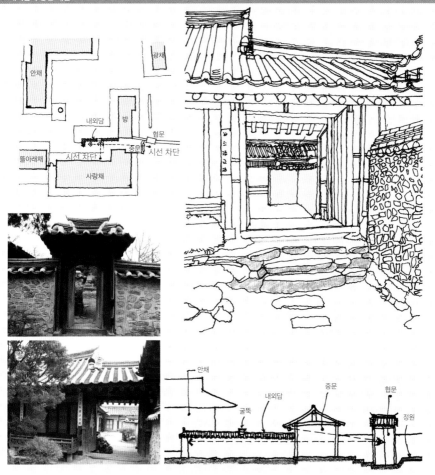

안채는 사랑채의 오른쪽에 있는 중문으로 진입해 내외담을 돌아 안마당을 대각선으로 지나야 갈 수 있다. 이처럼 내외담은 안채로 가는 동선을 유도한다. 또한 안채를 향한 시선을 차단해 주는 것은 물론 내외 공간 영역을 구분해 준다.

아산 외암리
참판댁(큰댁)

牙山 外岩里參判宅

소재지	충남 아산시 송악면 외암민속길 42-15
건축 시기	19세기 후반
지정 사항	중요민속문화재 제195호
소유자	이득선
구조 형식	안채: 1고주 5량가+3량가, 팔작 기와지붕
	사랑채: 1고주 5량가, 팔작 기와지붕

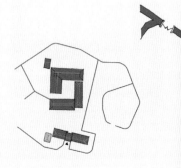

지붕 평면도

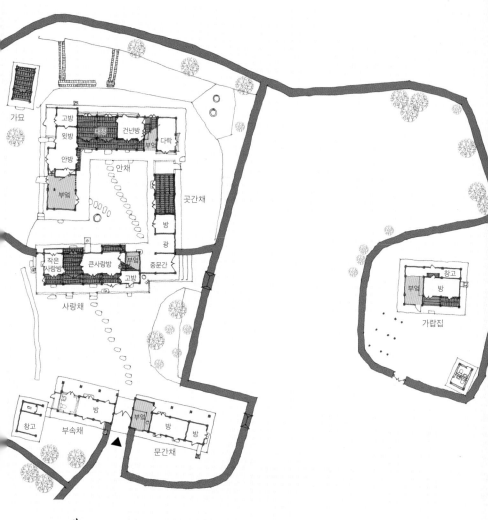

가묘

고방

윗방   대청   건넌방

안방   부엌 다락

부엌   안채

곳간채

방

광

작은   큰사랑방   부엌   중문간
사랑방   고방

사랑채

창고   방   창고   방   부엌

부엌

가랍집

창고   방

부속채   방

문간채

N

0 2.5 5m

배치 평면도

아산 외암리 민속마을의 동쪽에 있는 참판댁은 19세기 후반 고종 때 규장각의 직학사와 참판을 지낸 퇴호 이정렬(退湖 李貞烈, 1868~1950)이 외암리로 내려온 후 고종이 하사해 지은 집으로 알려져 있다. 아산 외암리참판댁은 큰집과 작은집으로 나뉜다.

큰집인 이 집은 안채, 사랑채, 곳간채, 문간채로 구성되어 있으며 '므'자 형 배치를 하고 있다. 안채, 사랑채, 곳간채가 튼 'ㅁ'자 형으로 한 덩어리를 구성하고 있고 전면에 'ㅡ'자 형 문간채가 있다. 안채 북서쪽에는 전면 1칸, 측면 1칸 반 규모의 가묘가 있다. 가묘와 안채 및 대문채의 건축 양식으로 미루어 조선 후기 집임을 알 수 있다.

사랑채는 남쪽에 전퇴를 두고 방과 대청으로 구성되어 있는 1고주 5량 구조이다. 정면 5칸, 팔작집으로 누마루는 시설되지 않았다. 사랑채 전면 기단은 막돌로 축조되어 있는데 기단 면에는 암키와 두 장을 겹쳐 만든 굴뚝 구멍이 두 개 있다. 기단의 오른쪽에는 화강석을 가공해 만든 세면대가 있다. 참판이 기단 아래에서 손을 닦기 위해서 만든 것이라고 한다. 세면대 옆에는

사진 1, 2
진입로에는 좁고 긴 돌담을 쌓아 막다른 골목길과 같은 공간감을 연출했다.

그림
안채 동쪽 입단면도

물이 빠질 수 있는 구멍이 있다. 사랑채 서쪽 끝에는 안채와 가묘를 드나들 수 있는 쪽문이 달려 있다. 안채 앞마당을 거치지 않고 갈 수 있는 길로 전통가옥에 숨어 있는 동선이다.

안채는 몸채와 날개채로 구성된 'ㄱ'자 형 평면이다. 몸채는 2칸 대청을 중심으로, 왼쪽에 안방이 있고, 오른쪽에 건넌방, 아궁이, 광이 차례로 있다. 건넌방은 기둥 배열과는 무관하게 기둥 하나를 더 세워 방을 확장해서 사용하고 있다. 날개채는 방과 부엌으로 이루어져 있다. 몸채의 가구 구조는 1고주 5량이고, 날개채는 3량이다. 날개채 건너편 곳간채의 측면은 가구와 관계 없이 안채 방향으로 벽을 증축했다.

안채로 가기 위해서는 사랑채와 곳간채가 만나는 곳의 측면에 있는 중문을 지나야 한다. 사랑채 정면에서 곳간채와 만나는 곳은 가벽을 세워 안채가 보이지 않도록 했다. 이 때문에 사랑채와 곳간채는 연결된 하나의 건물처럼 보인다. 모서리에 출입문을 두고 'ㄹ'자 형으로 꺾어 들어가도록 되어 있어 안채가 외부에서 보이지 않도록 했다. 이와 같이 대문을 지나 사랑채를 마주하고 사랑채의 측면에 중문을 설치해 꺾어 들어가는 방식은 충청지역 가옥의 배치에서 보이는 일반적인 진입 방식이다.

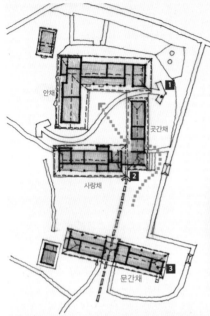

안채

곳간채

사랑채

문간채

안채와 곳간채는 공기의 흐름과 조망을 고려해
간격을 띄우고 배치했다.

사랑채와 곳간채 사이에는 대문에서의 시선을 차단하는
벽체가 있다. 두 건물은 각각 독립된 건물이지만 연속성을
고려해 서로 맞물려 배치했다.

의도적으로 사랑채의 축에서 어긋나게 문간채를 배치해
시선 방향을 유도하고 있다.

통넣기
반턱맞춤
쐐기
까치발
기둥
왼쪽

통넣기
쐐기
반턱맞춤
쐐기
까치발
기둥
오른쪽

대청의 뒷벽에는 제기와 같은 물건을 수납할 수 있는 벽감을 설치했는데 안채의 뒤편에서
구조를 확인할 수 있다. 벽체의 중방 높이에서 양쪽 기둥으로부터 벽체 외부로 버팀대를 설치하고
긴 가로재를 반턱으로 맞춤해 건너질렀다. 버팀대 하부는 까치발을 세워 고정했다. 기둥에서
돌출된 버팀대와 버팀대는 통넣기로 연결하고, 그 아래 쐐기를 박아 튼튼하게 고정했다.

사진 1
사랑채

사진 2
기단에 있는 세면대

사진 3
배연과 방충해의 역할을
겸한 사랑채 기단에 있는
굴뚝

아산 외암리
참판댁(작은댁)

牙山 外岩里 參判宅

소재지	충남 아산시 송악면 외암민속길 42-15
건축 시기	조선 후기
지정 사항	중요민속문화재 제195-2호
소유자	이득선
구조 형식	안채: 1고주 5량가, 팔작 기와지붕
	사랑채: 1고주 평4량가, 우진각 초가지붕

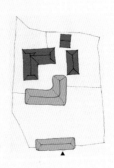

지붕 평면도

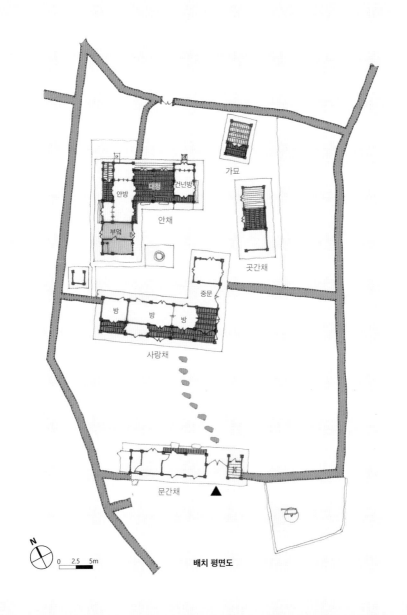

가묘

안방 대청 건넌방

안채

부엌

곳간채

중문

방 방 방

사랑채

문간채

N

0 2.5 5m

배치 평면도

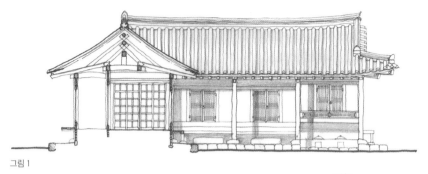

그림 1

　큰댁 동쪽 담을 경계로 연이어 작은댁이 자리한다. 현 소유자의 조부인 이정렬의 청빈함을 칭송해 고종이 서울 창경궁의 낙선재와 같은 집을 지어 주라는 명을 내렸다고 한다. 현재는 한옥체험 용도로 사용되면서 사랑채를 비롯해 많은 부분이 개축 및 수리 되었다.

　'一'자 형의 문간채가 있고, 'ㄱ'자 형 안채와 'ㄴ'자 형 사랑채가 튼 'ㅁ'자 형을 이룬다. 안채 동쪽으로 곳간채가 따로 떨어져 있고 안채의 북동쪽에 가묘가 자리한다.

　안채는 2칸 대청을 중심으로 양 옆에 각각 안방과 건넌방이 있고 안방 앞에 부엌이 있다. 안채는 몸채와 날개채 모두 5량이고 팔작 기와지붕이다. 안채 기둥 상부에는 보아지가 있고 도리 하부에 장여를 설치했다. 층고가 높지 않아 중도리 하부의 장여는 보 위에 바로 얹었다.

　사랑채 뒷면에는 처마 밑을 이용해 헛기둥을 세우고 퇴를 두었는데 비좁은 공간을 확장하기 위한 방법으로 추정된다. 고방 앞에는 분합문이 달려 있다. 겨울이나 행사가 있을 때는 방처럼 사용

사진 1, 그림 2
집의 규모는 작지만
도리하부에 장여를 놓고
그 아래 보아지를 둔 격식
있는 구조를 갖췄다.

사진 2
사랑채

사진 3
안채

하다가 여름에는 툇마루로 사용한다. 이런 쓰임은 흔하지 않은 사례다.

안채 진입은 큰집처럼 사랑채 오른쪽에 있는 중문을 통해서 할 수 있다. 중문 옆에는 곳간채와 가묘로 바로 연결되는 쪽문이 설치되어 있는데 상부는 홍살문과 같은 형태를 하고 문 위를 동그랗게 마감해 아기자기한 모습이다.

집의 규모가 그리 크지 않음에도 도리 하부에 장여를 놓고 보아지를 두어 일반적인 민도리집보다 격식을 높였다. 낙선재를 모방해 지었음 알 수 있다.

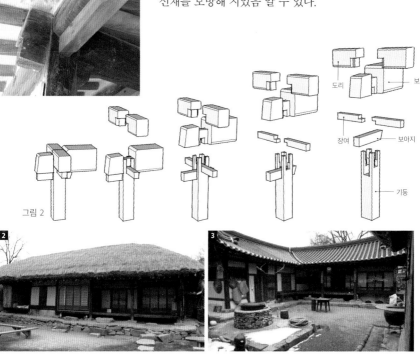

도리   보

장여   보아지

기둥

그림 2

홍성 엄찬고택

洪城 嚴璨古宅

소재지	충남 홍성군 홍북면 최영장군길 11-26
건축 시기	1670년경
지정 사항	중요민속문화재 제231호
소유자	이우열
구조 형식	안채: 1고주 5량가, 팔작 기와지붕

지붕 평면도

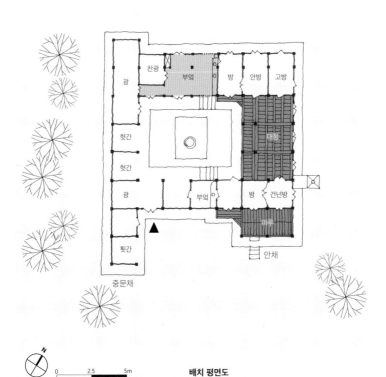

배치 평면도

성삼문(成三問, 1418~1456)의 외손 엄찬(嚴璨)이 살던 집이다. 마을 북쪽의 수리봉과 동쪽의 최영장군 사당 뒷산인 닭제산에서 뻗어 내려오는 두 줄기를 주맥으로 자리 잡았다. 원래 사랑채와 문간채도 있었으나 지금은 모두 소실되고 'ㅁ'자 형의 안채만 남아 있다.

3칸 대청을 중심으로 서쪽에는 안방, 동쪽에는 건넌방과 마루가 연이어 있다. 마루는 벽체 없이 외부로 개방되어 있고 장마루를 깔았다.

대청은 1고주 5량 구조이고 양쪽의 방은 3평주 5량 구조이다. 대청의 기둥 배열은 측면 1칸 반이고 양쪽 방은 2칸이다. 안방과 건넌방은 각각 앞으로는 한 칸을 덧달아 방을 들이고 사이에 장지문을 설치해 공간을 나누었다. 건넌방 쪽의 날개채는 단을 낮춰 3칸을 덧달고 중문채와 연결했다. 안방 앞의 날개채 3칸 중에 2칸은 부엌이고 1칸은 찬광으로 사용한다. 1고주 5량가로 평범하지만 기둥과 보가 매우 견실하고 고주 위에 주두를 사용한 것이 다른

사진 1
동쪽에서 본 엄찬고택

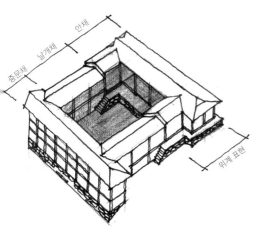

집에서 볼 수 없는 특징이다. 날개채의 기둥과 인방을 통맞춤한 것도 일반적이지 않다.

중문채는 8칸으로 구성되었으며 측면은 외통으로 3량 구조이다. 전면을 벽으로 막은 곳도 있고 트인 곳도 있으며 광, 헛간, 뒷간 등으로 사용하고 있다.

'ㅁ'자 형의 갇힌 공간을 구성하는 배치 방식은 영남지방의 살림집과 닮아 있다. 양쪽 날개채를 경사를 이용해 2층으로 만들고 누다락을 두는 방식도 영남지방의 폐쇄적 살림집에서는 흔한 구성법이다. 엄찬고택에는 현재 사람이 살지 않는다.

사진 1
사방이 건물로 둘러싸인
'ㅁ'자 형은 통풍과
채광이 불리하기 때문에
본채를 높이는 방법으로
해결했다.

사진 2
방과 방 사이에는 대개
미닫이 장지문을 달지만
엄찬고택에서는 두 짝을
접어 여는 접이문을
달았다.

그림
접이문의 작동 원리

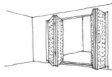

다락 달대의 맞춤

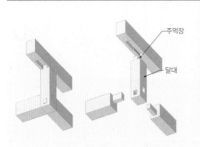

주먹장

달대

다락은 인방재에 수직으로 달대를 먼저 걸고 여기에 하방을 연결하고 구조체를 만들어
나간다. 달대와 하방의 맞춤은 반턱외장부로 했지만 상부 인방재에 수직 달대를 거는
방식은 흔하지 않은 방식이다.
기본적으로는 주먹장맞춤이지만 인방재 중간에서 수직으로 주먹장을 맞추기 위해서는
먼저 주먹장이 들어갈 만큼의 깊이로 통장부 구멍을 파고 여기에 달대의 주먹장을
집어 넣은 다음 수평으로 이동해 주먹장 암장부에 달대 주먹장을 밀어 넣는 방식이다.

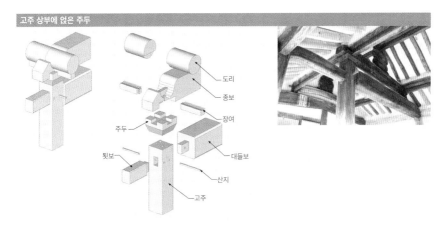

도리
종보
장여
주두
대들보
툇보
산지
고주

대부분의 민도리집은 고주 상부에 사갈을 터서 맞춤하지만 엄찬고택은 사갈을 트지 않고
주두에서 도리와 종보를 받게 해 안정감을 주었다.

인방
인방
산지

인방재는 쌍장부맞춤으로 하는 것이 일반적이지만 엄찬고택에서는
통맞춤으로 했다. 통맞춤은 오래된 기법으로 거칠지만 강직한 느낌을
준다. 서로 다른 방향에서 온 중방을 높이를 달리 해 인방재 두께로
기둥을 관통시켜 꽂고 빠지는 것을 방지하기 위해 산지를 박아
고정했다. 또 하나는 인방재의 뺄목을 길게 뽑아 그 끝을 마치 공포의
첨차처럼 소매걸이해 동적이고 날씬한 맛을 가미했다. 뺄목은 보아지
역할도 겸한다.

홍성 사운고택

洪城 士雲古宅

소재지	충남 홍성군 장곡면 무한로 989-21
건축 시기	19세기 초
지정 사항	중요민속문화재 제198호
소유자	조환웅
구조 형식	안채: 5량가, 팔작 기와지붕
	사랑채: 1고주 5량가, 팔작 기와지붕
	안사랑채: 2고주 5량가, 팔작 기와지붕

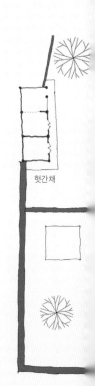

헛간채

지붕 평면도

윗방

안방

대청

마루방

건넌방

부엌

안채

작은사랑 대청 큰사랑 건넌방

누마루

사랑채

건넌방

창고

대청 안사랑 부엌

안사랑채

대문채 ▲

N

0 2.5 5m

배치 평면도

낮은 구릉을 배경으로 주변에는 넓은 경작지가 있다. 집은 서남향으로 좌우가 긴 장방형 대지에 건물들을 늘어놓은 형상이다. 대문 앞에는 연못이 조성되어 있다. 솟을대문을 들어서면 사랑채가 정면에 놓여 있고 그 뒤에 'ㄱ'자 형 안채가 보인다. 안채는 사랑채 옆에 붙어 있는 중문으로 드나든다. 안채 양쪽과 사랑채 서쪽에 광채가 따로 있으며 안채 동쪽에는 따로 담장으로 영역을 구분해 별당인 안사랑채를 두었다. 안사랑채는 안채 동쪽 담장에 난 쪽문으로 진입한다.

안채는 가운데 대청을 중심으로 동쪽에 건넌방, 서쪽에 안방이 있다. 6칸 대청 중에 동북쪽 1칸은 벽을 막아 마루방으로 사용한다. 건넌방 전면과 동쪽에는 퇴가 있다. 안방은 1.5×2.5칸으로 매우 크며 안방 위에는 윗방을 두고 대청 북쪽에도 쪽마루를 들인 독특한 평면이다. 안방 앞에는 부엌 2칸이 있다. 측면을 2칸 겹집으로 구성한 것은 이 지역에서 보기 드문 형식이며 안방 뒤에 윗방을 둔 것이나 좌·우에 반 칸 퇴를 둔 것 등도 이 집만의 특징이라고 할 수 있다.

사진
대문채

그림 1
사랑채 남쪽 입단면도

그림 2
안채 남쪽 입단면도

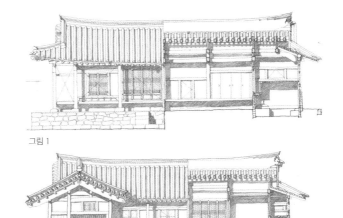

그림 1

그림 2

안사랑채 역시 전·후퇴가 있는 겹집으로 가운데 2칸에 방을 들이고 서쪽에 대청, 동쪽에 부엌을 둔 독특한 평면이다.

사랑채는 1칸 대청을 사이에 두고 큰사랑과 작은사랑이 있으며 큰사랑 동쪽에 접해 건넌방과 고상마루가 있다. 사랑채에는 누마루가 붙게 마련인데 여기서는 건넌방과 반을 나눠 작게 둔 것이 특징이고 누마루도 전면을 제외하고 화방벽으로 막혀 있다. 화방벽은 와편을 이용해 '天下太平'이라는 문자를 새기고 사괘로 장식했다. 사랑채와 안채는 모두 민도리집으로 보와 도리 및 장여를 기둥에서 사개맞춤했다.

안채는 2칸 양통집이고 안사랑채는 전·후퇴가 있는 겹집이다. 이 지역에서 보기 드문 형식으로 강원도의 추운 지역에나 있을 듯한 특이한 평면 구성을 보인다.

사진 1
사랑채

사진 2
안사랑채

사진 3
사랑채와 중문간

사진 4
'天下太平'이 새겨 있는
사랑채 화방벽

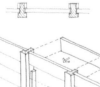

그림 1

사진 5, 6, 그림 1
사운고택에는 독립채
형식의 뒤주가 남아 있다.
뒤주는 통기성을 고려해
빈지널 벽으로 구성했다.
빈지널 문의 가장 윗장은
문선의 한쪽을 안으로
밀어 넣었다가 돌려서
밖으로 뺀다. 아랫장은
맨 위까지 올려 같은
방법으로 뺀다. 이처럼
빈지널은 위에서 아래로
순서와 자기 위치가
있어서 바뀌면 안 되기
때문에 번호를 붙여
놓거나 퍼즐과 같이 선을
그려 위치를 확인할 수
있도록 표시해 놓는다.
사운고택에서는 삼각형
먹선을 놓아 순서가
바뀌지 않도록 했다.

사진 7, 그림 2
헛간의 외엮기 상세

사진 8, 9
사랑채 작은방과 대청
사이 툇마루, 안채의
큰방과 건넌방 사이에는
창을 달았던 흔적의
머름대가 남아
있다. 필요에 따라 창을
열어 공간을 통합할
수 있다. 벽을 친 것과는
다른 한국건축의 융통성을
엿볼 수 있는 사례이다.

사진 10
안채

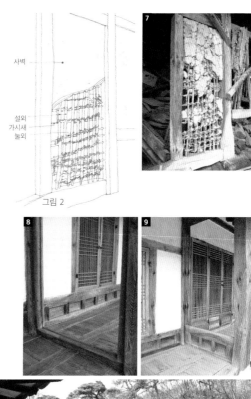

부여 정계채가옥

扶餘 鄭啓采家屋

소재지	충남 부여군 부여읍 신기정로94번길 17-8
건축 시기	18세기 말
지정 사항	중요민속문화재 제193호
소유자	장옥순
구조 형식	안채: 2고주 5량가, 우진각 초가지붕

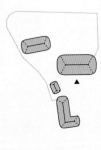

지붕 평면도

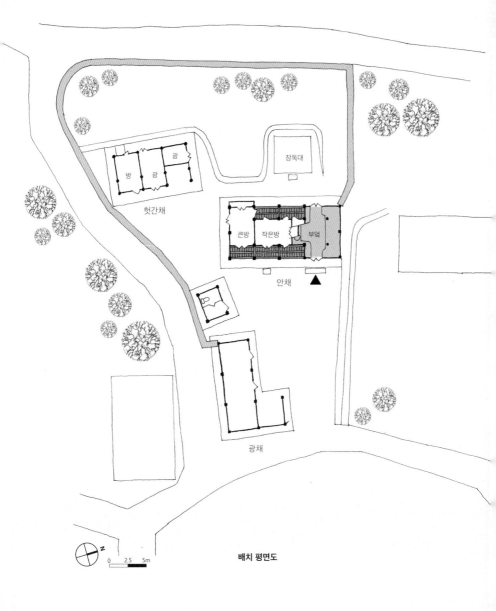

방 광 광

헛간채

장독대

큰방 작은방 부엌

안채 ▲

광채

0 2.5 5m

배치 평면도

농촌마을에 자리한 조선 후기의 집으로 안채와 부속채들이 독립적으로 배치된 개방형 초가이다. 원래 북쪽으로 담장이 있었는데 허물어져서 겨울철 찬바람에 집이 더욱 춥다고 한다. 별도의 대문은 없다.

대지 가운데에 '一'자 형 안채가 있고, 안채 왼쪽 뒤에 헛간채가 있다. 안채 부엌 뒷문 쪽에 장독대가 있으며 앞마당 왼쪽에 최근에 지은 광채와 화장실이 있다.

안채는 정면 4칸 반, 측면 2칸의 전·후 툇집이다. 기단은 자연석과 일부 가공된 화강석을 이용해 외벌대와 두벌대로 만들었다. 초석은 일부 다듬은 자연석을 놓고 각기둥을 세웠으나 부엌 부분은 원형기둥을 사용했다. 안채의 상부 가구는 납도리를 사용한 사분변작의 민도리집으로 동자주를 세워 종도리를 받도록 했다. 전면 3칸에 툇마루를 두어 큰방과 작은방을 연결했으며, 큰방 뒤의 오른쪽에도 툇마루를 두어 뒤편에서도 큰방과 작은방이 연결되도록 했다. 큰방 전면에는 양여닫이와 외여닫이 문이 있는데 모두 머름이 있다. 큰방 뒤에는 반 칸 크기의 작은 골방을 두어 부뚜막 상부에 설치된 다락과 연결되도록 했다. 작은방은 전면과 왼쪽에 머름을 둔 양여닫이를 달아 남쪽의 채광이 유입되도록 했다. 배면은 툇간까지 방을 내밀어 처마밑 상부에 벽장을 두었다. 작은방

배면에 굴뚝을 두어 부뚜막 아궁이에서 작은방과 큰방을 거쳐 난방이 되도록 했다.

정계채가옥은 원래 3칸 전·후 툇집으로 오른쪽 반칸에 부뚜막만 있었으나 살림채로 사용하기 위해 부엌을 추가했다. 부엌은 앞과 뒤로 판장문을 두어 배면의 장독대와 연결되도록 하고, 지금도 부뚜막 아궁이에 장작불을 피워 가마솥의 물을 데우고 난방을 한다.

안채의 왼쪽 뒤편에 있는 헛간채에는 "歲在戊寅"이라는 묵서가 있는데 이를 통해 1938년에 지어졌음을 알 수 있다. 그러나 최근에 크게 보수했다. 정면 3칸, 측면 1칸 반으로 왼쪽 1칸은 툇간을 포함한 1칸 반 크기의 헛간방이 있는데 앞·뒤로 문을 두었으며, 가운데 1칸에도 앞·뒤에 문이 있는 광을 두었다. 오른쪽 1칸은 도리칸 가운데에 벽을 두어 앞쪽은 전면을 터 놓고, 뒤쪽은 우측면에 양여닫이 판장문을 두어 헛간으로 사용한다. 안채와 달리 전퇴 형식의 간결한 3량 구조로 모두 굴도리에 원형기둥을 사용했다.

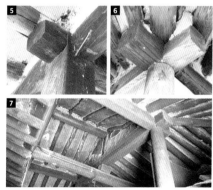

부여 민칠식가옥

扶餘 閔七植家屋

소재지	충남 부여군 부여읍 왕중로 87
건축 시기	조선 후기
지정 사항	중요민속문화재 제192호
소유자	부여군
구조 형식	안채: 1고주 5량가+3량가, 팔작+맞배 기와지붕
	사랑채: 1고주 5량가, 팔작+맞배 기와지붕

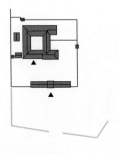

지붕 평면도

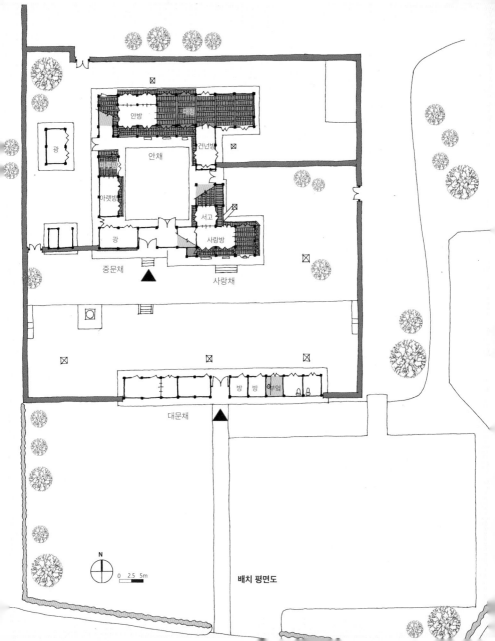

안방

대청

건넌방

안채

마루방

아랫방

서고

사랑방

광

광

중문채

사랑채

방 방 부엌

대문채

N

0 2.5 5m

배치 평면도

사진 1
중문채와 사랑채

민칠식가옥은 여흥민씨와 용인이씨가 많이 살고 있는 부여읍 중정리 마을의 나지막한 구릉을 배산으로 남향해 자리하고 있다. 원래는 용인이씨 소유였으나 19세기 중반에 민칠식의 4대 조인 민용묵 때부터 여흥민씨 소유가 되었다고 한다. 현재는 부여군 문화재보존센터에서 '백제관'이라는 한옥생활 체험관으로 운영하고 있다.

'ㄷ'자 형 안채와 '一'자 형 사랑채가 연결되어 'ㅁ'자 형을 이루면서 안채와 사랑채 모두 동쪽으로 2칸씩 더 내밀어 전체적으로 'ㄸ'자 형 배치를 보인다. 안채와 사랑채 사이에는 동·서방향으로 담장이 놓여 있는데 이 담장에 의해 동쪽 바깥마당이 나뉜다. 따라서 바깥마당에서 안마당으로 바로 들어갈 수 없다.

솟을대문을 들어서면 양 옆으로 긴 문간마당이 있고 장대석 석축 한 단을 두고 사랑채와 중문채가 자리한다. 사랑채 서쪽에 있는 중문간을 지나 대각선으로 1칸 꺾어 들어서면 안채가 보인다.

안채는 2칸 대청과 2칸 안방이 있으며 전면에 툇마루가 있다. 배면에는 쪽마루를 들였다. 안방 배면의 툇간에는 네 짝 미닫이를 달고 골방을 두었다. 1990년대까지의 평면은 대청의 동쪽 3칸은 큰마루방으로 별도로 구분되어 있었으나 현재는 내부를 터서 5칸 대청으로 사용하고 있다. 대청에는 사분합문을 달았다. 사분합문의 위에는 채광을 고려한 교살광창이 있다. 대청 후면 창호는 원래 골판문이었으나, 현재는 세살로 바뀌었다. 2칸 대청이 3칸 큰마루방과 하나의 공간이 되면서 바뀐 것으로 짐작된다. 안방 왼쪽에는 부엌이 있다. 부엌은 별도의 출입문 없이 개방되어 있고, 서쪽과 북쪽에는 판장문을 두어 외부로 드나들 수 있게 했다. 부엌의 남쪽에는 1칸 마루방과 2칸 아랫방이 있다. 마루방 전면에는 판벽을 댔고, 아랫방 전면에는 쪽마루를 놓았다. 중문채와 연결된 곳에는 반 칸 샛문이 있다. 안채 오른쪽 날개채에는 2칸 건넌방과 1칸 문간이 있다. 문간은 사랑채와 연결된다. 건넌방은 안마당을 향한 서측에 쪽마루를 두어 대청 툇마루와 연결하고, 동쪽은 담장을 쌓아 안채 영역을 구분했다. 안마당에는 외부로 드나들 수 있는 문이 모두 네 개 있는 열린 공간 구성을 가졌다.

사랑채는 2칸 사랑방과 서고, 사랑마루가 'ㄴ'자 형을 이룬다. 사랑방 앞에는 툇마루를 두어 사랑마루와 연결했다. 전면 툇마루 서쪽 끝에는 측간 반 칸을 들였는데 고령자를 배려한 것이다. 전면 툇간에 측간을 배치한 것은 매우 드문 사례이다.

사진 2
장대석 두벌대 기단 위에 자리한 사랑채

사진 3
안채 안마당 정면에는 안방과 대청이 같이 놓여 있다.

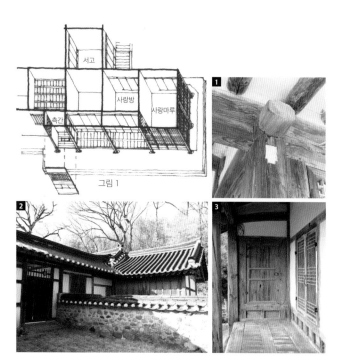

그림 1

사진 1
구 부재를 재활용한
사랑채 툇간 기둥

사진 2
사랑채와 안채의 공간을
구획하는 내외담

사진 3
사랑채 전퇴 서쪽에 있는
측간의 문

사진 4
돌의 크기에 맞춰 쌓고,
상부의 물결무늬 와편
장식과 창호가 조화를
이루고 있는 안채 서쪽
날개채의 벽체

사진 5
중문채의 광과 안채
건넌방의 회첨부분.
회첨추녀 없이 마감되었
지만 간결하다.

사진 6
끝부분 게눈각을 두 번
둔 안대청 오른쪽 끝의
박공널

그림 1
사랑채의 공간 구성도

그림 2
안대청은 매우 넓고 길다.

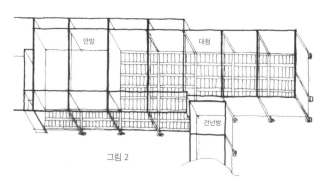

그림 2

안채와 동쪽 날개채의 가구 맞춤

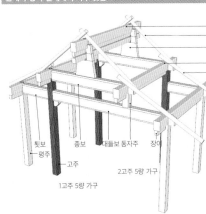

종도리
단연
대공
중도리
장연
주심도리

툇보
평주
종보
대들보 동자주
장여
고주

1고주 5량 가구

2고주 5량 가구

1고주+2고주 5량가의 가구도

대청의 1고주 5량 가구는 건넌방 오른쪽에서는 무고주 5량가로 바뀌고, 고주 열이 외평주가 되면서 약 여덟 치 정도 큰 칸이 되었다. 이런 주간의 변화는 상부 가구와 지붕에도 영향을 미친다. 대청 배면의 중도리는 모두 같은 곳에 자리하지만 전면의 중도리는 대청 건넌방 오른쪽 열 대들보 상부에 동자주를 세우고 약 3.3자 정도 배면 쪽으로 이동하게 된다. 이 부분의 종보 상부에는 두 개의 대공을 세워 약 1.6자 정도 위치가 다른 양쪽 종도리를 받치도록 했다. 다른 집에서는 보기 어려운 이 집만의 특징이다.

논산 명재고택

論山 明齋古宅

소재지	충남 논산시 노성면 노성산성길 50
건축 시기	18세기 초
지정 사항	중요민속문화재 제190호
소유자	윤완식
구조 형식	안채: 5량가, 팔작+맞배 기와지붕
	사랑채: 1고주 5량가, 팔작 기와지붕
	사당: 1고주 5량가, 맞배 기와지붕

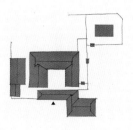

지붕 평면도

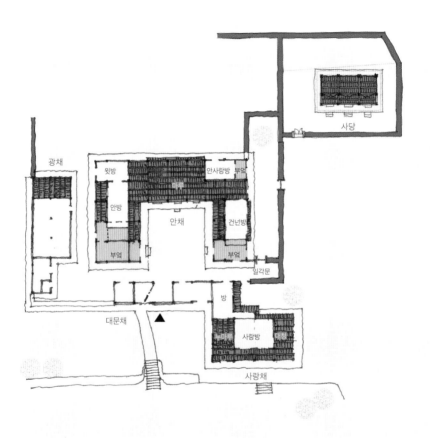

광채

윗방

안사랑방   부엌

안방

마루

안채

건넌방

부엌

부엌

일각문

사당

방

대문채

누마루   사랑방   대청

사랑채

N

0   2.5   5m

배치 평면도

사진 1
진입로에서 본 명재고택

명재고택은 윤증(尹拯, 1629~1714)이 말년에 지었다고 전하나 건축 기법에서 조선 후기의 특징이 나타나는 집으로 노성산성이 있는 노성산 기슭에 남향으로 자리한다. 산의 능선이 내려와 고택을 감싼 모양이며 고택 전면에는 안산 역할을 하는 낮은 언덕이 있다. 주변에는 노성향교, 노성 궐리사, 윤증 모친의 정려각이 있다.

약간 높은 석축 위에 대문채와 연결된 사랑채가 있고, 그 뒤로 '一'자 형의 광채와 'ㄷ'자 형의 안채가 자리한다. 동북방의 높은 곳에 사당이 담장으로 구획되어 있다. 사랑채 밖에 황토방, 찻집, 연지, 비각 등이 있다. 황토방과 찻집은 근래에 새로 지은 것이다. 차종손에 따르면 1700년경까지는 연못 밖으로 외곽담장과 솟을대문이 있었다고 한다.

안대청은 3칸에서 양쪽으로 반 칸씩 늘려 4칸 규모로 만들고 안마당을 넓게 사용하고 있다. 대청 양 끝의 기둥은 팔각으로 접어 두 기둥의 간격이 좁아 자칫 답답할 수 있는 것을 완화시켰다. 오른쪽보다 왼쪽의 날개채 부분을 반 칸 넓게 해 안방과 큰 부엌을

사진 2
사랑채

사진 3
사랑채 앞의 석가산과
정원

사진 4
아침 안개가 피어 오를
때 누마루에서 바라보는
연못과 주변 경관은
일품이다.

여유롭게 사용하고 있다. 부엌과 방 사이에 설치한 방연판은 흔하지 않은 시설로 이 집의 특징이다.

사랑채는 가운데 사랑방을 두고 삼면에 마루가 있다. 왼쪽은 누마루로 했다. 누마루에서는 연못과 함께 일대 풍경이 한눈에 들어오는데 외부 경관을 고려해 배치했음을 알 수 있다. 사랑방 뒤에는 반 칸 크기의 방을 들이고 미닫이에서 여닫이로 바뀌며 여닫을 수 있는 안고지기 문이 있는데 이색적이다. 차종손은 이 문을 미여닫이문으로 설명했다.

대문은 2칸 꺾음으로 출입하는데 대문과 안채 사이 내외벽의 하방을 의도적으로 띄워 사람이 들어오는 것을 인지할 수 있도록 배려했다.

사랑채의 안고지기문

상·하부 문 틀은 회전선에 따라 사선으로 처리되었다. 안고지기문은 미닫이 겸 여닫이 문으로 완전히 닫혔을 때는 미닫이가 가능한 독특한 창호이다.

사진 1
사랑채 뒷마당

사진 2
안방에서도 방문객을
인지할 수 있도록
문간채의 내외벽 하부를
띄워 놓았다.

사진 3
문간채에서 본 안채

사진 4
안채

사진 1
안마당

사진 2, 그림
부엌에서 나오는 연기를
막기 위해 안채 부엌에
설치한 방연판

평주 상부 조립도

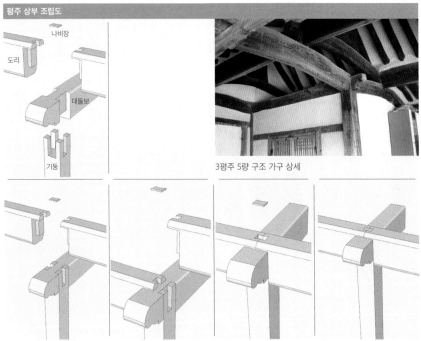

나비장

도리

대들보

기둥

3평주 5량 구조 가구 상세

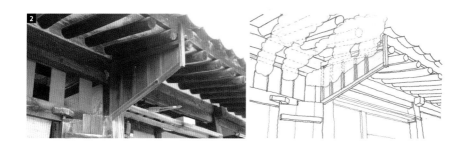

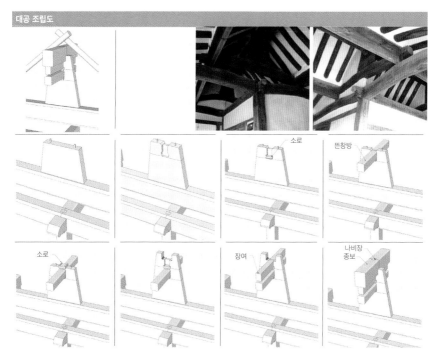

소로

뜬창방

소로

장여

나비장
종보

논산 백일헌종택

論山 白日軒宗宅

소재지	논산시 상월면 주곡길 45-0
건축 시기	18세기 초
지정 사항	중요민속문화재 제273호
소유자	이신행
구조 형식	안채: 5량가, 팔작 기와지붕
	사랑채: 1고주 5량가, 팔작 기와지붕
	작은사랑채: 3량가, 팔작 기와지붕
	사당: 4량가, 맞배 기와지붕

지붕 평면도

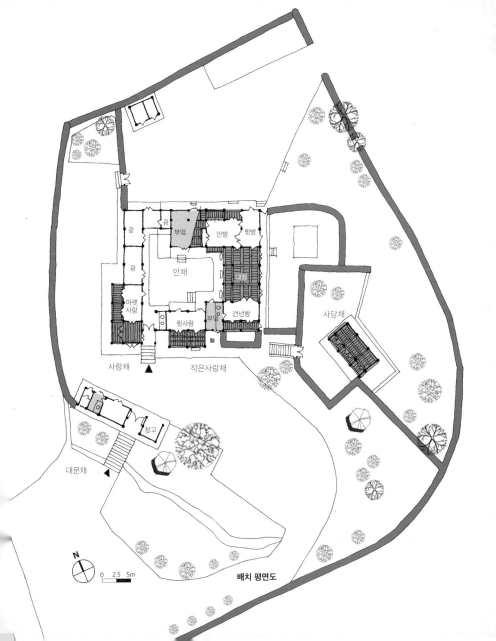

광

광 부엌 안방 윗방

안채 대청

아랫
사랑 윗사랑 부엌 건넌방 사당채

사랑채 ▲ 작은사랑채

창고

대문채 ▲

N

0 2.5 5m

배치 평면도

백일헌종택은 이삼(李森) 장군이 1728년에 이인좌의 난을 평정한 데 기여한 공을 인정 받아 영조로부터 받은 하사금으로 지었다고 한다. 초창 이후 1908년에 화재를 입어 대문채와 본채 외곽의 사랑채 일부가 소실된 것을 재축했다. 현재는 안채와 사랑채로 구성된 본채를 중심으로 대문채와 사당, 변소 등 네 동의 건물로 구성되어 있으나, 이전에는 대문채 옆에 방앗간이 있는 광채가 있었고, 본채 서쪽에 별당이 있었다고 한다. 3칸 규모의 별당에는 부엌, 큰방, 윗방이 있었는데, 현 종손의 조부가 신접살림을 했다고 한다. 1985년경 철거되었다.

고택 안에는 수령이 오랜 은행나무, 팽나무, 감나무 등의 정원수가 많으며, 사당 뒤에는 모과나무가 있다.

왕의 하사금으로 지은 집임을 말해 주듯 안채에 사용된 부재가 고주 굵기 240밀리미터, 청판 폭 약 400밀리미터로 일반 살림집에서는 보기 드물게 견실하다. 화재로 소실되어 다시 지은 사랑채와 대문채 등은 기둥 굵기가 약 165밀리미터로 안채에 비해 섬약해

사진 1
진입로에서 올려 본
대문채

초창 부분과 화재 후 개축된 부분의 차이를 느낄 수 있다. 사랑채는 다시 지으면서 누와 퇴에 장마루를 깔았는데 이는 근대기에 주로 사용한 기법이다.

사랑채는 중문간을 겸하고 있는데 작은사랑과 구분해 지붕을 높이고 팔작으로 위계를 높였다. 마루도 고상마루로 해 강조한 조형미가 돋보인다. 높은 기단 위에 있는 사랑채의 모퉁이를 돌면 계단이 함입형으로 설치되어 있어 눈에 얼른 들어오지 않고, 계단의 첫 단만이 사랑채의 출입구임을 알려 준다.

작은사랑채에는 마루를 설치하기 위해 한 칸 내어 툇기둥을 설치하고 사랑채의 기둥에 툇보를 걸어 툇마루를 설치했는데, 구조가 간결하면서도 짜임새 있어 목구조의 자유로움을 보여 준다.

사당은 본채의 동쪽 높은 곳에 자리하며 별도의 담장으로 구획했다. 전면 3칸, 측면 1칸 반의 평4량 구조로 전면에 퇴를 구성했다. 홑처마 맞배지붕이다. 사당은 3칸 중에 왼쪽 2칸과 오른쪽 1칸 사이에 살이 넓은 문으로 칸을 구획했다. 외부의 창호도 내부 구획에 맞춰 왼쪽 2칸에는 분합문을, 오른쪽은 여닫을 수 없는 세살창을 설치했다. 왼쪽에 4대의 신위를 모시고, 오른쪽에 불천위를 모시기 위한 것이다. 이처럼 불천위 사당을 별도로 두지 않고 한 건물에 칸을 구획해 설치하는 것은 보기 드문 예다.

사진 2
사랑채 남쪽면

사진 3
사랑채 동쪽면

사진 1
1고주 5량 구조인 사랑채
누마루 상부의 가구 상세

사진 2
사랑채 툇마루에는
근대기에 주로 사용했던
장마루를 깔았다.

사진 3
대개 안대청의 배면에는 판문이 설치되는데 이 집에는 세살창을 달았다. 전면에는 문설주와 인방이 있으나 문은 설치되어 있지 않다.

사진 4
휜 부재를 사용한 흔적이 남아 있는 사랑채 기둥

사진 5
안대청에 있는 뒤주

사진 6
사랑채

사진 7
안채

사진 8
사당의 왼쪽 2칸에는 4대의 신위를, 오른쪽 1칸에는 불천위를 모시기 위해 구분해 놓았는데 외부 입면 또한 다르게 구성했다.

사진 9
4대의 신위를 모신 왼쪽 2칸

사진 10
불천위를 모신 오른쪽 1칸

사진 11
행랑채에서는 초창 당시 부재와 화재 후 부재를 모두 볼 수 있다.

서천 이하복가옥

舒川 李夏馥家屋

소재지	충남 서천군 기산면 신막로57번길 32-3
건축 시기	조선 후기
지정 사항	중요민속문화재 제197호
소유자	(재)청암문화재단
구조 형식	안채: 2고주 4량가, 우진각 초가지붕
	사랑채: 1고주 5량가, 우진각 초가지붕

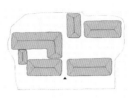

지붕 평면도

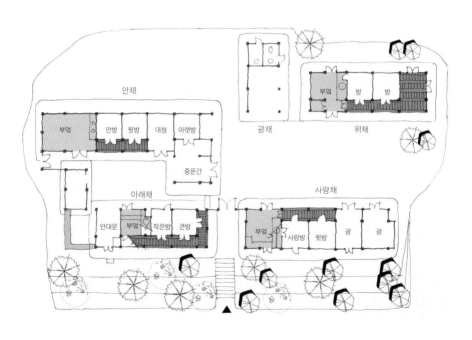

안채

부엌 | 안방 | 윗방 | 대청 | 아랫방

중문간

광채

위채

부엌 | 방 | 방

아래채

안대문 | 부엌 | 작은방 | 큰방

사랑채

부엌 | 사랑방 | 윗방 | 광 | 광

N

0   2.5   5m

배치 평면도

사진 1
마을 어귀에서 바라본
이하복가옥. 아래채와
사랑채가 나란히
자리한다.

충청남도 지방의 튼 'ㅁ'자 형 초가로 전형적인 부농의 집이다. 목은 이색((牧隱 李穡, 1328~1396)의 18대손 이병식이 안채 3칸을 초창하고, 그의 아들인 이형규가 사랑채와 아래채, 위채를 증축하면서 현재 가옥 배치의 모습이 되었다.

마을은 북서풍을 막고 앞에 들과 내가 있는 장풍득수(藏風得水)의 훌륭한 풍수형국을 지니고 있는데, 북쪽으로 멀리 장군봉에서 이어진 지맥이 마을의 배산이 되고, 좌·우는 좌청룡과 우백호가 갖추어져 있다. 앞에는 넓은 들이 펼쳐지고, 들 너머 화양산이 안산이 된다.

안채와 아래채를 서쪽에, 위채와 사랑채를 동쪽에 배치하고 아래채와 사랑채 사이에 대문을 두었다. 아래채에는 안채로 통하는 안대문이 따로 있고, 안채 동쪽에는 사랑채로 통하는 중문간을 두었다. 안채는 전퇴를 둔 6칸으로 부엌, 안방, 윗방, 대청, 아랫방이 있다. 아랫방 앞에 중문이 있는 헛간(광)이 덧붙어 'ㄱ'자 형이 된다. 원래는 1칸 부엌, 각 1칸씩의 아랫방과 윗방으로 구성된 전퇴 3칸 집이었으나 나중에 부엌 1칸을 더 늘리고 윗방에 딸린 대청과 아랫방을 덧붙였다. 사고석 외벌대 기단 위에 덤벙주초를 놓고 각 기둥을 세운 2고주 4량 구조, 민도리집이다. 내민 처마 길이는 앞

쪽이 뒷면보다 길며, 천장 최상부 종도리가 얹혀지지 않으므로 용
마루가 둥글게 만들어진 초가의 모습이다.

사랑채와 나란히 자리한 아래채는 며느리 거처로, '一'자 형, 6칸
전툇집이다. 서쪽에 안대문이 있고, 오른쪽으로 부엌과 큰방, 작은
방이 각 1칸씩 있다. 오른쪽 끝에는 머리퇴를 두었다.

1고주 5량 구조인 사랑채에는 부엌, 사랑방, 윗방과 두 개의 광
이 있다. 마치 안채와 격리된
별채와 같다.

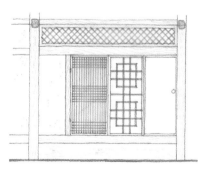

그림 1   그림 2

사진 1
사랑채는 안마당 쪽으로
툇마루를 두었다.

사진 2
외부에 면한 사랑채의
전면은 폐쇄적으로 하고
뒤에 퇴를 구성해 안채
쪽을 개방했다.

사진 3
대문 옆의 광채와 안채

사진 4
아래채 내담

사진 5, 그림 1
안채 부엌의 봉창. 아래
그림은 봉창의 역할을
묘사했다.

사진 6, 그림 2
2고주 4량 구조인 안채
지붕 가구 상세

사진 7
사랑채로 통하는 중문이
보인다.

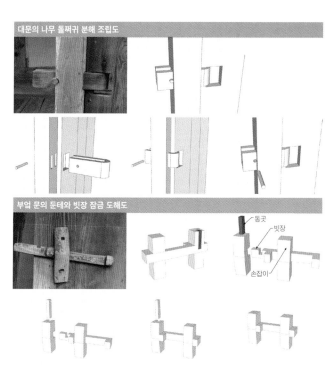

대문의 나무 돌쩌귀 분해 조립도

부엌 문의 둔테와 빗장 잠금 도해도

동곳
빗장
손잡이

음성 김주태가옥

陰城 金周泰家屋

소재지	충북 음성군 감곡면 영산안길 47-11
건축 시기	사랑채: 1901년
지정 사항	중요민속문화재 제141호
소유자	김주태
구조 형식	안채: 1고주 5량가+3량가, 팔작+우진각+맞배 기와지붕 사랑채: 1고주 5량가, 팔작 기와지붕

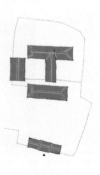

지붕 평면도

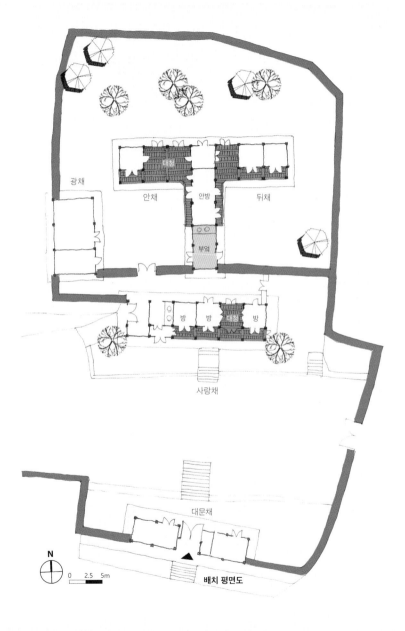

광채

대청

안채   안방   뒤채

부엌

방   방   대청   방

사랑채

대문채

N

0   2.5   5m

배치 평면도

상량묵서에 따르면 사랑채는 1901년에 지어졌다. 솟을대문, 광채, 동쪽 담장의 협문은 최근에 지어졌다.

'丁'자 형 안채와 'ㅡ'자 형 사랑채가 '工'자 형을 이룬다. 대지는 경사가 심한 구릉지여서 사랑채 전면과 안채 후면에 높은 석축을 쌓아 터를 정리했다. 최근에 지은 솟을대문이나 대문채와 사랑채 사이 동쪽에 있는 일각문으로 들어서면 높은 석축 위에 계좌정향으로 자리한 사랑채가 보인다. 사랑채 왼쪽에 있는 문을 들어서면 건물과 담으로 구획된 사이마당이 있고, 담에 설치된 협문을 통해 안채가 있는 안마당으로 들어갈 수 있다. 안채는 가운데 날개채를 중심으로 두 개의 마당이 있다. 서쪽의 본채 마당 한쪽에는 광채가 있고, 동쪽의 뒷마당에는 장독대와 우물이 있다. 사이마당에서 자연석 막돌담장과 안채 가운데의 날개채 측면에 있는 화방벽과 일각문이 어우러져 있는 모습은 한폭의 그림을 연상케 한다. 현재 사이마당에 설치된 담장 배수로는 원래 화단이 있던 자리이다.

사랑채는 6칸 전툇집으로 왼쪽부터 중문, 온돌방, 대청, 온돌방

그림
대지 단면도

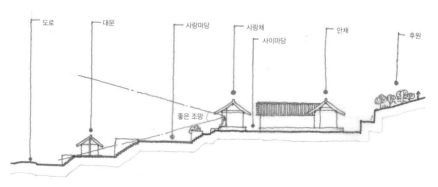

으로 구성되어 있으며 대청의 크기가 작다. 안채 출입을 고려해 동쪽 후면에 일각문을 설치한 것은 물론 온돌방의 출입문 또한 후면 사이마당 쪽에 두었다. 전면 툇마루는 동쪽 4칸에만 설치했는데, 동쪽의 온돌방 앞은 높은 마루로 했다. 대청 전면에는 사분합세살문을 달고, 후면에도 이분합세살문을 달아 공간의 개방감을 적게 했다.

'丁'자 형인 안채는 서쪽의 본채, 동쪽의 뒤채, 가운데의 날개채로 구성되어 있다. 안채는 지붕 형식과 지붕 가구 구조가 독특하다. 본채는 팔작지붕, 1고주 5량 구조이고, 뒤채는 우진각지붕, 반5량 구조이고, 날개채는 맞배지붕, 3량 구조이다. 특히 동쪽의 뒤채는 주간 길이, 지붕 형태 및 높이, 가구 구조가 본채와 상당히 다르다. 이런 점을 고려하면 본채와 날개채가 'ㄱ'자 형 평면이었고 후대에 동쪽 뒤채가 증축된 것으로 추정할 수 있다.

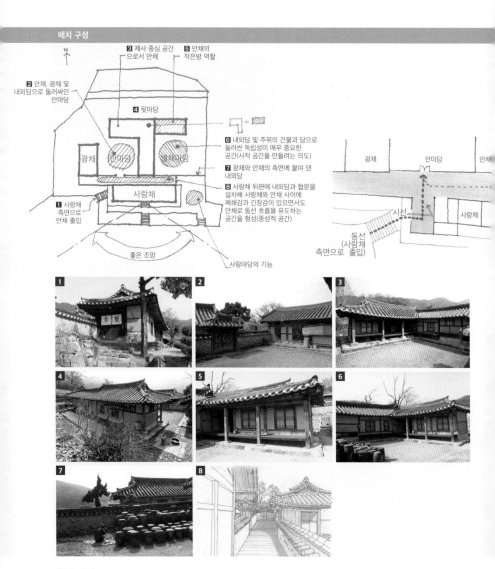

3 제사 중심 공간으로서 안채

5 안채의 작은방 역할

2 안채, 광채 및 내외담으로 둘러싸인 안마당

4 뒷마당

광채   안마당   별채마당

6 내외담 및 주위의 건물과 담으로 둘러싼 독립성이 매우 중요한 공간(사적 공간을 만들려는 의도)

7 광채와 안채의 측면에 붙여 댄 내외담

8 사랑채 뒤편에 내외담과 협문을 설치해 사랑채와 안채 사이에 폐쇄감과 긴장감이 있으면서도 안채로 동선 흐름을 유도하는 공간을 형성(중성적 공간)

1 사랑채 측면으로 안채 출입

사랑채

좋은 조망

사랑마당의 기능

광채   안마당   안채

시선

동선 (사랑채 측면으로 출입)

사랑채

사진 1
사랑마당에서 본 사랑채

사진 2
대문에서 본 사랑채

사진 3
사랑채의 측면에 문간을
설치한 것이 독특하다.

사진 4
대문에서 본 중문

사진 5, 그림
안채 툇마루 이음 상세

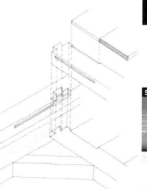

음성 공산정고가

陰城 公山亭古家

소재지	충남 음성군 감곡면 영산로55번길 19-4
건축 시기	1924년 이전
지정 사항	중요민속문화재 제143호
소유자	김옥녀
구조 형식	안채: 5량가, 팔작 기와지붕
	사랑채: 1고주 5량가+3량가,
	팔작+맞배 기와지붕

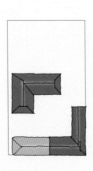

지붕 평면도

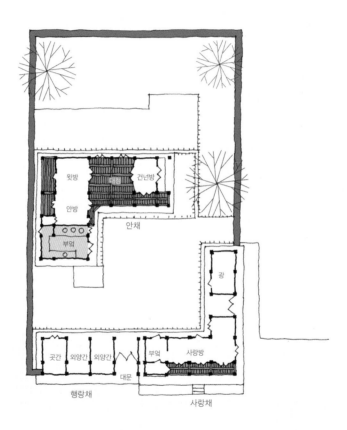

윗방

안방

대청

건넌방

안채

부엌

광

곳간 외양간 외양간

부엌 사랑방

대문

행랑채

사랑채

N

0 1.5 3m

배치 평면도

상량묵서 기록에 의하면 안채는 1924년에 한 차례 수리가 있었다고 한다. 따라서 초창은 이보다 앞설 것으로 추정된다. 사랑채도 안채와 같은 시기에 지어진 것으로 보이는데, 장여 하부를 모접기한 치목 기법 등이 안채와 같다. 행랑채는 최근에 건립되었다.

경사가 심한 구릉지에 터를 잡은 공산정고가는 정남향해 튼 'ㅁ'자 형으로 배치되어 있다. 경사지형 문제 해결을 위해 사랑채의 전면에는 높은 석축을 쌓고, 안채는 기단을 높게 설정했다. 현재는 사랑채에 인접한 행랑채 동쪽 칸에 대문을 두고 있어 대문을 들어서면 안대청이 한눈에 보이지만, 원래 대문은 사랑채 날개채에 있었던 것으로 안대청이 오른쪽 대각선 방향에서 보이도록 했다. 안채 후면 동쪽에 장독대가 있다.

전면 4칸 전툇집인 사랑채는 1고주 5량가이고, 오른쪽 후면에 3량 구조인 3칸 규모의 날개채가 북쪽으로 빠져 올라가 있다. 서쪽부터 부엌, 온돌방 2칸, 대청 2칸(현재는 온돌방으로 개조)이 있다. 부엌은 상단에 다락과 벽장이 있고, 툇간에는 툇마루 대신 찬방을 설치했다. 지붕은 본채의 동쪽만 팔작으로 하고, 본채 서쪽과 날개채의 동쪽은 맞배로 구성했다.

사진
사랑채 옆에 초가로 대문과 행랑채를 두어 어색해 보인다.

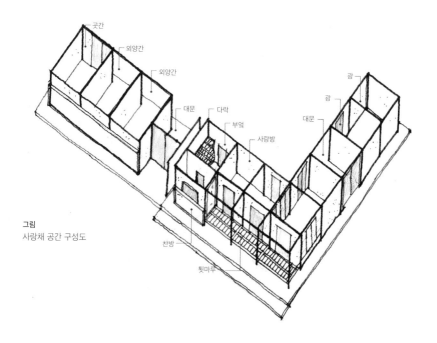

곳간
외양간
외양간
대문
다락
부엌
사랑방
광
광
대문

그림
사랑채 공간 구성도

찬방
툇마루

안채는 가운데의 대청 2칸을 중심으로 오른쪽에 건넌방이 있고, 왼쪽으로는 윗방, 안방 1칸 반과 부엌이 있다. 건넌방과 대청 전면에는 툇마루를 설치했다. 특히 건넌방 오른쪽 전퇴의 반 칸은 툇마루를 높게 설치해 봉당을 두고 부뚜막을 시설했다. 윗방과 안방 왼쪽에도 툇마루를 설치했지만, 최근에 담장을 너무 가깝게 쌓아 외부공간이 사라졌다. 안대청 후면 벽체 상단에는 조상의 신위를 모시기 위한 벽감이 설치되었던 흔적이 남아 있다.

사랑채 합각벽 및 화방벽과 안채 부엌 측면의 화방벽은 돌과 와편으로 보기 좋게 꾸몄다.

사진 1
사랑채 동쪽면

사진 2
사랑채 툇간 상부 구조

사진 3
사랑채는 높은 석축을
쌓고 배치했다.

사진 4
사랑채 부엌 툇간에는
툇마루 대신 찬방을
두고 울거미 있는 판문을
달았다.

사진 5
팔괘 문양 망와와 합각부
모양이 이채롭다.

사진 6
대문에서 본 안채

사진 7, 그림 1
안채 건넌방 오른쪽
전퇴의 반 칸은 툇마루를
높게 설치했다.

사진 8
안대청의 대들보와 종보는
자연목을 그대로 사용해
우람하고 묵직하지만
투박해 보인다.
삼분변작으로 툇간이 매우
넓은 5량 구조이다.

그림 2
안채 부엌 공간 개념
단면도

6

7

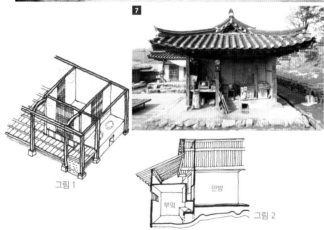

그림 1

안방

부엌

그림 2

8

중원 윤민걸가옥

中原 尹民傑家屋

소재지	충북 충주시 엄정면 미곡1길 54
건축 시기	1873년
지정 사항	중요민속문화재 제135호
소유자	윤민걸
구조 형식	안채: 1고주 5량가+3량가, 맞배 기와지붕
	사랑채: 5량가, 팔작 기와지붕
	사당: 3량가, 맞배 기와지붕

지붕 평면도

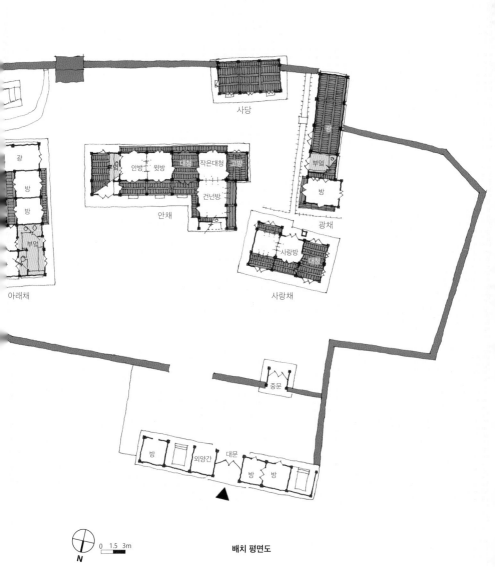

사당

광

부엌

방

광채

광

방

방

부엌

아래채

안방 윗방 대청 작은대청 고방

건넌방

안채

사랑방 대청

사랑채

중문

방 외양간 대문 방 방

N

0 1.5 3m

배치 평면도

1873년에 초창되었으며 대문채와 뒷간은 근래에 보수, 신축되었다. 중문간 행랑채와 사랑채 영역을 구분짓는 담장과 사당 영역을 구분하는 담장, 협문 등이 남아 있지 않아 전체적인 원래의 모습을 찾기 어렵다.

'ㄱ'자 형 안채는 중심에 놓여 북향하고 있으며, 안채 동쪽에는 아래채가 있다. 그 사이에 지금은 남아 있지 않지만 중문을 둔 행랑채가 있어서 안마당을 형성했을 것으로 짐작된다. 안채 서쪽에는 'ㅡ'자 형의 사랑채가 있다. 사랑채 앞에 사주문을 두고 담장을 둘러 사랑마당으로 이용했을 텐데 안마당과 접하는 담장이 소실되어 현재는 사랑마당의 영역이 모호하다. 사랑채 후면에는 광채가 직교하듯이 자리하고 있으며, 광채가 끝나는 앞쪽으로 사당이 있다. 안채 후면에는 후원을 조성했을 것으로 짐작되며 외부와 통하는 별도의 문을 두었다.

안채는 동쪽부터 부엌, 안방, 윗방, 대청, 작은대청, 고방 그리고 앞으로 꺾여 1칸 반 규모의 건넌방이 있고 앞쪽으로 아궁이가 있다. 안방에서 대청까지 3칸에는 전퇴를 두었고, 안방에서 작은대청까지 후면과 건넌방의 오른쪽에는 쪽마루를 놓았다. 대청과 고방은 마루를 깔았으며, 건넌방의 오른쪽에는 퇴를 내어 골방을 만들고, 앞쪽에는 반 칸을 들여 상부에는 벽장을, 아래에는 아궁이를 시설하고 솥을 걸 수 있도록 했다. 부엌은 전퇴까지 내어 크게 사용하고 있으며, 상부에는 다락이 있다.

사랑채는 2칸의 온돌방과 1칸의 대청으로 구성되어 있다. 동쪽의 온돌방은 전퇴에 골방을 시설하고, 후면에는 처마 밑을 이용해 헛기둥을 세우고 쪽마루를 달아 방을 크게 만들었다. 가운데 온돌방은 양 옆이 막히고 전면만 트인 독립적인 전퇴를 두었다. 대청은 전퇴를 포함해 1칸 통간으로 만들어 옆 온돌방에 달린 툇마루보다 약간 높게 하고 우물마루로 꾸몄다. 안채와 사랑채 정면 일부에는 가공된 마름모형 주초석을 사용했다.

사당은 정면 3칸에 각각 궁판 있는 세살문을 달고 바닥은 우물마루를 깔았으며, 양 협간 앞에 디딤돌을 놓아 제례의식의 편의를 고려했다.

후퇴를 두고 'ㄱ'자 형 평면 구성을 하고 있는 아래채는 꺾인 부분의 가운데에 2칸 부엌이 있고 뒤로 뒷방을 붙였으며, 옆으로는 2칸의 방이 있고 끝머리에 광이 있다. 광은 후퇴를 포함해 통간으로 크게 사용하고 있다. 방부터 광까지는 후면에 헛기둥을 세워 툇마루를 달았는데 부엌과 면하는 방의 후퇴는 골방으로, 그 윗방의 후퇴는 널마루를 깔아 사용하고 있다.

광채는 남쪽부터 3칸의 광, 부엌, 방으로 배열되어 있으며 방 앞과 북쪽에는 쪽마루가 설치되어 있다. 광은 저장에 유리하도록 통풍과 환기에 적합한 판문과 살창을 달고, 우물마루를 깔았다. 외벽은 화재에 대비하기 위해 막돌로 반화방벽을 쌓았다. 이 집에서 유일하게 초가이다.

주요 건물인 안채와 사랑채, 사당이 북향을 하고 있으며, 내외 공간의 구분과 마당을 중심으로 건물과 담으로 나누어진 각각의 외부 공간이 짜임새가 있었을 것으로 추정된다.

안채는 'ㄱ'자 형 평면에 서쪽 끝에 고방 1칸을 덧달아 'ㅜ'자 형으로 꾸미고, 사당 측면에는 출입문을 두지 않는 것이 보통인데 세살문을 달아 내는 등 상황에 따라 공간을 확장하거나 시설물을 추가한 것으로 보아 실용주의 정신이 엿보인다.

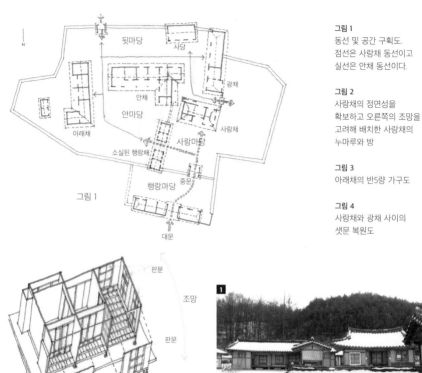

그림 1
동선 및 공간 구획도.
점선은 사랑채 동선이고
실선은 안채 동선이다.

그림 2
사랑채의 정면성을
확보하고 오른쪽의 조망을
고려해 배치한 사랑채의
누마루와 방

그림 3
아래채의 반5량 가구도

그림 4
사랑채와 광채 사이의
샛문 복원도

뒷마당

사당

광채

안채

안마당

사랑채

아래채

사랑마당

소실된 행랑채

중문

행랑마당

그림 1

대문

판문

조망

판문

그림 2

사진 1
행랑마당에서 본 안채와
사랑채

사진 2
중문

사진 3
대청은 오른쪽에 있고,
왼쪽 진퇴는 독립된
공간으로 막혀 있는
독특한 평면을 가진
사랑채

사진 4
사랑마당에서 본 중문과
행랑채

사진 5
안마당

사진 6
아래채

사진 7
뒷마당

종도리　　　동자대공
중도리
중도리　　대들보　　처마도리
기둥　　　툇보

그림 3

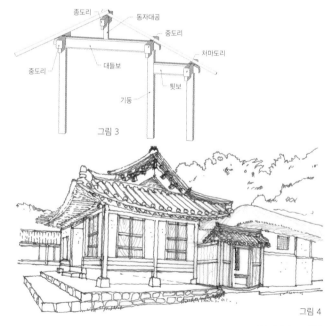

그림 4

제원 정원태가옥

堤原 鄭元泰家屋

소재지   충북 제천시 금성면 월림로4길 30-20
건축 시기   19세기 초
지정 사항   중요민속문화재 제148호
소유자   정달용
구조 형식   안채: 3량가, 우진각 초가지붕
              사랑채: 1고주 5량가, 우진각 초가지붕

지붕 평면도

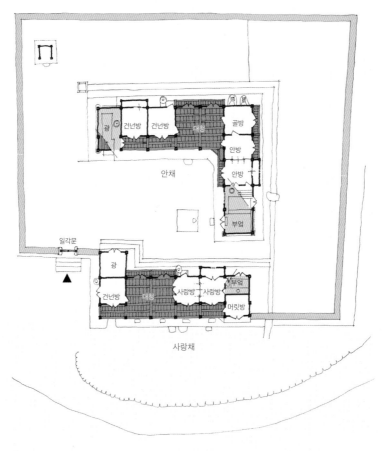

광

건넌방　건넌방　대청　골방

안방

안채　　안방

부엌

일각문

광

건넌방　대청　사랑방　사랑방　부엌

머릿방

사랑채

N

0 1.5 3m

배치 평면도

월림리에서 마을이 한눈에 내려다 보이는 가장 높은 곳에 자리
한 정원태가옥은 송강 정철(松江 鄭澈, 1536~1593)의 후손으로 구한말
점점 소멸되어 가는 한학의 부흥을 위해 평생을 몸 바친 계산 정
원태(桂山 鄭元泰, 1913-1993)의 집이다. 'ㄴ'자 형 사랑채와 'ㄱ'자 형
안채가 튼 'ㅁ'자 형태를 이루고 있다.

집안 곳곳에서 한시를 적은 주련을 볼 수 있다. 안채 건넌방 기
둥에는 "積善之家必有慶(선을 쌓는 집은 반드시 경사가 있다)", "百忍堂中
有泰和(백번 참는 집에는 커다란 평화가 있다)"라고 적은 주련이 있다.

안채는 사랑채 서쪽에 있는 일각문으로 드나든다. 안채 서쪽 끝
부엌 상부에 툇마루 쪽으로 문이 있는 광이 있으며, 옆에 건넌방
이 2칸 있고, 그 옆으로 대청 2칸과 대청에서 들어갈 수 있는 골방
이 있다. 골방에서 꺾여 남쪽으로 2칸의 안방을 두고, 아래로 2칸
의 부엌이 있다. 특이하게 부엌은 입구 칸과 아궁이 칸으로 분리
되어 있다. 주심도리와 종도리만을 사용한 3량 가구이다.

사랑채는 동쪽에 툇마루에서 들어가는 방을 하나 두었고 그 서
쪽으로 2칸의 사랑방과 대청, 건넌방이 있으며, 건넌방 뒤로 꺾여

사진 1
정원태가옥은 능선이
굽이치고 앞이 막힘 없이
트인 곳에 자리 잡고 있다.

안채에서 사용하는 광이 있다. 대청에는 불발기삼분합문을 달아 개방감을 극대화했는데 이는 안채의 폐쇄적인 구성과는 비교되는 부분이다. 가구는 1고주 5량 구조이다. 특히 대청의 중간은 고주 없이 대들보만 사용했는데 이를 받는 평주의 부담을 의식한 듯 기둥 상부에 띠철을 감아 보강했다.

당시에는 경제 사정으로 초가로 지었지만 내외 구분이 엄격한 안채와 사랑채의 배치 방법이나 초가에 비해 지나치게 튼실한 가구법 등을 볼 때 추후 기와집으로 고칠 것을 고려한 것으로 보인다.

사진 2
안채로 갈 수 있는 사랑채 서쪽의 일각문

사진 3
대청 쪽 사랑방에 불발기삼분합문을 달아 개방감을 극대화한 사랑채

사진 4
안채. 왼쪽부터 부엌, 건넌방 2칸, 대청이 있다.

그림 1

사진 1
사랑대청은 1고주 5량
구조로 대들보는 고주
없이 설치하고 평주의
부담을 고려해 기둥
상부에는 띠철을 감았다.

사진 2
1고주 5량 구조의 사랑채
방 부분 가구

사진 3
사랑대청의 2평주 5량
가구 부분 상세

사진 4
기둥 상부의 띠철

사진 5
사랑대청에서 바라본 안채
마당

사진 6, 그림 1
마루 귀틀부분은 통풍을
위해 살짝 도려 냈다.

사진 7
안채 방의 3평주 3량 가구
상세

사진 8
안대청의 2평주 3량 가구
상세

사진 9, 그림 3
안채 부엌 창호와 세로
창살 부분. 그림은 창살
조립도이다.

사진 10, 그림 2
안대청의 꺾어지는 부분에
설치한 다단 선반

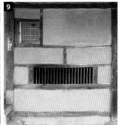

그림 2

그림 3

제원 박도수가옥

堤原 朴道秀家屋

소재지	충북 제천시 금성면 국사봉로23길 25-12
건축 시기	1864년
지정 사항	중요민속문화재 제137호
소유자	박도수
구조 형식	안채: 3량가, 팔작 기와지붕
	사랑채: 3량가, 우진각 초가지붕
	아래채: 3량가, 우진각 초가지붕

지붕 평면도

윗방　광　건넌방

매청

안방

안채

창고

윗방

아랫방

부엌

안채

부엌

광채

아래채

창고　문간　사랑방　사랑방　외양간

사랑채

N

0　1.5　3m

배치 평면도

기와지붕인 안채와 초가지붕인 사랑채, 아래채, 헛간으로 구성되어 있는 박도수가옥은 좁은 골목을 지나 사랑채에 붙어 있는 대문으로 진입한다. 남쪽에 '一'자 형 사랑채를 두고 그 뒤에 서쪽으로 굽어 있는 'ㄱ'자 형 안채가 있으며, 동쪽에 남·북으로 긴 '一'자 형 아래채가 있는 튼 'ㅁ'자 형 배치이다.

안대청 종도리받침장여에서 발견한 "同治三年甲子五月初三日寅時立柱二日未時上樑"이라는 묵서로 보아 안채는 1864년에 지어졌음을 알 수 있다. 주인의 구술에 따르면 사랑채 역시 같은 해에 지어졌다고 한다. 다만 아래채는 가족 구성원이 늘어나면서 후에 추가로 지어진 것으로 보인다.

안채는 안방을 중심으로 남쪽에 부엌을 두고, 동쪽으로 2칸의 대청과 광이 있고 동쪽 끝에 건넌방이 있다. 안대청 배면에는 특이하게 쪽마루 쪽으로 광창을 낸 광이 있는데, 이곳은 광에 넣는 물건 중 특히 중요한 것만 별도로 보관하는 곳이라고 한다. 대청 배면 동쪽 쪽마루에는 벽장과 같은 감실을 두고 조상의 신위를 놓는 사당으로 사용하고 있다. 건넌방은 서쪽에 별도의 출입문을 달아 독립적인 공간으로 사용하고 있다.

사진 1
앞마당에서 바라본 사랑채

박도수가옥에는 다른 가옥에서 보기 힘든 몇 가지 특징이 있다. 가장 큰 특징은 안대청에 포대공을 사용했다는 점이다. 대공을 첨차와 소로 등의 부재를 사용해 공포 형식으로 만든 포대공은 조선 전기 이전에 보이는 기법으로 조선 후기에 지어진 가옥에서는 사용된 예를 찾기 힘들다. 포대공을 사용해 규모에 비해 중도리가 없는 3량가 형식을 취하고 있다. 이런 형식은 장연의 낮은 물매를 처리할 수 있고, 도리 이음부의 결구를 견고히 할 수 있는 구조적인 강구책으로 보인다.

사진 2
대청 배면 동쪽 쪽마루에 감실을 마련하고 조상의 신위를 모셨다.

사진 3, 그림
대공을 긴 행공으로 만들어 대들보 위에 포대공을 얹었다. 조선 후기 집에서는 보기 드문 예로 서까래의 낮은 물매를 처리할 수 있고, 도리 이음부를 견고히 할 수 있는 구조적 강점이 있다.

사진 4, 5
1고주 5량 구조를 만들 수 있으나 고주 대신 평주를 사용하고 동자주가 없으며 대공을 높이 사용해 3량가로 만들었다.

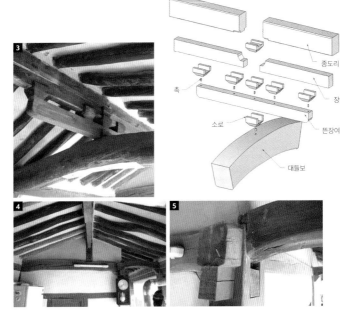

종도리
촉
장여
소로
뜬장여
대들보

단양 조자형가옥

丹陽 趙子衡家屋

소재지	충북 단양군 가곡면 덕천1길 19
건축 시기	안채: 19세기
	사랑채: 20세기 중엽
지정 사항	중요민속문화재 제145호
소유자	조성범
구조 형식	안채: 3량가, 팔작 기와지붕
	사랑채: 3량가, 맞배 기와지붕

지붕 평면도

아랫방

부엌

안방

안채

대청

광

방

건넌방

방

대문

대청

외양간

광

사랑채

0 1.5 3m

N

배치 평면도

조자형가옥은 조자형의 5대조인 조경복이 19세기에 지었으며
일제 강점기 때는 최씨가, 한국전쟁 때는 박씨가 살았다고 한다.
1958년에 조경락이 크게 수리한 것을 1972년에 조자형이 매입해
거주하고 있다.

안마당을 중심으로 'ㄱ'자 형 안채와 'ㄴ'자 형 사랑채가 튼 'ㅁ'
자 형을 이룬다. 집은 전체적으로 남서향하고 있다.

안채는 전퇴를 둔 2칸 대청을 중심으로 오른쪽에 건넌방이 있
고 왼쪽에 안방이 있다. 안방에는 뒤꼍으로 나갈 수 있는 문과 툇
마루가 설치되어 있는데, 이것은 동선을 줄이기 위한 방편으로 보
인다. 건넌방 전퇴에는 큰 솥을 걸 수 있

사진 1
사랑채의 개방된 마루를
통해 대문을 거치지 않고
바로 외부로 나갈 수 있다.

사진 2
대문채에서 본 안채

는 부뚜막과 아궁이 시설을 갖추었고 배
면에는 처마 안쪽으로 반침을 달고 공간
의 확장을 꾀했다. 안방 아래쪽에는 2칸
규모의 부엌이 있고(1칸 상부다락) 그 아래
에는 아랫방이 있다. 이처럼 안채 아래
아랫방을 둔 것은 남도지방에서 주로 볼
수 있다. 아랫방에는 안마당 쪽으로 반
칸 마루가 있다. 높지 않은 한 단 막돌기
단에 덤벙주초를 놓고 대청 가운데 칸의
대들보를 제외하고는 툇보와 3평주를 세
웠으며 대들보 위에 판대공을 설치하고
종도리를 얹어 3량으로 하고 추녀를 걸
었다. 외벌대 자연석 기단 위에 3량의 단
순한 구조로 짜여 있다. 기둥, 도리, 대들
보, 판대공 등 주요 구조재들이 거칠게

치목되어 목재의 자연미가 돋보인다. 특히 추녀의 마구리 부위는 한번 턱을 주어 걷어내기를 한 목수의 조형 의도가 재미있다.

안채의 아랫방과 면해 있는 사랑채는 광 1칸, 방 2칸, 마루 1칸 순으로 배치되어 있으며 사랑마루와 세살문 사이로 꺾여 있는 대문채는 대문, 외양간, 광이 각 1칸씩 있다. 사랑채와 대문채 역시 3량 구조로 규모가 작고 맞배집이다. 특히 사랑대청에서는 대문을 거치지 않고 바로 외부로 나갈 수 있도록 되어 있다.

그림 1

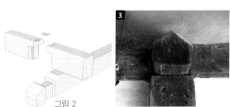

그림 2

괴산 김기응가옥

槐山 金璣應家屋

소재지	충북 괴산군 칠성면 칠성로4길 20
건축 시기	1610년
지정 사항	중요민속문화재 제136호
소유자	김태석
구조 형식	안채: 5량가+3량가, 팔작+맞배 기와지붕
	사랑채: 5량가+3량가, 팔작+ 맞배 기와지붕

지붕 평면도

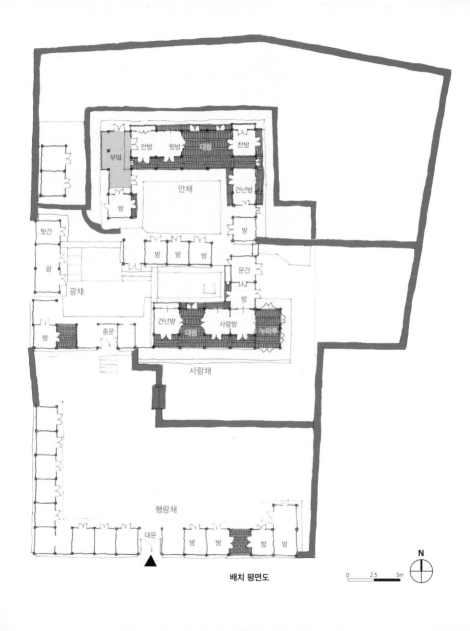

안채
안방
윗방
대청
찬방
부엌
방
건넌방
방

헛간
광
광채
방
방
방

문간
방

건넌방
대청
사랑방
누마루
사랑채

방
중문

행랑채

방
방
방
방

대문

배치 평면도

0   2.5   5m

N

앞에는 넓은 경작지가 있고 뒤에는 낮은 구릉의 야산을 배경으로 1610년에 지어진 조선 후기의 전형적인 양반가옥으로 칠성고택이라고도 부른다. 1910년경 고종 때 공조참판을 지낸 김기웅의 조부 김항연(金恒然)이 매입해 중수했다.

가운데에 솟을대문이 있고 양 옆으로 행랑채가 있는데, 서쪽은 'ㄱ'자로 꺾여 바깥마당을 둘러싸고 있다. 바깥마당보다 한 단 높게 자리 잡은 사랑채와 그 안쪽의 중문채를 사이에 두고 안채가 자리한다. 사랑채와 안채의 각 건물 사이에는 내담을 쌓아 공간을 구분하고 샛마당을 두었다.

사진 1, 2
중문마당

그림 1
대문에서 바라본 내외담

'ㄷ'자 형인 안채는 6칸으로 전퇴가 있는 몸채와 서쪽 2칸, 동쪽 3칸의 날개채로 구성되어 있다. 부엌에는 살강이 있는데 살강 위에는 비를 막기 위한 눈썹지붕을 설치했다. 막돌기단에 덤벙주초를 놓고 각기둥을 세웠으며 기둥머리에서는 장여, 납도리가 단출한 모양의 보아지, 툇보와 사개맞춤되었다. 가운데 기둥은 도리와 보를 사개맞춤하고 그 위에 기둥 굵기의 동자주를 세워 고주처럼 보이게 한 후 종보를 설치했다. 몸채

그림 1

는 5량가 홑처마이고 날개는 3량가 홑처마인데 처마 끝선을 맞추었다. 몸채와 서쪽 날개채는 팔작, 동쪽 날개채는 맞배지붕이다.

'ㄴ'자 형의 사랑채는 5칸의 몸채에 북쪽으로 2칸의 날개를 덧붙였다. 날개채는 3량 구조에 홑처마 맞배지붕이고, 몸채는 5량 구조에 겹처마(북쪽을 제외한 삼면) 팔작지붕이다. 몸채의 겹처마와 홑처마 끝선과 날개의 처마 끝선을 맞추었다.

외벽은 토담이고, 내담은 막돌 담장이다. 특히 사랑채 후원의 내담벽 및 화방벽은 전돌을 이용해 각종 문양과 장식으로 꾸몄다. 또한 사랑채의 합각에 전돌로 완자무늬를 새겨 넣었다.

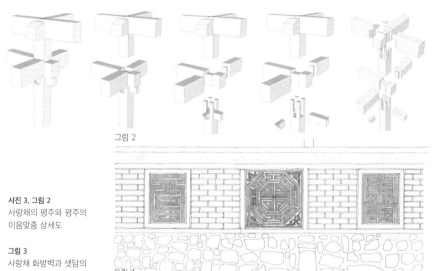

그림 2

사진 3, 그림 2
사랑채의 평주와 평주의
이음맞춤 상세도

그림 3
사랑채 화방벽과 샛담의
문양 그림

그림 3

괴산 청천리고가

槐山 青川里古家

소재지	충북 괴산군 청천면 청천4길 17
건축 시기	19세기 말
지정 사항	중요민속문화재 제147호
소유자	사회복지법인 충북 양로원
구조 형식	안채: 2고주 5량가+3량가, 팔작+맞배 기와지붕
	사랑채: 2고주 7량가+3량가,
	팔작+우진각 기와지붕

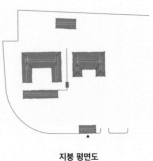

지붕 평면도

사당

부엌　윗방　안방　대청　작은방

안채

방

방

부엌

방

광채

골방　안사랑　대청　사랑방

윗사랑　사랑채　미루방

대문채

N

0　2.5　5m

배치 평면도

앞에는 학교가 있고 뒤에는 낮은 구릉의 야산을 배경으로 지어진 19세기 후반의 건축 기법을 간직한 집이다. 전체 규모와 건립 연대는 명확하지 않으나, 전하는 바로는 구한말에 충청감사를 지낸 송시현(宋時顯)이 별당으로 지었다고 한다. 현재는 충북 실버요양원으로 이용되고 있으며 서쪽에는 송시열의 묘소가 있다.

청천리고가는 'ㄷ'자 모양의 안채와 사랑채가 담장을 사이에 두고 동·서로 나란히 붙어 있고, 안채 안마당 앞에 'ㅡ'자 모양의 광채가 있으며, 안채와 사랑채 뒤쪽 가운데에 사당이 있다. 사랑채 앞에 거리를 두고 대문채가 있다.

안채는 7칸의 몸채에 양쪽에 각각 3칸 규모의 날개채가 달렸다. 막돌기단에 어느 정도 모양을 갖춘 덤벙주초를 놓고 각기둥을 세웠으며 기둥머리에서 장여, 납도리가 툇보와 사개맞춤되어 걸렸다. 가운데 기둥은 고주로 중도리와 보를 걸어 5량을 구성한 홑처마 팔작집이다. 동·서쪽 날개채는 3량, 홑처마 맞배집으로 본채와 처마 끝선을 맞추었다. 지붕은 본채 합각을 구성하는 내림마루와 날개채의 용마루가 애매하게 벌어져 있다.

사진 2
안채

사진 3
사랑채 측면 창호

사진 4
사랑대청의 가구를
구성하는 뜬창방 아래의
행공과 종도리 밑의
화반이 화려하다.

그림
사랑채 남쪽 입단면도

사랑채는 몸채가 6칸이며 동·서로 2칸 규모의 날개채가 있다. 동쪽 날개채의 전면 마루방 1칸은 한 단을 높여 누마루로 했다. 동쪽 몸채의 사랑방과 날개의 마루방 사이에는 사분합들문을 달아 필요에 따라 터서 사용할 수 있게 했다. 다듬은 두벌대 화강석 기단에 화강석 각주초를 놓고 각기둥을 세웠으며 기둥머리에서 장여, 납도리와 툇보가 사개맞춤되었다. 대청은 대들보 위에 종보를 놓고 그 위에 판대공을 올렸다. 판대공에 행공과 뜬창방을 설치하고 당초무늬가 새겨진 화반들을 두어 종도리를 받쳐 7량으로 꾸몄다. 조선 후기 사대부 집의 우수한 건축 기법이 잘 드러난 양식이다. 동·서쪽 날개채는 3량, 홑처마 우진각지붕으로 안채와 마찬가지로 처마 끝선을 맞추었다. 상부의 구조는 일부러 안채보다 더 높이 차이를 뒤 사랑채를 돋보이게 구성했다.

청원 이항희가옥

淸原 李恒熙家屋

소재지	충북 청주시 상당구 남일면 윗고분터길 33-15
건축 시기	안채: 1861년
지정 사항	중요민속문화재 제133호
소유자	이덕희
구조 형식	안채: 2고주 5량가, 팔작 기와지붕
	사랑채: 2고주 5량가, 팔작 기와지붕

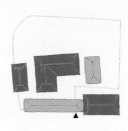

지붕 평면도

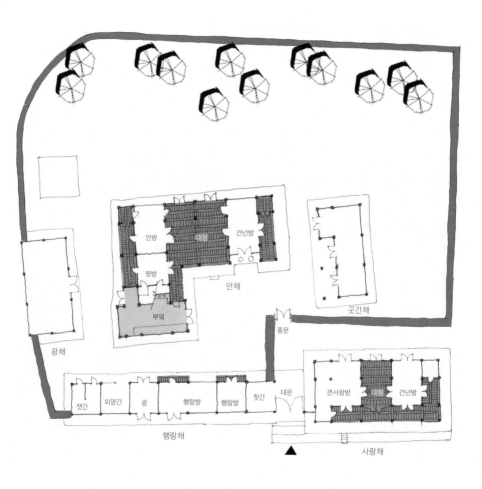

안방

대청

건넌방

윗방

안채

부엌

곳간채

광채

잿간

외양간

광

행랑방

행랑방

헛간

중문

대문

큰사랑방

대청

건넌방

행랑채

사랑채

N

0 1.5 3m

배치 평면도

이항희가옥은 청주에서 보은으로 가는 길인 청원
군 남일면 윗고분마을의 가장 뒤쪽에 자리한다. 상
량문을 통해 안채는 1861년에 지어졌음을 알 수 있
다. 나머지 건물들은 1930년 이후에 지어진 것으로
추정된다.

'ㄱ'자 형의 안채 앞에 행랑채가 '一'자 형으로 길
게 놓여 있고 행랑채 동쪽에 문간이 있으며 문간 옆에 '一'자 형
사랑채가 있다. 안채 동쪽에 곳간채가, 서쪽에 광채가 있다.

안채는 중부지방에서 흔히 볼 수 있는 'ㄱ'자 형태로 가운데 대
청을 중심으로 서쪽에는 안방과 윗방, 큰 부엌이 차례대로 있고
동쪽에 건넌방이 있다. 부엌을 제외하고는 모두 툇마루가 있다. 가
구는 2고주 5량가이다. 안대청에서 보이는 고주 처리 방식 중 도
리 아래에 뜬창방을 둔 것은 이 집에서 보이는 구조적 특징이라고

사진 1
사랑채의 전툇마루에
유리문을 달아 사용하고
있다.

사진 2
대문의 문지방. 간단한
부재가 공간의 영역을
명쾌하게 구분하고 있다.

할 수 있다. 안채 뒤로는 조금 높은 축대 위에 후원이 마련되었다.

현재 살림 공간으로 사용되고 있는 사랑채의 전툇마루에는 유리문을 달아 원형을 보기는 어렵다. 가운데 대청을 중심으로 서쪽에 사랑방이, 동쪽에 건넌방이 있다. 건넌방 동쪽에는 툇마루와 고방을 덧붙였다.

행랑채는 동쪽부터 대문간, 헛간, 1칸 방, 2칸 방, 광, 외양간, 잿간으로 구성되어 있었는데 현재는 실의 구성이 약간 변형되었다.

곳간의 지붕은 초가로, 광채의 지붕은 일식 기와로 되어 있다. 근래에 만들어진 것으로 보인다.

사랑채와 행랑채 사이의 대문으로 들어가서 보이는 바깥마당과 그 끝에 놓인 안채 마당의 대문이 한국 전통건축 차경의 깊이감을 잘 보여 준다.

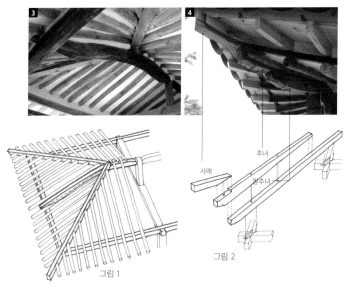

사진 3, 그림 1
대문간의 우미량 상세

사진 4, 그림 2
알추녀를 덧댄 사랑채의
추녀 상세

그림 1

그림 2

사진 1
곳간채에서 바라본 안마당

사진 2
행랑채 앞에는 수목을
심어 안채를 가렸다.

사진 3
중문에서 바라본 안채

사진 4, 5, 그림 2, 3
안대청 2고주 5량 가구의
고주 부분 이음맞춤 상세.
도리 아래에 뜬창방을
두었다.

사진 6
안채에서 바라본 중문과
사랑채

그림 1
안채 건넌방과 툇마루
공간 투상도

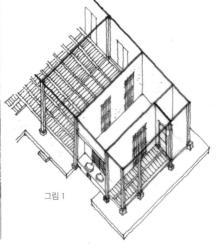

그림 1

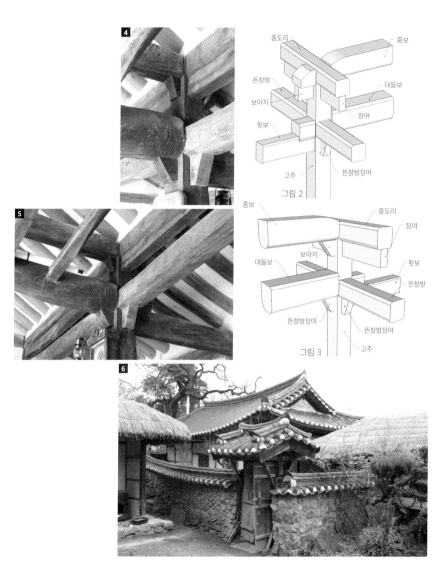

그림 2

중도리 · 중보 · 뜬창방 · 대들보 · 보아지 · 장여 · 툇보 · 고주 · 뜬창방장여

그림 3

종보 · 중도리 · 장여 · 보아지 · 툇보 · 대들보 · 뜬창방 · 뜬창방장여 · 뜬창방장여 · 고주

보은 선병국가옥

報恩 宣炳國家屋

소재지	충북 보은군 장안면 개안길 10-2
건축 시기	1919~1924년
지정 사항	중요민속문화재 제134호
소유자	선민혁
구조 형식	안채: 7량가, 팔작 기와지붕
	사랑채: 2고주 7량가, 팔작 기와지붕
	사당: 5량가, 팔작 기와지붕

지붕 평면도

사주문

협문

사당

재실

솟을삼문

협문

방

방 방

대청 서재 방

사 실

사랑채

방

협문

방

부엌 찬방

방 방

안방

대청

건넌방

방

마루방 방 방

안채

행랑채

샛문

중문

솟을대문

배치 평면도

0 10 20m

N

선병국가옥은 동·서로 흐르는 삼가천 때문에 섬처럼 되어 있으며 소나무 숲으로 둘러싸인 땅에 자리한다. 선병국의 조부인 선영홍(宣永鴻)이 1903년 전남 고흥에서 이곳으로 이주한 후 장자인 선정훈과 함께 1919년부터 1924년까지 지었다고 한다.

담을 둘러 안채, 사랑채, 사당 영역을 별도 구획하고 각 영역에는 드나드는 문 또한 별도로 설치했다. 북쪽에 사당을 배치하고, 사당 앞에 사랑채와 안채를 각각 배치했다. 안채에는 'ㄷ'자 형의 행랑채와 대문간이 붙어 있다.

집을 지은 도편수는 방대문이라는 사람으로 궁궐목수 출신이라고 한다. 방대문에 대한 정확한 기록은 확인할 수 없지만 화려한 입면 구성과 창호, 난간, 장식 등을 보면 상당한 솜씨를 갖춘 목수임을 알 수 있다.

안채는 'エ'자 형 평면으로 7량 구조이다. 대청, 안방, 건넌방이 있으며 난방은 부엌의 아궁이에서 했다. 전퇴는 통로로 사용한다. 7량가에는 중보가 있어야 하지만 선병국가옥은 대들보로 굴곡이 심한 부재를 사용해 중보 없이 가구를 구성했다.

2고주 7량으로 구성된 사랑채 역시 전퇴를 복도로 사용하고 있으며 가운데의 대청을 중심으로 양 옆에 다실

사진 1
사랑채. 창호, 난간, 가구 형식 등이 민가에서 보기 드물게 화려하다.

사진 2
안채

과 방들이 있다. 서쪽에는 누마루라는 뜻을 가진 '서루(西樓)'가 있으며 그 아래에는 아궁이가 있다. 팔각과 사각으로 가공한 화강석 주초를 놓고 평주는 원형기둥, 고주는 각기둥을 사용했다. 기둥머리 익공은 조각 없는 단순한 직절익공이다. 인방과 문선을 이용해 다양한 형태의 입면을 만들고 여기에 여러 창호를 더해 화려하게 구성했다.

사당은 귓기둥과 전면기둥은 원형기둥을 사용했으며 나머지 기둥은 각기둥을 사용했다. 후면을 3칸으로 나누고 전면은 좌·우가 트인 통간으로 했다. 처마는 부연을 달아 겹처마로 하고 전면에 사분합문을 달고 위에 광창을 설치했다.

사진 3
남협문을 통해 본 사랑채

사진 4
안채에서 바라본 행랑채

사진 5
사당은 귓기둥과
전면기둥으로 원형기둥을
사용하고 나머지는
각기둥을 사용했다.

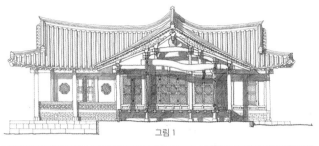

그림 1

사진 1
툇마루 폭과 들창의
높이를 맞춰 모듈화
시켰다.

사진 2
보와 기둥의 결구

사진 3, 그림 2
사랑채는 굴곡이 심한
대들보를 사용해 중보
없이 가구를 구성한 2고주
7량가이다.

사진 4
회첨부에 회첨추녀를
두고 서까래 말단부를
회첨추녀에 고정한 후 그
끝단부에 고삽을 두어
기와의 회첨부를 골로
형성했다. 회첨추녀는
서까래끼리 맞닿는 부분의
구조적 안정성을 확보하기
위해 설치한다.

사진 5
걸쇠

그림 1
사랑채 동쪽 입단면도

그림 3
시선 차단과 영역 분리
역할을 하는 사랑채
동쪽의 내외벽

그림 4
안채 남쪽 입단면도

중도리   대공
우미량   종보
툇보   우미량

대들보

평주   툇보

고주   고주

평주

그림 2

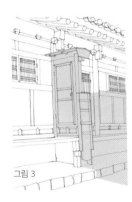

그림 3

그림 5
안채 건넌방의 부엌과
다락

그림 6
사랑채 창호

그림 7
안채 창호

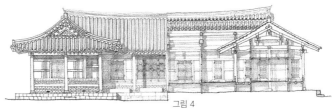

그림 4

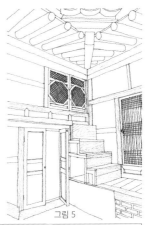

그림 5

그림 6

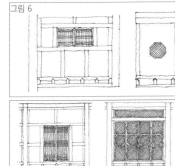

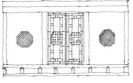

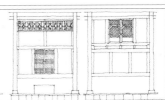

그림 7

보은 최태하가옥

報恩 崔台夏家屋

소재지	충북 보은군 삼승면 거현송죽로 301-7
건축 시기	1892년
지정 사항	중요민속문화재 제139호
소유자	최재덕
구조 형식	안채: 2고주 5량가, 우진각 초가지붕
	사랑채: 1고주 5량가, 팔작 기와지붕

지붕 평면도

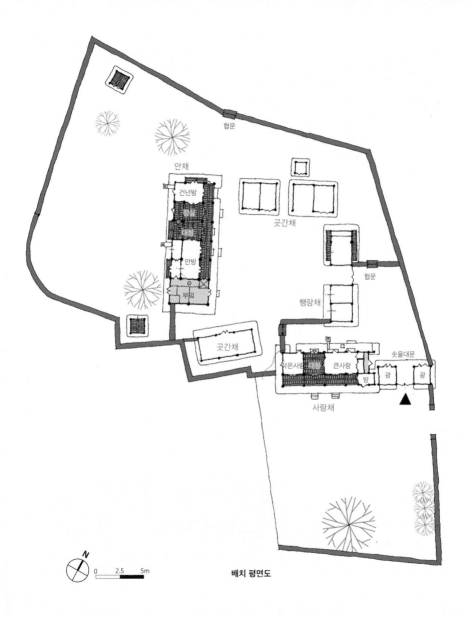

안채

건넌방

정지

대청

안방

부엌

협문

곳간채

협문

행랑채

곳간채

작은사랑 대청 큰사랑

방

솟을대문

광 광

사랑채

N

0 2.5 5m

배치 평면도

　"崇禎紀元後五壬辰"라는 안채 상량문의 기록에 의해 1892년에 지어졌음을 알 수 있다. 사랑채는 상량문을 찾지 못해 정확한 건립 시기를 알 수 없으나 구조 기법이나 양식으로 보아 안채가 지어질 때 함께 지어진 것으로 추정된다.

　최태하가옥은 인근에 큰 산이나 구릉 없이 평지로 이루어진 농경지 마을에 자리한다. 대문채, 사랑채, 안채, 행랑채를 중심으로 다섯 채의 크고 작은 곳간채가 연결되지 않은 채 독립적으로 자리하고 있다. 남향한 사랑채와 직각으로 동향한 안채를 배치하고 담으로 구획해 바깥마당에서 안마당까지 'ㄱ'자로 꺾어 들어가게 했다. 이처럼 안채와 사랑채의 향을 달리 해 배치한 것은 향을 같게 하는 일반적인 배치 방식과는 다른 점이다. 사랑채 앞이 아닌 옆에 대문채를 배치한 것 또한 특징이다.

　전면 4칸, 측면 1칸 반 규모의 전퇴를 갖춘 사랑채는 대문채와 사이에 아궁이를 들였다. 큰사랑 쪽에는 반 칸 정도 폭으로 토벽을 막아 벽장

을 설치했다.

안채는 전면 6칸, 측면 2칸으로 전·후 퇴가 있으며 2고주 5량 구조의 초가이다. 안대청 상부의 가구 구조를 보면 대들보를 통으로 건너지르면서 고주를 사용하지 않고 고주 자리에 헛기둥을 놓아 대들보를 받도록 한 것을 볼 수 있다. 대청에는 한 칸 크기로 정실을 만들어 위패를 모셨다. 초가임에도 큼직한 부재를 사용하고 짜임새 있는 구조를 갖춘 견실한 집이다.

여러 채의 곳간채를 두고 있는 것으로 보아 부유한 농가주택이었을 것으로 추정된다.

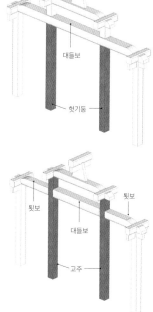

사진 3
홍예형 툇보

사진 4
툇마루에서 바라본 건넌방 고상마루

그림
2고주 5량가인 안대청 상부 가구는 대들보를 통으로 건너지르고 고주가 있는 자리에 헛기둥을 세워 구조의 변화를 꾀했다.

영동 소석고택

永同 少石古宅

소재지	충북 영동군 심천면 초강로6길 26
건축 시기	1885년 추정
지정 사항	중요민속문화재 제132호
소유자	송영석
구조 형식	안채: 2고주 5량가, 팔작 기와지붕
	사랑채: 1고주 5량가+3량가,
	팔작+우진각 기와지붕

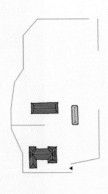

지붕 평면도

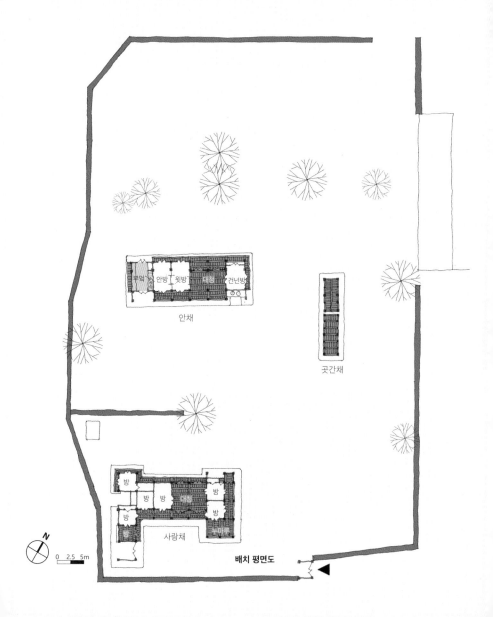

안채

부엌 | 안방 | 윗방 | 대청 | 건넌방

곳간채

방

방 | 방 | 대청 | 방

방 | 방

방 | 누마루

사랑채

N

0 2.5 5m

배치 평면도

소석고택의 망와에는 "乙酉三月日"이라 표기되어 있는데 이를
통해 1885년에 지어진 것으로 추정할 수 있다.

넓고 평탄한 땅에 안채를 남향으로 배치하고 안마당을 중심으
로 남쪽에 '工'자 형의 사랑채를 두었다. 안채 동쪽에는 곳간채가
있다. 사랑채의 동쪽에 사주문 형식의 대문간이 있다. 담장은 막돌
담장에 기와를 얹어 둘렀다. 원래는 안채와 사랑채 사이에 행랑채,
광채, 담장이 있었으나 1920년대에 멸실되었다고 한다.

안채는 2고주 5량의 6칸 전·후 툇집으로, 왼쪽부터 부엌, 안방,
윗방, 2칸 대청, 건넌방이 있다. 부엌 앞 전퇴 자리에는 마루를 깔
지 않고 봉당으로 사용한다. 건넌방 전퇴 자리의 하부에는 부뚜막
을 시설하고, 상부에는 다락을 두었다. 안대청은 고주를 생략하지
않고 고주와 평주로 구분되어 있어 전·후퇴가 명료하다. 고주를
생략하고 통간으로 하는 것과 다른 점이다.

사진 1
대문간과 사랑채

사랑채의 몸채는 1고주 5량의 전툇집이고 좌·우에 날개채를 덧붙였다. 동쪽 날개는 1고주 5량의 전툇집으로 건넌방 앞에 전퇴를 두었다. 서쪽 날개는 3량 구조로 퇴는 없으나 뒷방과 앞방에 모두 쪽마루를 두었다. 사랑대청 앞의 기단석과 디딤돌은 잘 다듬은 화강석을 사용했다. 동쪽 날개채의 전툇마루의 기단은 낮게 설치하고 높은 주초를 사용해 높이 차가 생기게 만들었다. 이 부분에는 누마루를 가설했다. 몸채는 가장 높게 팔작지붕을 'ㅡ'

자 형으로 하고, 동쪽 날개채는 몸채보다 조금 낮게 팔작지붕으로, 서쪽 날개채는 동쪽 날개채보다 더 낮게 우진각지붕으로 해 바라보는 위치에 따라 다양한 지붕의 형태를 느낄 수 있다. 몸채와 좌·우 날개채의 위계가 평면과 단면, 가구 구조뿐만 아니라 지붕에서도 잘 드러나도록 했다.

안마당 동쪽에 광으로 사용되는 정면 4칸, 측면 1칸, 초가로 지붕을 이은 곳간채는 따로 벽체를 구성하지 않고 기둥 사이에 샛기둥을 세우고 그 사이를 자귀 자국이 선명히 남아 있는 빈지널을 끼웠다. 마루의 귀틀을 기둥 밖으로 내민 채 마루널을 깔았다.

사진 2
사랑채

사진 3
안채. 안채와 사랑채는 서로 마주보고 나란히 배치되어 있다.

사진 1, 그림
사랑채 날개채 마루
부분의 기단을 낮게
설치하고 높은 주초를
사용해 비교적 평탄한
땅이지만 높이 차를
만들어 누마루로
구성했다.

사진 2
사랑채 누마루에서 올려
본 천장

사진 3
안채 대공

사진 4
안채 망와에는 집의
건립 연대를 알 수 있는
"乙酉三月日"이라는
글자가 새겨 있다.

사진 5
사랑채 장지문의 방형
문고리와 배목

사진 6
안채의 함실

빈지널 창고의 하방 맞춤

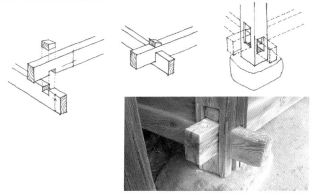

영동 김참판고택

永同 金參判古宅

소재지	충북 영동군 양강면 괴목1길 13-5
건축 시기	18세기 중엽부터 19세기 초
지정 사항	중요민속문화재 제142호
소유자	김정규
구조 형식	안채: 2고주 5량가+3량가, 팔작+맞배 기와지붕
	(안)사랑채: 2고주 5량가, 팔작 기와지붕

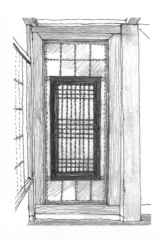

지붕 평면도

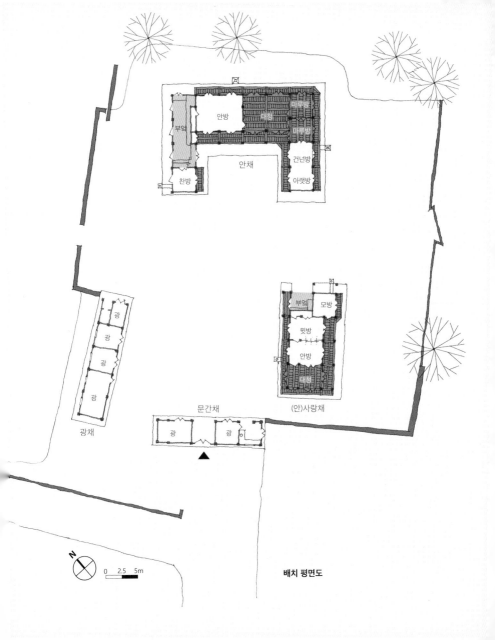

안방

마루방

대청

부엌

미루방

건넌방

안채

찬방

아랫방

광

광

광

광

광채

부엌

모방

윗방

안방

대청

문간채

광

광

(안)사랑채

N

0 2.5 5m

배치 평면도

뒤로 조그만 야산이 있는 평탄한 넓은 땅에 자리한 김참판고택은 남서향한 'ㄷ'자 형 안채, 안채와 거리를 두고 직각 방향에 남동향으로 자리한 (안)사랑채, 서쪽의 문간채와 광채로 구성된다.

현재 마당은 하나의 공간으로 덩그러니 있으나, 예전에는 마당 가운데에 사랑채가 있었다고 한다. 소실된 사랑채의 기단석이 남아 있는데, 기단석을 토대로 추측해 보면 안마당과 사랑마당이 확실하게 분화되고 사랑채와 안채의 영역성도 지금과는 많이 달랐을 것이다.

안채와 (안)사랑채 모두 2고주 5량 구조이다. 안채의 날개는 3량 구조로 구성해 몸채에 있는 각 공간의 크기는 물론 높이에서도 위계를 달리 했다. 안채와 (안)사랑채 모두 부엌, 안방, 윗방, 대청이 있다. 안채와 (안)사랑채 모두 전퇴를 두고 배면에는 길게 쪽마루를 두었다. 대청과 툇마루 사이에는 분합문을 달았다.

사진 1
(안)사랑채

사진 2
(안)사랑채와 마주보며
자리한 안채

사진 3, 그림
안채와 (안)사랑채 모두
2고주 5량 구조이다.
이 구조는 보의 크기를
줄이거나 칸 사이를 크게
할 때 사용한다.

안채 날개채에는 찬방, 건넌방, 아랫방이 있고, 모두 쪽마루를 가졌다. 쪽마루는 외부 공간과 내부 공간의 완충 공간이자 연결 공간이다. 안채의 몸채와 한 쪽 날개채는 팔작지붕, 다른 쪽은 박공지붕으로 처리해 변화를 주었다. (안)사랑채의 는 팔작지붕이고, 문간채와 곳간채는 우진각지붕이다.

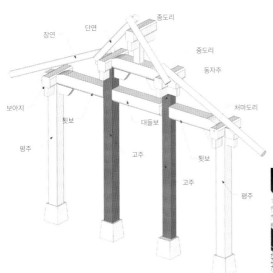

종도리

장연 단연

중도리

동자주

처마도리

보아지

툇보

대들보

평주

고주

고주

툇보

평주

대청과 방 사이에 있는 세 짝 분합문의 작동 원리

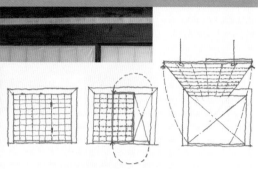

영쌍창 형태의 세살창과 숨은 인방재와 머름

가운데 문설주가 있는 영쌍창은 조선전기 이전
건물에서 볼 수 있는 고식 기법이다. 고식 기법은
중방과 하방의 문설주를 회벽으로 싸 발라 숨긴다.

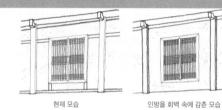

현재 모습   인방을 회벽 속에 감춘 모습

대청 배면 영쌍창 형태의 우리판문

대청 배면의 문은 대개 판문으로 하는데 김참판고택은 쌍창의 중간에 문설주가 있는 고식 기법이다.

문간채의 허튼고래

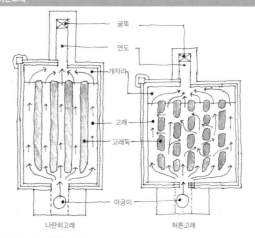

굴뚝
연도
개자리
고래
고래둑
아궁이

나란히고래　　　　　　　허튼고래

사진, 그림
안채 날개채의 지붕은
서까래 위에 덧서까래를
걸고 박공을 걸었다.

대개는 고래의 폭이 일정해 구들장의
설치가 용이한 나란히고래를 사용하지만
김참판고택의 문간채에는 허튼고래를
시설했다. 나란히 고래를 변형한
허튼고래는 사이사이에 고래를 두어 난방
효과는 얻을 수 있으나 고래가 일정하지
않아 구들의 설치가 쉽지 않다.

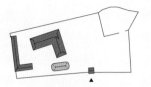

지붕 평면도

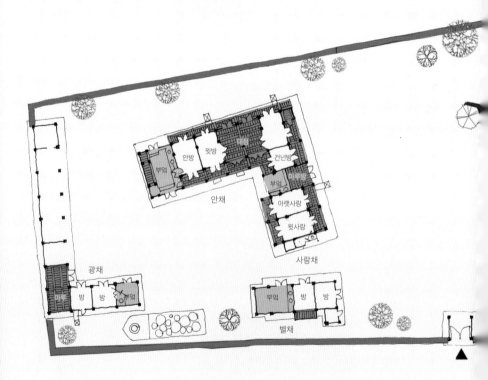

안방

윗방

건넌방

부엌

마루방

아랫사랑

안채

윗사랑

사랑채

마루

방 방 부엌

광채

부엌 방 방

별채

0 2.5 5m

N

배치 평면도

영동 규당고택

永同 圭堂古宅

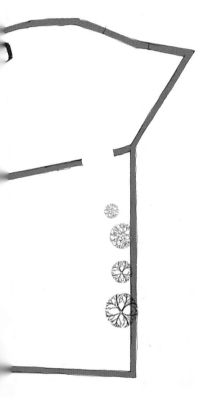

소재지	충북 영동군 영동읍 금동로4길 9-9
건축 시기	1885년경
지정 사항	중요민속문화재 제140호
소유자	송영석
구조 형식	안채: 2고주 5량가+1고주 5량가, 팔작 기와지붕 별채: 3량가, 우진각 초가지붕

영동 소석고택을 지은 송병필의 장자인 규당 송복헌(圭堂 宋復憲, 1857~1948)이 1885년경에 이곳으로 이주해 지은 집이다. 규당은 송복헌의 호이다. 안채 망와에 "乙酉三月"(1885)과 "丙戌三月"(1886)이 새겨져 있어 건립 연대를 추정할 수 있다.

비교적 경사지 없이 평탄하게 동·서로 긴 장방형 땅에 안채, 광채, 별채가 튼 'ㅁ'자 형태로 배치되어 있으나 짜임새가 없어 황량해 보인다. 각 건물에 사용한 부재 또한 규모에 비해 작은 것을 사용했다.

본채는 안채와 사랑채가 한몸에 붙어 있으며 정면 6칸, 측면 5칸 규모의 'ㄱ'자 형 배치이다. 서쪽부터 부엌, 안방, 윗방, 2칸 대청이 일직선으로 있으며, 남쪽으로 90도 꺾어 건넌방, 마루방, 아래사랑, 윗사랑이 있다. 두 영역 모두 전·후 툇간이 있어 방 별 이동이 편리하다. 대청은 정면 2칸, 측면 1칸이며, 전면에 툇마루를 두고 배면에는 쪽마루를 두었다. 내부에는 장귀틀과 동귀틀을 걸

사진
중문에서 바라본 안채

규당고택은 집이 좌·우로
길다. 대문을 들어서면
넓은 안마당이 있고
동에서 서로 동선을 꺾어
들어가야 한다는 것이다.
안채 후원이 발달되지
않았으며 중문채 없이
사랑채와 별채 사이로
진입한다. 또 안채의
동쪽 날개를 사랑채로 해
안채와 사랑채가 붙어
있다는 것도 특징이다.
사랑채는 매우 소략해
대청 없이 2칸 방으로만
구성되어 있다.

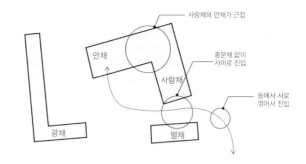

고 마루판을 끼워 넣은 우물마루로 되어 있다. 가구 구조는 전·
후퇴를 둔 2고주 5량의 납도리집이다. 다만 안대청 부분만 1고주
5량이다. 도리는 주심도리, 중도리, 종도리가 사용되었는데 도리
아래에는 장여를 받쳤다. 종도리 밑에는 뜬창방을 보내고 그 사이
에 소로를 끼웠다. 이것은 19세기 말에 일반 살림집에 쓰기 시작
한 기법이다. 회첨 처리는 회첨추녀 없이 서까래를 겹쳐 얹은 고
식 기법을 사용했다. 기둥과 마루는 비교적 낮은 높이로 만들었
다. 대청의 종단상 가구는 중앙에 내진고주를 세우고 맞보 형식으
로 좌·우에 보를 걸어 사분변작으로 나누었다. 그 위에 중도리와
장여를 놓고 종보를 걸었다. 종보 위에는 판대공을 세워 뜬창방과
종도리를 결구했다.

안채 부엌 서쪽에는 안채를 감싸는 형태로 광에 주거 기능을 가
진 날개채를 덧붙인 'ㄴ자'형의 광채가 있다. 안채와 광채는 튼
'ㅁ'자를 이루며 넓은 안마당 공간을 형성한다. 광채의 왼쪽 앞에
우물과 장독대가 있고, 장독대와 나란하게 앞쪽에 이엉을 얹은 초
가인 별채가 있다.

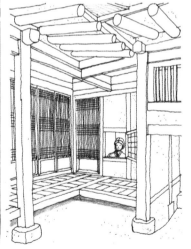

사진 1
사랑채

사진 2
안채

사진 3
사랑채 후면과 별당

사진 4
사랑채 후면 부엌

사진 5, 그림
안채 건넌방 아래의
눈꼽째기 창

사진 6, 7
안대청의 가운데에
원형기둥을 세우고 대들보
없이 맞보를 걸었으며
중도리 위치에서 동자주
없이 종보가 결구된 5량
가구법을 사용했다.
전퇴 부분에 고주를
사용해 툇보와
대들보로 결구되는
일반적인 1고주 5량
가구법과 비교된다.

사진 8, 그림
사랑채 왼쪽 방의 창호와
창을 고정한 모습

사진 9, 그림
머거불기와 없이
용마루를 매우 높게 쌓고,
지붕마루는 양쪽 끝을 더
높여 강조했으며 망와를
사용한 사랑채 용마루

사진 10, 11, 12, 13
다양한 망와들

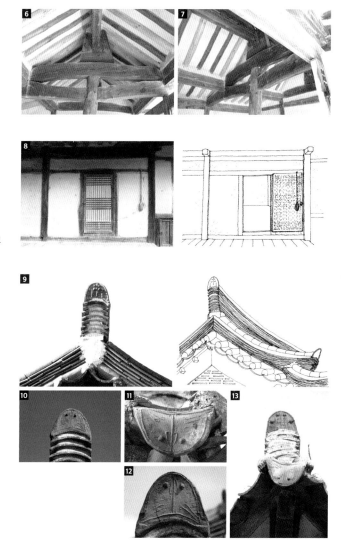

영동 성위제가옥

永同 成渭濟家屋

소재지	충북 영동군 학산면 미촌길 67-11
건축 시기	안채: 1897년
	광채: 18세기 경 추정
지정 사항	중요민속문화재 제144호
소유자	성위제
구조 형식	안채: 3량가, 우진각 기와지붕
	사랑채: 반5량가, 우진각 기와지붕
	사당: 3량가, 맞배 기와지붕

지붕 평면도

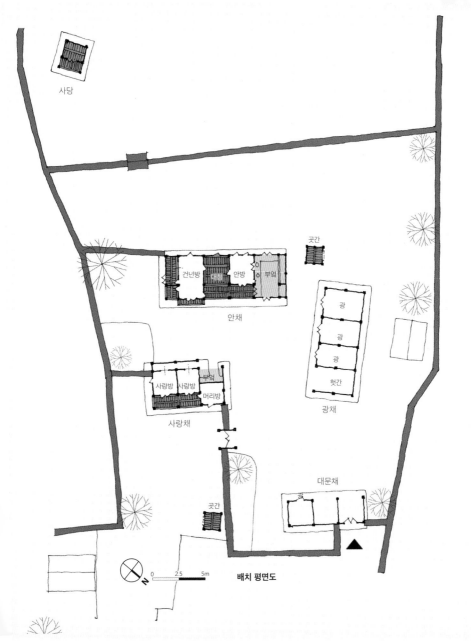

사당

곳간

건넌방 대청 안방 부엌

안채

광

광

광

헛간

광채

사랑방 사랑방 부엌

머리방

사랑채

곳간

대문채

광

0 2.5 5m

배치 평면도

성위제가옥 진입부에는 200년을 헤아리는 느티나무가 보호수로 있으며 마을 뒷동산은 백로와 왜가리가 매년 2월에 날아와 그해 10월까지 600여 마리가 머무는 철새 도래지이다.

성위제가옥의 배치는 짜임새는 없지만 내외 구분 없이 각각의 기능에 충실하다. 사랑채가 독립되어 있고 안채는 대지 가운데에 남서향으로 사랑채와는 약간 빗겨 자리하고 있다. 안채 서쪽에는 커다란 광채가 있고 특이하게 광채 측면 축선상에 대문채가 있다. 안채 뒤로는 넓은 뒤뜰이 있고 뒤뜰 후미진 곳에 사방 한 칸, 맞배지붕의 사당이 자리 잡고 있다.

안채의 기둥 배열은 정면 4칸에 왼쪽으로 퇴를 두어 4칸 반이며 측면은 1칸에 전면으로 퇴를 두어 1칸 반으로 구성했다. 안채의 가구는 3평주 3량으로 대들보에서 동자대공을 세워 종도리를 받치고 여기서 처마도리까지 전·후로 서까래를 걸어 3량가를 이루고 있다. 대청 상부에는 시렁을 설치했다. 왼쪽의 시렁은 달대를 내리고 가로대를 결구해 만든 반면 오른쪽의 시렁은 서까래 크기의 부재 두 개를 단순하게 걸쳐 놓았다.

광채는 정면 4칸에 측면 2칸의 초가로 오른쪽 1칸만 개방되어

사진 1
사랑마당에서 본 사랑채

사진 2
안마당에서 본 사랑채. 대청이 없고 안채 쪽의 함실에서 불을 지피도록 되어 있다.

그림
배치 및 공간 구성도.
사랑채와 안채 영역이
완전 분리되어 있으며,
각각의 규모가 작고
우진각지붕으로 구성되어
있다.

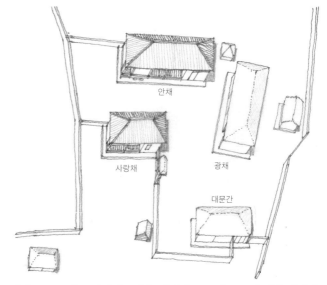

안채

사랑채

광채

대문간

헛간으로 쓰이고 나머지 3칸은 판자벽으로 두르고 마루를 깔아서 광으로 쓰고 있다. 광채는 규모가 큼에도 불구하고 내부 중심에 고주를 세우고 직접 종도리를 받치도록 한 원초적인 3량가의 구조법을 사용했다. 이런 가구 방식은 유래를 찾아볼 수 없는 오랜 방식이다. 광채 벽체를 구성하고 있는 판벽의 가공 수법이나 원목에 자귀로만 가공한 수법이 특이하며 맞춤법 역시 보기 드문 고식 기법이다.

각 건물들의 규모 및 가구법은 화려하고 웅장하기보다는 농가로서 소박하고 검소하다. 규모에 비해 간소한 가구법을 가진 안채, 필요한 부분만 최소로 가공한 광채의 벽체 구성, 문얼굴을 구성하는 방법 등이 눈에 띈다. 안채 오른쪽 모서리 반 칸을 전툇마루로 구성해 안과 밖의 소통 공간이 되게 했다.

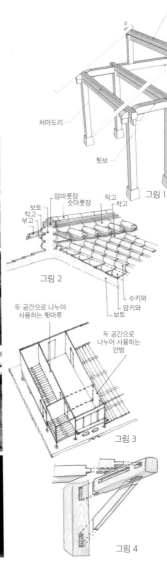

그림 1

종도리
동자대공
처마도리
대들보
툇보

암마룻장
숫마룻장
착고
착고
착고
보토
부고

그림 2

수키와
암키와
보토

두 공간으로 나누어
사용하는 툇마루

두 공간으로
나누어 사용하는
안방

그림 3

그림 4

사진 1, 그림 1
안채의 3량 가구 상세

사진 2, 그림 2
안채에서는 적새 위에
너새기와를 얹은 독특한
용마루 잇기를 볼 수 있다.

사진 3, 그림 3
왼쪽에 마루를 설치한
것과 전·후를 나누어
공간을 사용한 특징이
있다. 안방도 대청 쪽에서
보면 출입문이 두 개이고
툇마루도 나누어 있는
것으로 보아 두 개의
공간으로 나누어 사용한
것으로 추정된다.

사진 4, 그림 4
안채 건넌방 쪽마루
결구도

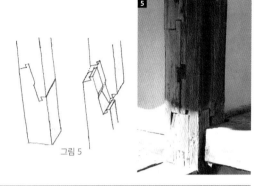

그림 5

광채의 가구와 빈지널 판벽

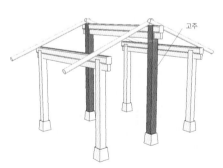

고주

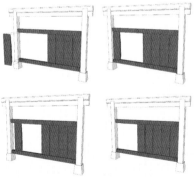

가운데에 고주를 세워 직접 종도리를 받치도록 한 원초적인
가구법을 사용했다.

판벽의 구성 방법이나 가공 수법이 원시적
이고 맞춤법 또한 고식이다.

대전 회덕 동춘당

大田 懷德 同春堂

소재지	대전 대덕구 동춘당로 80
건축 시기	동춘당: 1643년
	동춘고택: 1617년
지정 사항	동춘당: 보물 제209호
	동춘고택: 대전유형문화제 제3호
소유자	송영진
구조 형식	동춘당: 5량가, 팔작 기와지붕
	안채: 5량가, 팔작 기와지붕
	사랑채: 5량가, 팔작 기와지붕

지붕 평면도

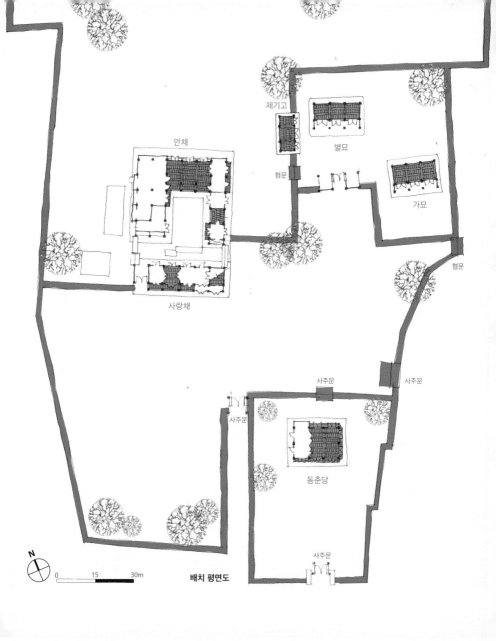

안채

제기고

별묘

가묘

협문

협문

사랑채

사주문

사주문

사주문

동춘당

사주문

N

0   15   30m

배치 평면도

사진 1
동춘당 전경

　회덕동춘당은 별당인 동춘당과 생활공간인 사랑채와 안채, 사당인 별묘와 가묘가 담장으로 구획되어 있다.

　동춘당은 동춘당 송준길(同春堂 宋浚吉, 1606~1672)이 관직에서 물러나 후학 양성을 위한 강학공간으로 1643년에 지은 것으로, 독서와 접객 공간으로도 사용되었다. 동춘고택은 동춘당보다 먼저 건립되었다.

　응봉산 자락을 등지고 남향으로 배치되어 있으나 지금은 아파트가 들어서 있어 주변 지형을 인지하기 어렵다. 동춘당 주변이 개발되기 전에는 동춘당 정면이 주 진입도로 축과 맞춰 있었다. 고택으로 가기 위해서는 동춘당 담장을 따라 놓인 긴 통로를 지나야 나오는 대문을 통하게 되어 있다. 이와 같은 진입 동선은 방문자를 압도할 정도의 위용을 갖춘 배치이나 현재는 주변이 공원화되면서 이런 느낌은 다소 약화되었다.

　가장 앞쪽에 자리한 동춘당은 앞·뒤에 모두 나지막한 대문을 두었다. 동춘당 뒤에 있는 고택은 안마당을 중심으로 북쪽에 'ㄷ'자 형 안채, 남쪽에 'ㅡ'자 형 사랑채를 배치하고 담장으로 연결해 튼 'ㅁ'자 형을 이룬다. 안채와 사랑채는 내외담으로 공간을 구분

하고 있다. 오른쪽의 약간 높은 곳에 자리 잡은 사당은 불천위를 모신 별묘를 위쪽에 두고, 가묘를 아래쪽에 배치했다. 가묘 앞의 담장을 꺾고 삼문을 별묘와 가깝게 설치해 별묘를 거쳐 가묘에 갈 수 있도록 배치했다.

4칸 마루와 2칸 방으로 구성되어 있는 동춘당은 마루와 방 사이에 들문을 설치해 필요할 경우에는 전체를 통으로 사용할 수 있도록 했다. 마루방 외부에는 난간을 두르지 않은 간단한 구조의 장마루를 삼면에 설치했다. 굴뚝은 고막이 높이 정도로 낮게 만들었는데, 이것은 내세우지 않는 유학의 은둔적 사고를 표현한 것으로 보인다. 고식 기법인 영쌍창을 달았고, 툇마루 쪽 창호는 민가에서는 보기 드문 삼중창호로 구성했다.

사진 2
동춘당 일각문

사진 3
동춘당 옆의 긴 통로를 지나야 동춘당고택에 들어가는 문이 나온다.

그림
동춘당 남쪽 입단면도

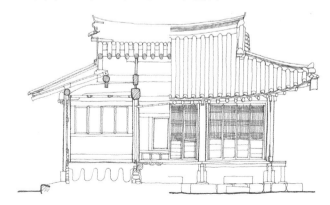

사진 1
동춘당

사진 2
동춘당은 난간을 두거나
장식을 하지 않은 단순한
장마루를 삼면에
설치했다.

사진 3
장마루 이음 상세

사진 4
궁판을 높게 설치한
사분합문

사진 5
동춘당 내부의 들문. 문
전체를 2등분하고 반쪽을
다시 2대1로 나누어
각각의 넓은 문 쪽에
출입문과 창을 설치했다.

사진 6, 그림
문상방과 문선은 벽에
숨기고 문얼굴만 보이게
하는 고식 기법을 사용한
동춘당의 영쌍창 상세

사진 7
동춘당 내부 가구 상세.
당초를 양각한 판대공에서
힘이 느껴진다.

사진 8, 9
동춘당의 물익공 (사진
8)과 보아지(사진 9)

사진 10
사랑대청에서 본 안채
마당. 사랑채에서 안채가
바로 보이는 것을 막기
위해 내외담을 설치했다

사진 11
사랑채의 삼중창으로
쌍창, 영창, 흑창이 모두
보인다.

사진 12
내외담

사진 13
안대청 전면의 매화나무
액자가 이 집의 기개를
상징하는 듯하다.

사진 14
가묘와 별묘 전경

사진 15
별묘 내부

세종 유계화가옥

世宗 柳桂和家屋

소재지	세종특별자치시 부강면 용포동촌길 43-19
건축 시기	1866년
지정 사항	중요민속문화재 제138호
소유자	김학성
구조 형식	안채: 2고주 5량가, 팔작 기와지붕
	사랑채: 1고주 5량가, 팔작 기와지붕

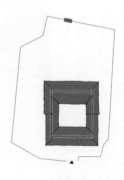

지붕 평면도

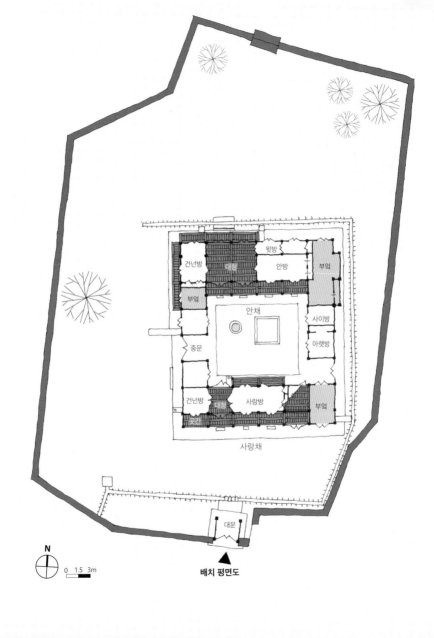

건넌방 대청 윗방 안방 부엌

부엌 안채 사이방

중문 아랫방

건넌방 대청 사랑방 부엌

곳간 사랑채

대문

N

0 1.5 3m

배치 평면도

유계화가옥은 부강리 마을 서쪽, 마을 길의 끝에 정남향으로 자리한다. 안대청에 있는 묵서에 의해 1866년에 지어졌음을 알 수 있다.

사주문을 들어서면 사랑채가 보인다. 안채는 사랑채 서쪽에 있는 중문으로 들어간다. 사랑채는 안채의 양 날개채와 연결되어 'ㅁ'자 형을 이룬다. 사랑채와 안채가 연결되는 부분은 지붕의 높이를 달리했다. 서쪽에는 작은 담장을 설치하고 동쪽 마당은 작게 만들어 안채와 사랑채 영역을 구획했다.

안채는 전·후 툇간을 둔 2칸 대청을 중심으로 동쪽에는 안방과 부엌이, 서쪽에는 건넌방이 있다. 부엌 아래에는 사이방과 아랫방이 있고, 건넌방 아래에는 상부에 다락이 있는 작은 부엌과 중문간이 있다. 안방 앞에는 대청과 연결된 전퇴가 있고, 뒤에는 윗방이 있다. 건넌방에는 서쪽과 북쪽에 쪽마루를 달아냈다. 안방 옆에 있는 부엌에는 처마 밑을 이용해 살강을 설치했다.

사진 1
전면 전체에 툇마루를 둔 것과 동쪽에 부뚜막이 있는 독립된 부엌을 둔 것은 다른 가옥의 사랑채에서는 보기 드문 사례이다.

사진 2, 그림 1

사랑채의 고상마루 상부 반 칸에는 문을 달았던 흔적이 있다. 공간의 용도를 알 수 없지만 문을 달아 독립된 공간으로 사용한 예는 보기 드문 사례다. 그림은 문이 있을 때 모습을 추정해 본 것이다.

사진 3

안채와 사랑채는 내외담을 설치해 영역을 구분했다. 왼쪽이 안채이고 오른쪽이 사랑채이다.

사진 4

큰사랑과 작은사랑은 쪽문으로 구분했다. 중문 옆에 작은사랑이 있다.

그림 2

안채와 사랑채의 지붕 부분 스케치. 사랑채와 안채의 지붕 높이를 달리 해 영역을 구분했다.

그림 1

사랑채에는 사랑대청 왼쪽 뒤에 곳 간을 두고 마루를 깐 건넌방이 있다. 원래 건넌방은 전체를 곳간으로 사용 하던 공간이다. 동쪽에 2칸 규모의 사 랑방이 있고 옆의 하부는 아궁이, 상 부는 다락으로 이용하는 공간이 있다. 동쪽 마지막에는 사랑부엌을 두었다. 사랑채는 부엌을 제외하고 모두 툇마 루가 있다.

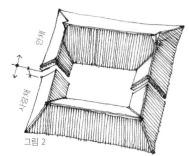

그림 2

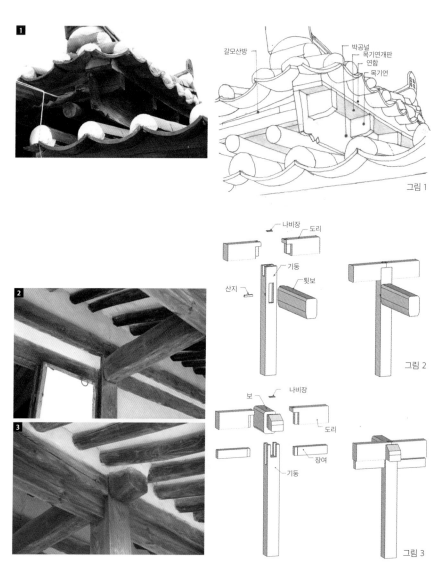

그림 1

갈모산방 · 박공널 · 목기연개판 · 연함 · 목기연

나비장 · 도리
기둥
산지 · 툇보

그림 2

보 · 나비장
도리
기둥 · 장여

그림 3

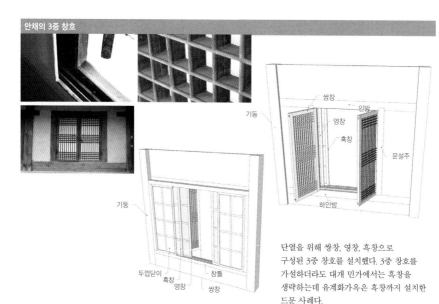

안채의 3중 창호

쌍창
영창
흑창
인방
기둥
문설주
하인방

기둥
두껍닫이
흑창
영창
창틀
쌍창

단열을 위해 쌍창, 영창, 흑창으로
구성된 3중 창호를 설치했다. 3중 창호를
가설하더라도 대개 민가에서는 흑창을
생략하는데 유계화가옥은 흑창까지 설치한
드문 사례다.

사진 1, 그림 1
사랑채 지붕은
맞배지붕임에도
갈모산방을 사용해 앙곡을
주었다. 이런 사례는
전국적으로 간간이
보인다.

사진 2, 그림 2
두겁주먹장맞춤한 안채
고주 상부

사진 3, 그림 3
숭어턱맞춤한 사랑채 처마
기둥

사진 4
안채 동쪽 날개채

부록

용어 해설
기와집의 부위별 명칭

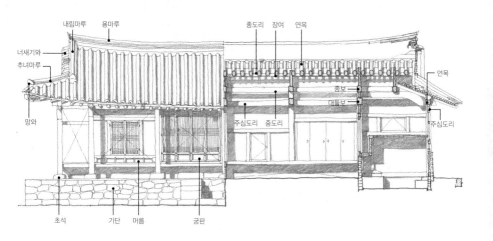

내림마루 · 용마루 · 종도리 · 장여 · 연목 · 너새기와 · 추녀마루 · 종보 · 대들보 · 망와 · 주심도리 · 중도리 · 연목 · 주심도리 · 초석 · 기단 · 머름 · 궁판

초가의 부위별 명칭

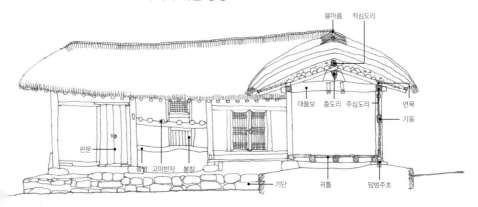

용마름 · 적심도리 · 대들보 · 종도리 · 주심도리 · 연목 · 기둥 · 판문 · 중방 · 고미반자 · 봉창 · 기단 · 귀틀 · 덤벙주초

갈모산방

앙곡을 두드러지게 하기 위해 선자연 아래 끼워 넣는 삼각형 받침목이다. 높은 면을 추녀 쪽으로 받친다. 사진과 같이 박공지붕에도 드물게 사용된다.

갈모산방

감잡이쇠

문둔테와 문선이 떨어지지 않게 덧대는 보강 철물

감잡이쇠

개판

서까래나 부연 위에 까는 판재. 우리나라에서는 서까래와 같은 길이 방향으로 깐다. 부연 위에 있는 개판은 부연개판이라고 한다.

초매기　부연　이매기
서까래 개판　부연개판

걸창

밑에서 밀어 열 수 있는 고창으로 주로 행랑채 바깥쪽의 중방 위에 높게 단다.

게눈각

추녀 끝에 골뱅이와 같은 모양을 낸 것으로 큰 부재임에도 무겁지 않고 역동적으로 보이게 해 준다.

게눈각

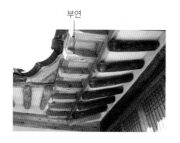

부연

겹처마, 부연

처마를 길게 빼기 위해 서까래 끝에 짧은 방형 서까래인 부연을 덧붙인 처마를 겹처마라고 한다. 겹처마는 건물의 위엄을 높이고 빗물이 들이치는 것을 막아준다. 부연은 처마를 깊게 하고 장식 효과가 있다.

난간대

계자다리

계자난간

계자난간은 당초문양을 조각해 만든 계자다리가 난간대를 지지하는 난간을 말한다. 난간대는 돌난대라고도 한다. 계자다리는 올라갈수록 밖으로 튀어나오게 만들어 난간 안쪽에서는 손에 스치지 않는다.

고미가래   고미받이

고미가래, 고미반자, 고미받이

고미반자는 천장의 종류 중 하나로 고미받이와 고미가래로 구성한다. 보와 보 중간에 도리방향으로 건너지른 것이 고미받이이고, 고미받이와 양쪽 도리에 일정 간격으로 서까래를 걸듯이 건 것이 고미가래이다. 고미가래 위에 산자를 엮고 흙을 깔아 마감한 천장이 고미반자이다.

고삽, 회첨추녀

'ㄱ'자로 꺾인 건물에서 지붕이 서로 만나는 부분에는 회첨추녀를 건다. 회첨추녀 끝은 회첨지붕을 받는 평고대와 연함, 개판을 삼각형 모양으로 구성하는데 이것을 고삽이라고 한다.

— 고삽

— 회첨추녀

고상마루

다른 마루보다 높여 설치한 툇마루로 대개 아래에는 아궁이를 설치한다.

— 고상마루

광창

출입문 위에 설치한 낮고 긴 창호로 옆으로 길어서 광창(廣窓)이라고 한다. 대개 환기, 통풍, 채광용으로 설치하며 열리지 않는 붙박이나 벼락닫이, 미서기창 형태로 만든다. 바라지창, 사창(斜窓), 교창이라고도 한다.

— 광창

교란

계자다리 없이 구성된 평난간 중 난간동자 사이를 청판이 아닌 살대로 엮은 난간을 말한다. 살대의 모양에 따라 아자 교란, 완자 교란, 파만자 교란, 빗살 교란 등으로 구분한다.

교살문, 교살창

살대를 45도로 교차해 짠 창호로 빗살문이라고도 한다.

굴도리

굴도리

도리는 서까래 바로 아래 가로로 길게 놓인 부재이다. 단면 형태와 놓인 위치에 따라 명칭이 다른데 단면이 원형인 도리를 굴도리라고 한다.

궁판

궁판

살창의 아래쪽에 끼워 넣은 얇은 판재. 회덕 동춘당에는 대개의 경우보다 궁판을 높게 설치한 사분합문이 있다.

귀포

건물 모서리 기둥 위에 놓이는 공포

납도리

단면이 네모난 도리. 조선시대에는 천원
지방(天圓地方) 사상이 있어 동그라미를
남성인 양성으로, 네모를 여성인 음성으
로 비유했다. 창덕궁 연경당 내행랑채
의 경우, 남성이 드나드는 문에는 굴도
리를, 여성이 드나드는 문에는 납도리를
사용했다.

납도리

내림마루, 용마루, 추녀마루

지붕 면이 서로 만나는 부분은 지붕마루
를 구성해 마감해 주는데 위치에 따라
내림마루, 용마루, 추녀마루로 구분한다.
종도리 위에 도리방향으로 길게 만들어
지는 것이 용마루, 팔작지붕에서 합각을
타고 내려오는 것이 내림마루, 추녀 위
지붕마루가 추녀마루이다. 팔작지붕에
서는 세 개의 지붕마루가 모두 나타나지
만 우진각에는 내림마루가 없고, 맞배에
는 추녀마루가 없으며 모임지붕에는 용
마루와 내림마루가 없다.

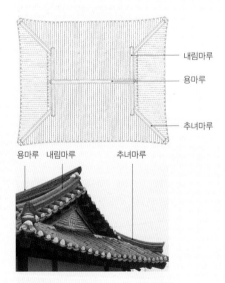

내림마루

용마루

추녀마루

용마루 내림마루   추녀마루

내외담

내외담

집의 외곽에 쌓는 울타리 개념의 담장이 아닌 집 안에 쌓는 담장이다. 안주인의 공간인 안채와 바깥주인의 공간인 사랑채 사이나 외부에서 집 안이 바로 보이지 않도록 막아 주는 시선 차단용 담장이다.

너새기와

너새기와

맞배지붕이나 합각지붕에서 지붕 양 끝, 목기연 위에 올라가는 짧은 처마의 기와로 날개기와라고도 한다. 일반 암키와와 수키와를 사용한다.

널판문

나무를 판재로 만들어 여러 쪽을 띠장목으로 연결해 만든 판문이다. 보온할 필요가 없는 대문이나 중문, 부엌 문 등에 주로 사용되었다.

눈꼽째기창

눈꼽째기창

겨울에는 문을 열 경우 열 손실이 많다. 그래서 문의 옆 벽면에 밖의 동태만 살필 수 있는 작은 창을 내거나 창이나 문 안에 열 수 있게 작은 창을 내는데 이것을 눈꼽째기창이라고 한다.

눈썹반자, 외기

팔작지붕에서 중도리가 추녀를 받기 위해 내민 보 형식으로 빠져나와 틀을 구성한 부분을 외기라고 한다. 외기의 보 방향 도리에 측면 서까래가 걸리고 도리의 왕지맞춤 부분에는 추녀가 걸리면서 외기 안쪽이 깔끔하지 못하다. 이것을 가리기 위해 설치한 천장을 눈썹반자라고 하는데 면적이 매우 작아 붙은 이름이다.

외기
눈썹반자

달대

천장을 서까래에 매달아 고정시키기 위한 부재. 선반을 고정할 때 사용하는 부재를 말하기도 한다.

달대

대공, 동자대공, 판대공, 포대공

대공은 종보 위 종도리를 받는 부재로 화반과 함께 가장 다양한 형태로 나타난다. 3량가나 부속 건물에서 주로 볼 수 있는 짧은 기둥을 세운 동자대공, 판재를 사다리꼴로 여러 겹 겹쳐서 만든 판대공, 첨차를 이용해 마치 공포를 만들 듯이 만든 포대공 등이 있다.

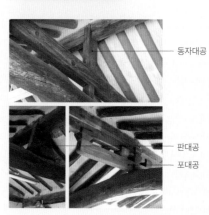

동자대공

판대공
포대공

덤벙주초

자연석을 가공 없이 그대로 사용한 초석으로 자연석 초석이라고도 한다. 산돌을 주로 사용하며, 기둥이 놓이는 면을 살짝 가공하거나 기둥 밑면을 돌의 모양에 맞춰 그렝이질해 사용해야 기둥이 밀리지 않는다.

동자주

동자주, 포동자주

5량가, 7량가에서 대들보나 중보 위에 올라 가는 짧은 기둥. 살림집에서는 대개 각기둥 모양을 사용했으며 궁궐이나 사찰에서는 다양한 모양의 동자주를 사용했다.

두껍닫이

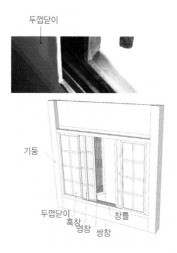

기둥

두껍닫이   창틀
흑창
영창 쌍창

두껍닫이 또는 갑창

보온을 위해 고급 가옥에서는 창을 세 겹으로 달았는데 밖에서부터 쌍창, 영창, 흑창 순서이다. 방 안에서는 영창이나 흑창이 양쪽으로 열려 들어갈 수 있는 두꺼비집을 만들어 주는데 이것을 두껍닫이 또는 갑창이라고 한다. 나무로 격자형 틀을 만들어 벽지나 두꺼운 종이를 발라 마무리하며 고정되어 있는 가벽으로 볼 수 있다.

둔테

문짝의 촉이 들어가는 구멍이 있는 부재

둔테

막새기와

기와 끝에 드림새를 붙인 기와로 처마
쪽에 건다. 암막새와 수막새가 있다.

막새기와

맞배지붕, 우진각지붕, 팔작지붕

맞배지붕은 건물의 앞과 뒤에서만 지붕
면이 보이고 추녀가 없으며 용마루와 내
림마루만으로 구성된 지붕이다.

우진각지붕은 네 면에 모두 지붕 면이
있고 용마루와 추녀마루로 구성된 지붕
이다.

팔작지붕은 우진각지붕 위에 맞배지붕
을 올려 놓은 듯한 모습으로 시기적으
로 가장 늦게 나타났다. 측면에 삼각형
의 합각벽이 생겨서 합각지붕이라고도
한다.

맞배지붕

우진각지붕

팔작지붕

맞보

맞보

가운데 기둥을 중심으로 양쪽에서 온 보가 서로 마주보고 있는 것을 말한다. 한자로는 합량(合樑)이라고 한다.

망와

망와

머거불 위에 올리는 장식기와로 마치 암막새를 엎어 놓은 것과 같다. 암막새에 비해 드림새가 높다.

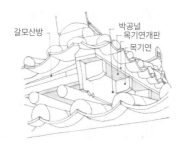

갈모산방
박공널
목기연개판
목기연

목기연, 목기연개판

목기연은 박공 윗면에 일정한 간격으로 끼워 건 방형의 짧은 서까래. 부연과 모양은 같지만 길이는 더 짧다.
목기연개판은 목기연 위에 박공 방향으로 덮은 긴 판재이다.

물익공

물익공, 직절익공

익공은 창방과 직교해 보방향으로 결구된 부재로 새 날개 모양이다. 익공의 숫자에 따라 초익공, 이익공, 삼익공이라고 부르며, 익공의 끝 모양이 뾰족하지 않고 둥글게 만든 것을 물익공, 직절한 것이 직절익공이다.

머름, 머름대, 머름동자, 통머름

머름은 창 아래 설치된 높은 문지방을 말한다. 방 안에 앉아서 팔을 걸쳤을 때 가장 편안한 높이인 30~45센티미터 정도로 설치하는데 출입용 문에는 설치하지 않는다. 머름은 기둥 사이에 인방재를 위·아래로 보내고 그 사이에 짧은 기둥을 일정한 간격으로 세운 다음 기둥 사이는 얇은 판재로 막는다. 아래 인방재를 머름하방, 위 인방재를 머름상방 또는 머름대라고 하며 일정 간격으로 세운 짧은 기둥을 머름동자라고 한다. 머름동자 사이에 끼운 얇은 판재는 머름청판이라고 한다. 머름하방과 머름대만 설치하고 머름동자를 생략한 머름이 통머름이다.

머름동자

머름상방, 머름대
머름청판
머름하방

통머름

민도리식

기둥머리에서 보와 도리가 직교해 직접 결구되는 구조로 첨차나 익공과 같은 공포 부재를 사용하지 않고 출목도 없다. 민도리식은 익공식과 구조가 비슷한데 익공식은 창방이 있으며 주두와 익공 위에 보가 올라가지만 민도리식은 창방이 없고 기둥에 직접 결구된다.

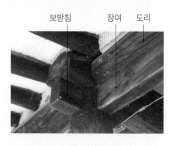

보받침   장여   도리

박공

맞배지붕과 팔작지붕은 측면에 삼각형 부분이 생긴다. 이 삼각형 부분에 판재를 '人'자 모양으로 거는데 이를 박공이라고 한다.

박공

496 부록

반턱맞춤

까치발

반턱맞춤

부재 두께의 반씩을 걷어내 맞대어 맞춤하는 것을 말한다. 반턱이 위로 열려 있고 밑에 깔린 부재를 받을장, 반턱이 아래로 열려 있고 위에 놓이는 부재를 업힐장이라고 한다.

방구매기

초가에서 추녀 모서리를 둥글게 하는 것을 말한다.

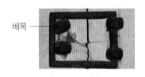

배목

배목

문고리를 문얼굴에 고정시키는 머리를 동그랗게 만든 철물

보아지

보아지

건물의 수평 구조부재인 보의 전단력을 보강하고 기둥의 처짐 방지를 고려해 받치는 받침목

봉창

부엌에서 연기가 빠져나가도록 벽에 구멍을 뚫고 날짐승들이 들어오지 못하게 살대를 엮어 만든 창이다. 창호지를 바르지도 않고 열리지도 않는다.

봉창

분합문, 불발기분합문

개폐 방식에 상관 없이 외벽에 설치되는 두 짝 이상의 창호를 분합문이라고 한다. 대청과 방 사이에는 가운데 광창을 달고 위와 아래에는 벽지를 발라 빛을 차단한 분합이 사용되는데 이 문을 불발기분합문이라고 한다. 불발기분합문은 연창분합, 연창장지라고도 한다.

분합문

불발기분합문

빈지널문

판재를 위로 하나씩 올려 빼내는 분해 조립식 판문으로 주로 뒤주와 같은 곡식 창고의 문에 사용한다. 빈지널은 하나씩 올려 빼내기 때문에 빈지널의 순서가 중요하므로 번호를 표기하기도 한다.

빈지널문

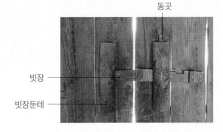

동곳

빗장

빗장둔테

빗장

양쪽 문짝의 가운데에 구멍이 있는 빗장둔테를 세워 대고 그 사이에 가로목을 건너질러 문을 잠그는데 건너지르는 가로목을 빗장이라고 한다.

사개맞춤

사개맞춤

기둥머리에서 창방과 보가 직교해 만나기 때문에 기둥머리는 '十'자 형으로 트는데 이를 사갈이라고 한다. 사갈을 기본으로 결구되는 기둥머리 맞춤법이 사개맞춤이다. 기둥머리 맞춤에서 가장 많이 이용된다.

사래   추녀   알추녀

사래, 추녀, 알추녀

기둥 모서리 위에 45도 방향으로 걸린 사각형 단면의 부재가 추녀이다. 추녀는 팔작지붕이나 우진각지붕에는 있지만 맞배지붕에는 없다. 부연이 있는 겹처마의 경우 부연 길이만 한 짧은 추녀가 하나 더 걸리는데 이것을 사래라고 한다. 사래는 추녀 위에 올라간다. 알추녀는 추녀 밑에 있는 받침추녀로 드물게 사용되었다.

사주문

행랑이 아닌 담장에 대문을 설치할 때
주로 이용된 문으로 솟을대문 다음으로
많이 사용되었다. 네 기둥 위에 지붕이
있다. 대개 맞배지붕을 올린다.

상인방, 중인방, 하인방

기둥과 기둥 사이에 건너지르는 가로재
를 인방이라고 한다. 상·중·하 세 단에
걸어 기둥을 잡아 주어 횡력을 견디게
한다. 걸리는 위치에 따라 상인방, 중인
방, 하인방으로 구분한다.

상인방

하인방

상투걸이맞춤

기둥머리에 상투처럼 촉을 두고 촉에
보와 도리를 꽂아 맞춤하는 방식을 말
한다.

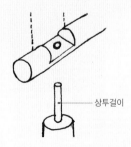

상투걸이

서까래, 말굽서까래, 선자서까래

도리 위에 건너지르는 긴 부재를 서까래라고 한다. 선자서까래는 추녀 양쪽에서 부채살처럼 걸린 서까래로 지붕의 안허리곡과 앙곡 때문에 추녀 쪽으로 갈수록 길어지고 위로 치켜 올라간다. 선자연이라고도 한다. 말굽서까래는 뒷뿌리가 하나의 꼭지점에서 모이지 않고 추녀 옆에 엇비슷하게 붙은 서까래로 마족연이라고도 한다.

소로, 소로 수장집

소로는 첨차와 첨차, 살미와 살미 사이에 놓여 상부 하중을 아래로 전달하는 역할을 한다. 주두와 모양은 같고 크기는 작다. 도리와 장여 밑에 소로를 받쳐 장식한 집을 소로 수장집이라고 한다.

안고지기문

미닫이 겸 여닫이문으로 위와 아래의 문틀이 회전선에 맞춰 사선으로 처리된다.

양통집, 홑집

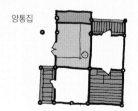

측면 칸 수가 2칸인 것으로 2칸 겹집이라고도 한다. 퇴 없는 측면 1칸 집은 홑집 혹은 외통집이라고 한다.

엇걸이산지이음

기둥이나 수평재, 마감재 등의 이음에
많이 사용되는 이음으로 장부와 장부 사
이에 산지를 끼워 이음한다.

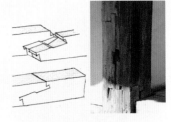

연귀맞춤

연귀맞춤

액자 틀처럼 모서리 부분을 45도로 맞
춤하는 것으로 주로 문얼굴의 맞춤에 사
용된다.

연등천장

천장을 만들지 않아 서까래가 그대로 노
출된 천장으로 대청의 천장에서 많이 사
용했다.

연목, 단연, 장연, 중연

도리 위에 건너지르는 긴 부재인 서까래
는 놓이는 위치에 따라 달리 불린다. 3량
가의 경우 처마도리와 종도리에 한 단만
걸치는데 이것을 서까래 또는 연목이라
고 한다. 5량가에서는 처마도리에서 중도
리까지와 중도리에서 종도리까지 두 단
의 서까래가 걸리는데 하단 서까래를 장
연, 상단 서까래를 단연이라고 한다. 7량
이상에서는 장연과 단연 사이에도 서까
래가 걸리는데 이것을 중연이라고 한다.

연목(3량가)

단연
장연

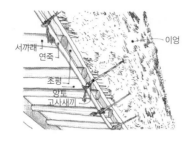

연죽

초가지붕은 추수 후 볏짚을 엮어 만든 이엉을 올려 구성한다. 이엉은 바람에 날리지 않도록 새끼줄로 묶어 주는데 묶어 주는 새끼줄을 고사새끼라고 한다. 고사새끼는 긴 나무나 대나무 등을 서까래 끝에 가로로 길게 고정시킨 연죽에 잡아맨다.

연함, 평고대

평고대는 추녀와 추녀를 연결하는 가늘고 긴 곡선 부재이다. 연함은 기와골에 맞춰 파도 모양으로 깎은 기와 받침부재로 평고대 위에 올린다. 연함의 단면은 삼각형으로 생겼다. 서까래 끝에 걸린 평고대를 초매기, 부연 끝에 걸린 평고대를 이매기라고도 한다.

영쌍창

문이 두 짝인 것을 쌍창이라고 하는데 쌍창 중에서 가운데 문설주 있는 것을 말한다. 영쌍창은 고식 기법이다.

왕지도리

모서리 기둥 위에 얹어져 기둥 밖으로 내민 도리를 말한다. 중도리와 주심도리가 직교하면서 직교점 밖으로 내민 부분을 일컫기도 한다. 왕지도리는 도리 위에 추녀가 얹히는 팔작지붕에서 주로 나타나는데 중도리와 외기도리가 직교하면서 왕지도리가 생기고 왕지도리 상부에 추녀가 얹힌다.

— 왕지도리

우리판문

올거미가 있는 판문이라는 뜻이다. 정교하게 문울거미를 짜고 살대 대신에 얇은 청판을 끼워 만든다. 《화성성역의궤》에는 당판문(唐板門)으로 표기되어 있다.

우물마루

마루를 '井(우물 정)'자 모양으로 깔아서 붙은 이름이다. 우물마루는 기둥과 기둥 사이에 건너지른 긴 장선인 장귀틀, 장귀틀 사이에 일정한 간격으로 보낸 짧은 장선인 동귀틀, 동귀틀 옆에 생긴 홈을 메워 주는 마루청판으로 구성된다.

— 장귀틀
— 마루청판
— 동귀틀

우미량

단차가 있는 도리를 계단 형식으로 상호 연결하는 부재이다. 소꼬리처럼 곡선으로 만들어져 우미량으로 부른다. 다른 보처럼 기둥을 연결하는 것은 아니다.

우미량

원산

원산

문지방이 없는 여닫이문에서 문짝이 밀려 들어가지 않도록 방지해 주는 턱을 말한다. 돌로 만들거나 철편으로 만들어 문지방에 박는다.

일각문

담장에 의지해 두 개의 기둥만을 세우고 외 짝 또는 두 짝 판문을 달고 지붕을 올린 문이다. 기둥보다 담장이 두껍기 때문에 마치 용지판을 대는 것처럼 기둥 양쪽에 조각 판재를 대 담장 마구리 부분을 막아 준다. 협문으로 설치되는 경우가 많다.

장마루

기둥 사이에 장선을 일정한 간격으로 걸고 그 위에 폭이 좁고 긴 마루널을 깔아 만든 마루

장여

도리 밑에 놓인 도리받침 부재로 도리에 비해 폭이 좁다. 도리와 함께 서까래의 하중을 분담한다. 장여 아래에 또 하나의 장여를 보내는 경우가 있는데 이를 뜬장여라고 한다.

적새, 부고, 착고, 숫마룻장

지붕마루의 아랫단부터 착고, 부고, 적새, 숫마룻장이 놓여 용마루를 구성한다. 가장 아래에 놓인 착고는 지붕의 수키와와 암키와가 놓이면서 생긴 요철에 맞는 특수기와이다. 착고 위에 수키와를 옆으로 눕혀 한 단 더 올린 것이 부고, 부고 위에 암키와를 뒤집어 여러 장 겹쳐 쌓은 것이 적새이다. 적새 위에 수키와를 한 단 더 놓는데 이것이 숫마룻장이다.

제비초리맞춤

연귀를 양쪽에 두어 '人'자 모양으로 맞추는 맞춤법으로 머름상방과 머름동자의 맞춤에서 주로 사용된다.

주두, 재주두, 초주두

재주두 ——
초주두 ——

주두는 공포 최하부에 놓인 방형 부재로 공포를 타고 내려온 하중을 기둥에 전달하는 역할을 한다. 주두는 공포 하나에 하나만 사용하는 것이 보통이지만 이익공 형식에서는 초익공과 이익공 위에 각각 주두를 놓기도 한다. 아래에 놓이는 주두는 위의 주두보다 커서 대주두 또는 초주두라고 하고 위에 있는 것은 소주두 또는 재주두라고 한다.

주심도리, 중도리, 종도리

종도리
중도리
동자주
보아지
주심도리
평주
뒷보
대들보
고주
뒷보

도리는 놓이는 위치에 따라 종도리 또는 마루도리, 처마도리 또는 주심도리, 중도리 등이 있다. 가장 높은 용마루 부분에 놓이는 도리를 종도리 또는 마루도리라 하고 건물 외곽의 평주 위에 놓이는 도리를 처마도리 또는 주심도리라고 한다. 3량가는 이 두 가지 도리만으로 구성된다. 5량가는 동자주 위에도 도리가 올라가는데 이것이 중도리이다.

창방, 창방뺄목, 뜬창방

창방은 기둥머리를 좌·우로 연결하는 부재이다. 민도리집은 창방 없이 도리가 기둥머리에서 결구되어 서까래를 바로 받는다. 평주가 아닌 동자주와 대공 사이에 걸린 창방은 뜬창방이라고 한다. 귓기둥에서는 창방이 서로 '十'자로 교차해 기둥머리에서 업힐장 받을장으로 반턱맞춤되며 창방머리가 기둥에서 어느 정도 빠져나오게 하는데 이를 창방뺄목이라고 한다.

창방뺄목

뜬창방

첨차, 헛첨차

첨차는 도리방향으로 놓인 공포 부재로 대개 위·아래로 놓인다. 위에 놓인 첨차가 아래첨차보다 길어서 위첨차는 대첨차로 부르고 짧은 아래첨차는 소첨차로 부른다. 또한 위치에 따라 주심첨차와 출목첨차로 구분한다. 모양에 따라 교두형, 호형, 운형, 연화두형 첨차 등이 있다. 기둥머리에서 보방향으로 빠져나온 반쪽짜리 첨차는 헛첨차이다.

헛첨차

초석

초석

기둥 밑에 놓여 기둥에 전달되는 지면의 습기를 차단해 주고 건물 하중을 지면에 효율적으로 전달하는 역할을 한다. 주초라고도 한다. 자연석을 그대로 사용한 것은 자연석 초석이라고 하는데 다른 말로 덤벙주초라고도 한다. 돌을 가공한 초석은 가공석 초석인데 모양에 따라 원형, 방형, 다각형 등으로 구분된다. 또한 사용 위치에 따라 평주초석, 고주초석, 심주초석 등으로 구분된다.

충량

충량

한쪽은 대들보에, 다른 쪽은 측면 평주에 걸리면서 대들보와 직각을 이루는 보로 측면이 2칸 이상인 건물에서 생긴다. 평주보다 대들보 쪽이 높기 때문에 대개 굽은 보를 사용한다.

풍판

풍판

맞배지붕에서 박공 아래로 판재를 이어 대고 그 사이를 쫄대목으로 연결해 비바람을 막을 수 있도록 한 것이다.

함실

조리용 부엌이 필요 없는 공간에 부뚜막 없이 아궁이만 만들거나 벽체에 구멍만 내 아궁이로 사용하는 것을 말한다. 고래가 시작되는 부넘기 앞에 만들어지는 불을 지피는 공간을 함실이라고 하는데 함실에서 바로 불을 지핀다고 해서 함실아궁이라고도 한다.

화방벽

중방 이하를 기둥보다 튀어나오도록 두껍게 벽을 쌓아 방화나 빗물에 강하게 설치하는 두꺼운 덧벽. 도로에 면한 외행랑채나 사당에 주로 사용한다. 자연석을 흙과 섞어 쌓거나 와편으로 쌓거나 꽃담처럼 상징적 문양으로 장식하기도 한다.

※ 용어 해설은 김왕직, 《알기쉬운 한국건축 용어사전》
(동녘, 2007)에서 발췌 재구성했다.

참고 문헌

《문화재대관 – 중요민속문화재: 가옥과 민속마을》, 문화재청, 2010
《알기쉬운 한국건축 용어사전》, 동녘, 2007
《한국건축대계IV. 신편 한국건축사전》, 장기인, 보성각, 2005
《한국의 건축문화재: 1.서울편》, 홍대영, 기문당, 2001
《한국의 건축문화재: 2.경기편》, 김홍식 · 김왕직, 기문당, 2012
《한국의 건축문화재: 3.강원편》, 박경립, 기문당, 1999
《한국의 건축문화재: 4.충북편》, 김경표, 기문당, 2012
《한국의 건축문화재: 5.충남편》, 이왕기, 기문당, 1999
《한국의 건축문화재: 7.경남편》, 강영환, 기문당, 1999
《한국의 건축문화재: 8.전북편》, 홍승재, 기문당, 2005
《한국의 건축문화재: 9.전남편》, 천득염 · 전봉희, 기문당, 1999

《강릉 오죽헌 실측조사보고서》, 문화재청, 2010
《경주 독락당 실측조사보고서》, 문화재청, 2012
《경주 양동 관가정 실측조사보고서》, 문화재청, 2012
《경주 양동 무첨당 실측조사보고서》, 문화재청, 2012
《달성 태고정 실측조사보고서》, 문화재청, 2012
《대전 회덕 동춘당 실측조사보고서》, 문화재청, 2012
《상주 양진당 정밀실측조사보고서》, 문화재청, 2011
《안동 소호헌 실측조사보고서》, 문화재청, 2012
《안동 예안이씨 충효당 실측조사보고서》, 문화재청, 2011
《안동 의성김씨 종택 실측조사보고서》, 문화재청, 2011
《안동 임청각 실측조사보고서》, 문화재청, 2012
《안동 하회 양진당 실측조사보고서》, 문화재청, 2011
《안동 하회 충효당 실측조사보고서》, 문화재청, 2011
《영천 숭렬당 실측조사보고서》, 문화재청, 2012
《예안이씨 충효당 실측조사보고서》, 문화재청, 2003

《예천권씨 초간종택 별당 실측조사보고서》, 문화재청, 2011

《전통가옥 조사보고서》, 문화재관리국, 1983

《전통가옥 조사보고서》, 문화재관리국, 1984

《전통가옥 활성화 방안 마련 연구용역: 남양주 궁집, 화성 정용채. 정용래가옥》, 문화재청, 2006

《전통가옥 활성화 방안 마련 연구용역: 아산 윤보선전대통령생가》, 문화재청, 2006

《전통가옥 활성화 방안 마련 연구용역: 홍성 조응식가옥》, 문화재청, 2006

《하회민속마을 조사보고서》, 문화재청, 2013

《한국의 전통가옥 기록화보고서 1: 청운동성천택》, 문화재청, 2005

《한국의 전통가옥 기록화보고서 2: 의성소우당》, 문화재청, 2005

《한국의 전통가옥 기록화보고서 3: 창녕하병수가옥》, 문화재청, 2005

《한국의 전통가옥 기록화보고서 4: 고창신재효고택》, 문화재청, 2005

《한국의 전통가옥 기록화보고서 6: 달성조길방가옥》, 문화재청, 2005

《한국의 전통가옥 기록화보고서 7: 삼척 신리 너와집 및 민속유물》, 문화재청, 2005

《한국의 전통가옥 기록화보고서 8: 삼척 대이리 너와집》, 문화재청, 2005

《한국의 전통가옥 기록화보고서 9: 삼척 대이리 굴피집》, 문화재청, 2005

《한국의 전통가옥 기록화보고서 10: 보은선병국가옥》, 문화재청, 2006

《한국의 전통가옥 기록화보고서 11: 만운동모선루》, 문화재청, 2006

《한국의 전통가옥 기록화보고서 12: 합천 묘산묵와고가》, 문화재청, 2006

《한국의 전통가옥 기록화보고서 13: 보성 이금재,이범재,이용욱가옥, 열화정》, 문화재청, 2006

《한국의 전통가옥 기록화보고서 14: 궁집》, 문화재청, 2006

《한국의 전통가옥 기록화보고서 15: 강릉선교장》, 문화재청, 2007

《한국의 전통가옥 기록화보고서 16: 정읍김동수가옥》, 문화재청, 2007

《한국의 전통가옥 기록화보고서 17: 윤증선생고택》, 문화재청, 2007

《한국의 전통가옥 기록화보고서 18: 홍성조응식가옥》, 문화재청, 2007

《한국의 전통가옥 기록화보고서 19: 해남윤두서가옥》, 문화재청, 2007

《한국의 전통가옥 기록화보고서 20: 남원몽심재》, 문화재청, 2007

《한국의 전통가옥 기록화보고서 21: 구례운조루》, 문화재청, 2007

《한국의 전통가옥 기록화보고서 22: 청도운강고택 및 만화정》, 문화재청, 2007

《한국의 전통가옥 기록화보고서 23: 함양일두고택》, 문화재청, 2007

《한국의 전통가옥 기록화보고서 24: 영천만취당》, 문화재청, 2007

《한국의 전통가옥 기록화보고서 25: 양동서백당》, 문화재청, 2008

《한국의 전통가옥 기록화보고서 26: 어재연장군 생가》, 문화재청, 2008

《한국의 전통가옥 기록화보고서 27: 영동규당고택》, 문화재청, 2008

《한국의 전통가옥 기록화보고서 28: 가일수곡고택》, 문화재청, 2008

《한국의 전통가옥 기록화보고서 29: 법흥동 고성이씨 탑동파 종택》, 문화재청, 2008

《한국의 전통가옥 기록화보고서 30: 정온선생가옥》, 문화재청, 2008

《한국의 전통가옥 기록화보고서 31: 영광연안김씨종택》, 문화재청, 2008

《한국의 전통가옥 기록화보고서 32: 경주양동마을》, 문화재청, 2009

《한국의 전통가옥 기록화보고서 33: 안동하회마을》, 문화재청, 2009

《한국의 전통가옥기록화보고서 34: 송소고택, 영덕화수루일곽, 대구 둔산동 경주최씨 종택》, 문화재청, 2010

《한국의 전통가옥 기록화보고서 35: 봉화설매리3겹까치구멍집, 예천의성김씨남악종택, 송석헌, 영주 괴헌고택》, 문화재청, 2010

《한국의 전통가옥기록화보고서 36: 낙안성 박의준가옥, 양규철가옥, 이한호가옥, 김대자가옥, 주두열가옥, 최창우가옥, 최선준가옥, 김소아가옥, 곽형두가옥》, 문화재청, 2011

《한국의 전통가옥기록화보고서 37: 나주홍기응가옥, 나주홍기헌가옥, 화순양동호가옥, 화순양승수가옥》, 문화재청, 2012

《한국의 전통가옥기록화보고서 38: 제원 박도수가옥, 제원 정원태가옥, 음성 김주태가옥, 단양 조자형가옥》, 문화재청, 2012

《한국의 전통가옥기록화보고서 39: 예산 정동호가옥, 부여 민칠식가옥, 부여 정계채가옥, 아산 성준경가옥, 윤보선 전 대통령생가옥》, 2012

《한국의 전통가옥 기록화보고서 40: 영동 소석고택》, 문화재청, 2012

《한국의 전통가옥 기록화보고서 41: 영천 매산고택 및 산수정, 달성 삼가헌, 영천 정용준씨가옥 》, 문화재청, 2013

《한국의 전통가옥 기록화보고서 42: 경주 교동 최씨고택, 경주 김호장군 고택, 청도 임당리 김씨고택》, 문화재청, 2013

《한국의 전통가옥 기록화보고서 43: 부안 김상만 가옥, 홍성 엄찬 고택, 논산 백일헌 종택》, 문화재청, 2014

《한국의 전통가옥 기록화보고서 44: 보성 이용우가옥, 해남 윤탁가옥, 장흥 존재고택》, 문화재청, 2014

《향단 실측조사보고서》, 문화재청, 2010

찾아보기
가나다 순

찾아보기
연대별

찾아보기
가구 형식별

찾아보기
용어

찾아보기
인명

경상

영주 괴헌고택
가평리 계서당
해저 만회고택
거촌리 쌍벽당
송석헌
봉화 설매리 3겹 까치구멍집
봉화 만산고택
예천권씨 초간종택
예천 의성김씨 남악종택
율현동 물체당
안동 학암고택
가일 수곡고택
안동 권성백고택
하회 겸암정사
하회 남촌댁
하회 북촌댁
하회 빈연정사
하회 양진당
하회 옥연정사
하회 원지정사
하회 주일재
하회 풍산류씨 작천댁
하회동 하동고택
안동 하회 충효당
만운동 모선루
안동 예안이씨 충효당
하리동 일성당
안동 소호헌
안동 귀봉종택
안동 의성김씨종택
안동 오류헌
의성김씨 서지재사
안동권씨 소등재사
안동 송소종택
의성김씨 율리종택
안동 향산고택
안동 임청각
법흥동 고성이씨 탑동파종택
안동권씨 능동재사
안동 후조당
안동 광산김씨 탁청정공파종택
안동 번남댁
영양 서석지
영덕 충효당
영덕 화수루 일곽

영덕 영양남씨 난고종택
상주 양진당
의성 소우당
송소고택
청운동 성천댁
창양동 후송당
구미 쌍암고택
영천 매산고택 및 산수정
영천 정용준씨가옥
영천 숭렬당
영천 만취당
청도 운강고택 및 만화정
청도 임당리 김씨고택
경주 독락당
양동 강학당
양동 근암고택
양동 낙선당
양동 두곡고택
양동 사호당고택
양동 상춘헌고택
양동 서백당
양동 수졸당
경주 양동 향단
경주 양동 관가정
경주 양동 무첨당
경주 교동 최씨고택
경주 김호장군고택
울릉 나리동 너와집 및 투막집
울릉 나리동 투막집
달성 태고정
달성 삼가헌
달성 조길방가옥
대구 둔산동 경주최씨종택
거창 동계종택
함양 허삼둘가옥
함양 일두고택
합천 묘산 묵와고가
창녕 술정리 하씨초가
함안 무기연당

강원

고성 어명기가옥
강릉 선교장
강릉 오죽헌
삼척 대이리 굴피집
삼척 대이리 너와집

삼척 신리소재 너와집

서울·경기

금성당
양주 백수현가옥
진접 여경구가옥
궁집
수원 광주이씨 월곡댁
화성 정용채가옥
화성 정용래가옥
어재연장군생가
여주 김영구가옥

전라·제주

부안 김상만가옥
정읍 김동수씨가옥
남원 몽심재
고창 신재효고택
군지촌정사
구례 운조루
영광 연안김씨종택
나주 남파 고택
나주 홍기응가옥
나주 홍기헌가옥
화순 양동호가옥
화순 양승수가옥
순천 낙안읍성
낙안성 박의준가옥
낙안성 김대자가옥
낙안성 주두열가옥
낙안성 김소아가옥
낙안성 최선준가옥
낙안성 곽형두가옥
낙안성 이한호가옥
낙안성 양규철가옥
낙안성 최창우가옥
신안 김환기가옥
영암 최성호가옥
무안 유교리고가
해남 윤두서고택
해남 윤탁가옥
강진 영랑생가
장흥 신와고택
장흥 오현고택
장흥 존재고택
보성 문형식가옥

보성 이금재가옥
보성 이식래가옥
보성 이용욱가옥
보성 이범재가옥
보성 이용우가옥
성읍 고평오가옥
성읍 고상은가옥
성읍 한봉일가옥
성읍 조일훈가옥
성읍 이영숙가옥

충청

서산 김기현가옥
예산 정동호가옥
예산 수당고택
아산 성준경가옥
윤보선 전대통령생가
아산 건재고택
아산 외암리 참판댁(큰댁)
아산 외암리 참판댁(작은댁)
홍성 엄찬고택
홍성 사운고택
부여 정계채가옥
부여 민칠식가옥
논산 명재고택
논산 백일헌종택
서천 이하복가옥
음성 김주태가옥
음성 공산정고가
중원 윤민걸가옥
제원 정원태가옥
제원 박도수가옥
단양 조자형가옥
괴산 김기응가옥
괴산 청천리고가
청원 이항희가옥
보은 선병국가옥
보은 최태하가옥
영동 소석고택
영동 김참판고택
영동 규당고택
영동 성위제가옥
대전 회덕동춘당
세종 유계화가옥